SUFISMUS

Smaragdgrüne Hügel des Herzens
Schlüsselkonzepte in der Praxis des Sufismus

Schlüsselkonzepte in der Praxis des Sufismus

SUFISMUS

Smaragdgrüne Hügel des Herzens

M. Fethullah Gülen

Fontäne-Verlag 2005

© 2005 by The Light-Verlag

2. Auflage

Es ist nicht gestattet, Abbildungen dieses Buches zu scannen, in PCs oder auf CDs zu speichern oder in PCs/Computern zu verändern oder einzeln oder zusammen mit anderen Bildvorlagen zu manipulieren, es sei denn mit schriftlicher Genehmigung des Verlags.

Erschienen im Fontäne-Verlag

Korrespondenz:

Dreieichstr. 3a

64546 Mörfelden-Walldorf

+49 610 597 93 36

www.fontaene-verlag.de

Ins Deutsche übersetzt von Wilhelm Willeke

ISBN 3-935521-07-3

Druck: Caglayan A.S.
Izmir - Türkei
August 2005

INHALTSVERZEICHNIS

ÜBER DEN AUTOR

WERDEGANG

Muhammed Fethullah Gülen ist ein islamischer Gelehrter und Denker, ein produktiver Autor und Dichter. Er wurde 1941 in Erzurum, Türkei, geboren und von unterschiedlichen namhaften muslimischen Gelehrten und spirituellen Meistern unterrichtet. Gülen studierte auch die Prinzipien und Theorien der modernen Sozial-und Naturwissenschaften. Dank seiner außergewöhnlichen Begabungen und seines intensiven Selbststudiums ragte er schon bald unter den Jugendlichen seines Alters hervor. Schon in jungen Teenagerjahren begann er seine Lehrtätigkeit, was ihm auf Grund seiner akademischen Leistungen und seiner offenkundigen intellektuellen Auffassungsgabe nicht schwer fiel.

1959 erhielt er nach einem Abschluss mit Auszeichnung die Lizenz, als staatlicher Prediger zu arbeiten. Nach kurzer Zeit wurde er auf einen Posten in Izmir, der drittgrößten türkischen Stadt, befördert. Dort widmete er sich der Aufgabe, seine Lebensziele zu definieren und den Kreis seiner Zuhörer zu erweitern. In seinen Reden und Vorträgen legte er großen Wert darauf, soziale Themen anzusprechen; denn er beabsichtigte, junge Leute dazu zu ermuntern, intellektuelle Aufklärung mit weiser Spiritualität und fürsorglichem, menschlichem Handeln zu verbinden.

Gülen beschränkte sich nicht darauf, nur in der Stadt zu lehren. Er reiste in die Provinzen und hielt Vorträge in Moscheen, Gemeindezentren und Kaffeehäusern. So erreichte er einen sehr repräsentativen Schnitt der

Bevölkerung und kam auch mit Studenten und Lehrern in Kontakt. Die Themen seiner Vorträge variierten: Er sprach z.B. über Religiöses, Bildung, Wissenschaft, Darwinismus, Ökonomie und soziale Gerechtigkeit. Obwohl sich seine Vorträge auf ein so breites Spektrum an Themen erstreckten, besaßen sie eine außergewöhnliche Tiefe und Qualität. Dies beeindruckte die akademischen Kreise und trug ihm deren Respekt und Aufmerksamkeit ein.

IDEALE

In seinen Vorträgen und Schriften spornt Gülen sein Publikum an, ein Gleichgewicht zwischen materiellen und spirituellen Werten herzustellen und auf diese Weise nach der Wahrheit zu suchen. Nur so können sich die Menschen Gelassenheit bewahren und wahre Glückseligkeit erlangen. Gülen war und ist stets darum bemüht, die positiven Wissenschaften mit der Religion zu versöhnen, die Differenzen zwischen diesen beiden Polen zu beseitigen und die Philosophien des Ostens und des Westens einander näher zu bringen.

Gülen glaubt, dass das 21. Jahrhundert Zeuge der Geburt einer spirituellen Dynamik werden wird, die lange brachliegenden moralischen Werten neues Leben einhaucht. Gülen kündigt ein Zeitalter der Toleranz, des Verständnisses und der internationalen Zusammenarbeit an, das letztlich eine einzige gemeinsame Zivilisation hervorbringen wird, die auf interkulturellem Dialog und dem Teilen von Wissen gründet. Um selbst zum Erreichen dieses hehren Ziels beizutragen, gründete er wohltätige Organisationen in und außerhalb der Türkei. Außerdem inspirierte er seine Mitstreiter, sich die Massenmedien, vor allem das Fernsehen zu Nutze zu machen, um die Leute über alle Angelegenheiten von persönlichem oder gemeinschaftlichem Interesse zu informieren.

Gülen widmet sich ganz der Lösung der gesellschaftlichen Probleme und glaubt, dass die Straße zur Gerechtigkeit für alle mit einer angemessenen universellen Bildung gepflastert ist. Die Vermittlung von Wissen ist für Gülen die oberste gesellschaftliche Aufgabe und Pflicht, da sie allein die Voraussetzungen für den Aufbau einer toleranten Gesellschaft schafft. Zur Verwirklichung dieses Zieles ermunterte

Gülen jahrelang die Elite der türkischen Gesellschaft, die Leitfiguren der Gemeinden, die Industriellen, aber auch die kleinen Geschäftsleute, den Bedürftigen eine qualitativ hochwertige Ausbildung zu ermöglichen. Die Spenden, die er sammeln konnte, flossen in Stiftungen, die fortan die Gründung von Schulen in der Türkei und anderen Ländern förderten. Diese Bemühungen tragen inzwischen Früchte, denn die Absolventen der von Gülen inspirierten Schulen, insbesondere der zentralasiatischen Schulen, erreichen immer wieder sehr gute Plazierungen in den Einstufungstests der Universitäten und sind ständige Anwärter auf die vorderen Plätze bei internationalen Wissensolympiaden. Dort haben sie bereits zahlreiche Goldmedaillen in Fächern wie Mathematik, Physik, Chemie oder Biologie gewonnen.

Gülens Rolle als treibende Kraft, die weltweit zur Gründung von Schulen aufruft, zielt darauf ab, den Berufstätigen von morgen zu einer ausgewogenen und vielseitigen Ausbildung zu verhelfen, indem sie den Studenten von heute dringend benötigtes Wissen und Sachkenntnisse ebenso zur Verfügung stellt wie vernünftige moralische und ethische Werte. Diese Synthese soll die Studenten befähigen, aktiv an der Gestaltung einer positiven Zukunft der Menschheit mitzuwirken.

Gülen glaubt, das die Menschen neue Ideen nur dann akzeptieren, wenn sie durch überzeugende Argumente untermauert werden. Diejenigen, die zu diesem Zweck Gewalt anwenden, bezeichnet er als intellektuell bankrott. Seiner Meinung nach werden die Menschen, wenn es darum geht, die eigenen Angelegenheiten zu regeln und den eigenen spirituellen und religiösen Werten Ausdruck zu verleihen, immer nach Entscheidungsfreiheit verlangen. Die Demokratie bedürfe zwar weiterer Verbesserungen, sei aber das einzig lebensfähige politische System. Deshalb sollten die Menschen danach streben, politische Institutionen zu modernisieren und zu stärken. Nur dann könne man eine Gesellschaft aufbauen, in der die individuellen Rechte und Freiheiten respektiert und unterstützt werden, und in der Chancengleichheit für alle mehr ist als nur ein Traum.

1981 beendete Gülen seine formale Lehrtätigkeit, nachdem er zuvor eine ganze Generation junger Studenten inspiriert hatte. Sein Engagement seit den 60er Jahren vor allem für eine Reform des

Bildungswesens hat ihn zu einem der prominentesten und respektiertesten Männer in der Türkei gemacht. Zwischen 1988 und 1991 hielt er in einigen der berühmtesten Moscheen der Türkei eine Reihe von Predigten als Prediger im Ruhestand. Auf Grund von schweren gesundheitlichen Problemen werden seine Ideen heute vor allem in Form von Büchern, Audio- und Videokassetten sowie weiterer Medien präsentiert.

INTERRELIGIÖSE UND INTERKULTURELLE AKTIVITÄTEN

Seit jener Zeit konzentriert Gülen seine Bemühungen darauf, einen Dialog zwischen einzelnen Gruppen herzustellen, die unterschiedliche Ideologien, Kulturen, Religionen und Nationen repräsentieren. Er nahm an zahlreichen Tagungen und Konferenzen teil, in denen es darum ging, die Menschheit auf ein Jahrhundert der Toleranz und des Verständnisses vorzubereiten - auf ein Jahrhundert, in dem die Kulturen miteinander kooperieren und die Bindungen unter den Menschen immer stärker werden. Gülen meint, dass die Menschen unabhängig von allen nationalen und politischen Grenzen viel mehr Gemeinsamkeiten haben, als sie denken.

Demzufolge hält er es für lohnend und gleichzeitig auch für notwendig, einen aufrichtigen Dialog zu etablieren, in dessen Rahmen sich die Menschen gegenseitig besser kennen lernen. Er selbst ging mit gutem Beispiel voran und gründete die ‚Stiftung der Journalisten und Schriftsteller', deren Aktivitäten zur Förderung von Dialog und Toleranz in der Gesellschaft bei fast allen gesellschaftlichen Schichten großen Anklang fand.

Aus derselben Motivation heraus empfängt Fethullah Gülen führende Persönlichkeiten aus aller Welt und stattet ihnen Gegenbesuche ab. In der Türkei gehören der Botschafter des Vatikans, der griechisch-orthodoxe Patriarch, der Patriarch der armenischen Gemeinde, der Oberste Rabbiner der jüdischen Gemeinde und viele Journalisten, Kolumnisten, Fernseh- und Kinostars und Denker verschiedener intellektueller Richtungen zu den Menschen, mit denen Gülen regelmäßig zusammentraf. Gülen traf Papst Johannes Paul II., John O'Connor, den Erzbischof von New York, Dale F. Eickelman, einen amerikanischen Professor für

Anthropologie, Professor Sidney Griffith von der Katholischen Kirche in den USA, Leon Levy, den früheren Präsidenten der Antidefamationsliga, und viele weitere führende Repräsentanten anderer Religionen.

AKTUELLE AKTIVITÄTEN

Seit nunmehr fünf Jahren hält sich Gülen aus gesundheitlichen Gründen in den USA auf. Dort lebt er sehr zurückgezogen und gibt nur noch selten Interviews, wenn die Umstände es erfordern. Trotz seiner Prominenz hat Gülen es immer vermieden, sich in die offizielle Politik einzumischen. Die Zahl seiner Bewunderer weltweit dürfte in die Millionen gehen. Seine 1995 in türkischer Sprache erschienene Autobiografie *Fethullah Gülen Hocaefendi: Kücük Dünyam* (Fethullah Gülen: Meine kleine Welt) erscheint mittlerweile in 50. Auflage.

Nach wie vor schreibt Gülen für mehrere türkische Zeitschriften wie *Yeni Ümit*, *Sizinti* und *Yagmur* sowie für die deutsche 3-Monatszeitschrift *Die Fontäne*. Gülen ist Verfasser von insgesamt über 40 Büchern (von denen die meisten in der Türkei Bestseller waren) und Hunderten von Artikeln. Viele seiner unzähligen Vorträge zu gesellschaftlichen und religiösen Themen wurden auf Audio- und Videokassetten aufgezeichnet.

Inzwischen wurden seine Bücher in viele Sprachen übersetzt, natürlich auch ins Deutsche:

- Fragen an den Islam
- Perlen der Weisheit
- Hin zum verlorenen Paradies
- Der Prophet Muhammad
- Die Grundlagen des islamischen Glaubens

Zu Gülens Bewunderern zählen Journalisten, Akademiker, TV-Stars, Politiker und inländische wie ausländische Staatsmänner. Sie sehen in ihm einen wahren Erneuerer und einen einzigartigen Gesellschaftsreformer, der selbst praktiziert, was er lehrt. Sie betrachten ihn als Friedensaktivisten, Intellektuellen, religiösen Gelehrten, Lehrer und Dozenten, Autor und Dichter, als großen Denker und spirituellen Meister. Fethullah Gülen hat sich das Ansehen dieser Menschen verdient, weil er sich mit großer Hingabe der Lösung gesellschaftlicher und spiritueller Probleme widmet, weil er Herz, Seele und Verstand der Menschen anspricht und den ganzen Menschen erneuern und stärken möchte, damit jeder Einzelne seinen Teil dazu beitragen kann, der Gesellschaft und damit dem Wohl seiner Mitmenschen zu dienen.

* * *

Fethullah Gülen misst spirituellem Training und spiritueller Ausbildung ebenso große Bedeutung zu wie intellektueller Aufklärung. Er ist der Überzeugung, dass der Sufismus (*Tasawwuf*), der die spirituelle Dimension und Tiefe des Islam repräsentiert und eine Schule ist, in der die Menschen spirituell ausgebildet werden, in der Zukunft einen größeren Einfluss erlangen wird als je zuvor. So plädiert Gülen dafür, ihn innerhalb der allgemeinen Matrix des Islam von einer neuen, umfassenden Perspektive aus zu betrachten. Das vorliegende Buch folgt dieser Vorgabe und stellt Schlüsselkonzepte zu Verständnis und Praxis des Sufismus vor.

TASAWWUF (Sufismus)

Der Name des Weges, auf den sich die Sufis begeben, um Gott zu erreichen, lautet *Tasawwuf*, zu Deutsch: Sufismus. Während der Begriff *Tasawwuf* normalerweise den theoretischen oder philosophischen Aspekt der Suche nach der Wahrheit bezeichnet, wird die praktische Seite dieser Suche normalerweise mit der Definition Derwisch sein umschrieben.

Tasawwuf wurde schon auf unterschiedlichste Art und Weise definiert. Manchen zufolge bedeutet *Tasawwuf* die Aufhebung von Ego und Selbst-Zentriertheit des Menschen durch den Allmächtigen Gott und die spirituelle Wiedererweckung des Menschen durch das Licht Seines Wesens. Mit anderen Worten: die Ersetzung des menschlichen Willens durch den Willen Gottes. Ein anderer Ansatz zur Definition von *Tasawwuf* sieht diesen als fortdauerndes Bestreben, alle fehlerhaften Grundsätze und schlechten Verhaltensweisen über Bord zu werfen und sich stattdessen gute Eigenschaften anzueignen.

Dschunayd al-Baghdadi, ein berühmter Sufimeister, definiert den *Tasawwuf* als einen Weg, sich die Selbstauflösung in Gott und die Beständigkeit oder Existenz mit Gott ins Gedächtnis zu rufen. Einer anderen Definition zufolge bedeutet *Tasawwuf*, ewig mit Gott zusammen zu sein, sich in Seiner immer währenden Gegenwart aufzuhalten und dabei weder Weltliches noch Außerweltliches anzustreben. Der *Tasawwuf* zeichnet sich aus durch den Widerstand gegen die Versuchungen des fleischlichen Selbst und schlechter moralischer Eigenschaften und durch das Bemühen, sich lobenswerte moralische Eigenschaften anzueignen.

Zuweilen erachtet man auch das Hinausblicken über die (äußere) Realität der Dinge und Ereignisse und die Interpretation all dessen, was sich in der Welt in Bezug auf Gott ereignet, als *Tasawwuf*. Weiterhin gilt als *Tasawwuf*, jede Handlung des Allmächtigen als ein Fenster zu betrachten, durch das man Ihn ,schauen' kann, das eigene Leben im ständigen Bemühen zu leben, Ihn durch einen tiefgründigen, spirituellen ,Blick', der sich nicht mit physischen Begriffen wiedergeben lässt, zu betrachten, und sich schließlich ganz darüber bewusst zu sein, ständig in Seinem Blickfeld zu sein.

All diese Erklärungsversuche können folgendermaßen zusammengefasst werden: *Tasawwuf* bedeutet, dass man durch die Befreiung von den Übeln und Schwächen, die uns Menschen eigen sind, und durch die Aneignung von Eigenschaften der Engel sowie durch Gott gefälliges Verhalten sein Leben in Übereinstimmung mit den Erfordernissen des Wissens um Gott und mit der Liebe zu Ihm und im daraus resultierenden spirituellen Entzücken lebt.

Der *Tasawwuf* gründet auf die Befolgung der Regeln der Scharia und auf die Durchdringung ihrer (inneren) Bedeutungen. Auch gute Umgangsformen sind in diesem Zusammenhang unerlässlich. Ein Eingeweihter oder Reisender auf dem Pfad (arab.: *Salik*), der erfolgreich ist, kann niemals die äußere Befolgung der Scharia von ihrer inneren Dimension trennen; er erfüllt beide, die inneren wie auch die äußeren Erfordernisse der Religion. Dadurch reist er in äußerster Demut und Ergebenheit seinem Ziel entgegen.

Der *Tasawwuf* ist ein Pfad, der zur Kenntnis Gottes führt, und ein Weg, der Ernsthaftigkeit (von Ziel und Richtung) erfordert. Für gleichgültiges oder leichtfertiges Verhalten bietet er keinen Platz. Er verlangt vom Eingeweihten, ähnlich wie die Honigbiene, die ständig vom Bienenstock zur Blume und wieder zurück fliegt, ausdauernd um die Kenntnis Gottes zu ringen. Der Eingeweihte sollte sein Herz von allen anderen Bindungen als der Suche nach Gott reinigen und allen Neigungen, Wünschen und Gelüsten des fleischlichen Selbst widerstehen. Er sollte sein Leben auf spiritueller Ebene mit der Bereitschaft, den Segen Gottes zu empfangen, und in strikter Befolgung des Beispiels des Propheten führen. Er sollte seine eigenen Interessen zu Gunsten der Ansprüche Gottes zurück stellen und dabei aufrichtig seine Verbundenheit mit Gott bekennen.

Nach diesen einleitenden Definitionen kommen wir nun zu Ziel, Nutzen und Prinzipien des *Tasawwuf*:

Der *Tasawwuf* erfordert eine strikte Befolgung der religiösen Pflichten, Enthaltsamkeit in der Lebensführung und den Entschluss, allen triebhaften Gelüsten zu entsagen.

Tasawwuf bedeutet, auf einer spirituellen Ebene zu leben, und erreicht dieses Ziel durch die Reinigung des Herzens und die Entwicklung der Sinne und Fähigkeiten auf dem Weg zu Gott.

Die ständige Ausübung der Praktiken zur Verehrung Gottes hilft dem Suchenden, sein Bewusstsein, ein Diener Gottes zu sein, zu vertiefen. Sie ermöglicht ihm, auf die vergängliche Dimension der Welt und ihre den Wünschen und Launen zugekehrte Seite zu verzichten; sie macht ihn aufnahmebereit für die Welt hinter unserer Welt. So kann der Suchende die ‚Engelsseite' seiner Existenz weiter entwickeln und sich ein starkes, tief empfundenes und erfahrenes Bewusstsein um die Wahrheit und die Glaubensartikel aneignen, die er anfangs zunächst nur oberflächlich akzeptiert.

Die Prinzipien des *Tasawwuf* lassen sich wie folgt skizzieren:

1. Einen festen, wahren Glauben an die Einheit Gottes zu erlangen und das Leben nach dessen Anforderungen auszurichten;

2. neben den Geboten des Koran auch die Anordnungen der Kraft und des Willens Gottes gegenüber dem Universum (d.h. die Gesetze der Schöpfung und des Lebens, die Inhalt der Wissenschaft sind) zu erkennen und sie zu befolgen;

3. von der Liebe zu Gott überzufließen und ein gutes Verhältnis zu allen anderen Wesen in dem (aus der Liebe zu Gott abgeleiteten) Bewusstsein zu unterhalten, dass das Universum eine Wiege der Brüderlichkeit ist;

4. aus Nächstenliebe zu handeln und damit dem Wohlergehen und Glück anderer Menschen Priorität einzuräumen;

5. in Übereinstimmung mit den Anforderungen des Willens Gottes - nicht des eigenen - zu handeln und zu versuchen, das Leben so weit es geht in Selbstauflösung in Gott und in Abhängigkeit von Ihm zu leben;

6. sich für Liebe, spirituelle Sehnsucht, Vergnügen und Ekstase zu öffnen;

7. sich die Möglichkeit anzueignen, das, was in den Herzen oder im Verstand der Menschen ist, sowohl anhand der oberflächlichen Erscheinungen als auch anhand der Mysterien und Bedeutungen Gottes an der Oberfläche der Ereignisse wahrzunehmen und zu entschleiern;

8. Orte und die Nähe solcher Freunde aufzusuchen, die die Vermeidung von Sünden und das Voranschreiten auf dem Weg Gottes ermutigen;

9. zufrieden zu sein mit den rechtmäßigen und legalen Genüssen und entschlossen zu sein, keine Schritte zum Unrechtmäßigen hin zu unternehmen;

10. beständig gegen weltliche Begierden und Illusionen anzukämpfen, die uns dazu verführen, anzunehmen, diese Welt sei ewig;

11. nicht zu vergessen, dass selbst auf dem Weg, der Religion zu dienen und etwas für die Rechtleitung der Menschen zu unternehmen, Erlösung nur durch Gewissheit oder Überzeugung und Aufrichtigkeit oder Reinheit in Absicht und Ziel möglich ist, die ausschließlich darauf abzielen, das Wohlgefallen Gottes zu erlangen. (Überzeugung im Sinne von Überzeugtsein von der Wahrheit der religiösen Prinzipien des Glaubens und des Verhaltens.)

Der Erwerb von Wissen, die Kenntnis der religiösen und gnostischen Wissenschaften und das Befolgen der Weisungen eines makellosen spirituellen Meisters können den oben aufgeführten Prinzipien, die für den Weg des Naqschbandiya-Sufiordens von größter Wichtigkeit sind, noch hinzu gefügt werden.

Es wird nützlich sein, den *Tasawwuf* im Lichte einiger grundlegender Konzepte zu diskutieren. Diese Konzepte sind die Lichter, die den spirituellen Pfad zu Gott beleuchten. Sie finden sich in Büchern zu den Themen Moral und Askese, in denen man auch auf die Weisheit des Propheten stößt.

Das erste und bedeutendste dieser Konzepte ist die Wachsamkeit (*Yaqza*), auf die auch der Ausspruch des Propheten *Meine Augen schlafen, mein Herz aber nicht* und die Bemerkung des vierten Kalifen Ali „Die Menschen schlafen. Sie wachen erst auf, wenn sie sterben" hinweisen.

Dem Konzept der Wachsamkeit folgen *Tawba* (Reue), *Inaba* (aufrichtige Buße), *Awba* (sich Gott in Reue zuwenden), *Muhasaba* (Selbstkritik oder Selbsthinterfragung), *Tafakkur* (Reflexion), *Firar* (Flucht), *I'tisam* (Suche nach Zuflucht), *Halwa* (Zurückgezogenheit [in Klausur]), *Uzla* (Isolation), *Hal* (spiritueller Zustand), *Maqam* (Zustand und Station [auf dem mystischen Pfad]), *Qalb* (Herz), *Huzn* (Trauer oder Leid), *Khawf* (Furcht vor Gott), *Radscha'* (Hoffnung oder Erwartung), *Zuhd* (Askese), *Wara'* (größtmögliche Abstinenz von allen Arten von Sünden), *Ibada* (Verehrung), *Ubudiya* (Dienerschaft), *Ubuda* (tiefe Hingabe), *Muraqaba* (Selbstkontrolle), *Ikhlas* (Aufrichtigkeit oder Makellosigkeit der Absicht), *Istiqama* (Wohlverhalten), *Tawakkul* (Vertrauen auf Gott), *Taslim* (Unterwerfung), *Tafwiz* (innere Verbundenheit), *Thiqa* (Zuversicht in Gott), *Husn al-Khuluq* (guter Charakter und angemessenes Verhalten), *Tawadu* (Bescheidenheit), *Futuwwa* (Ritterlichkeit), *Sidq* (Wahrheitsliebe), *Haya'* (Demut), *Schukr* (Dankbarkeit), *Sabr* (Geduld), *Rida'* (Zufriedenheit), *Inbisat* (Ausdehnung), *Qast* (Entschlossenheit), *Azm* (Bestimmtheit), *Irada* (Wille), *Murid* (der Mensch, der will), *Murad* (der Mensch, der gewollt wird), *Yaqin* (Gewissheit), *Dhikr* (regelmäßige Rezitation der Namen Gottes), *Ihsan* (vollkommene Tugend), *Basira* (Einsicht), *Firasa* (Urteilskraft), *Sakina* (Gelassenheit), *Itmi'nan* (Friedfertigkeit), *Qurb* (Nähe), *Bu'd* (Distanz oder Ferne), *Ma'rifa* (spirituelles Wissen um Gott), *Mahabba* (Liebe), *Aschq* (leidenschaftliche, ekstatische Liebe), *Schawq* (freudige Begeisterung), *Ischtiyaq* (Sehnsucht), *Dschadhb* (Anziehung), *Indschidhab* (das Gefühl, von Gott angezogen zu werden), *Dahscha* (Schrecken), *Hayra* (Erstaunen), *Qabd* (Anspannung), *Bast* (Entspannung), *Faqr* (Armut), *Ghina'* (Reichtum), *Riyadat* (Enthaltsamkeit), *Tabaddul* (Veränderung), *Hurriya* (Freiheit), *Hurma* (Heiligkeit), *Ilm* (Wissen), *Hikma* (Weisheit), *Himma* (Bemühen), *Ghayra* (Eifersucht), *Wala'ya* (Heiligsein), *Sayr* (das Reisen), *Ghurba*

(Exil), *Istighraq* (Vertieftsein), *Ghayb* (Unsichtbarkeit), *Qalaq* (Ruhelosigkeit), *Waqt* (Zeit), *Safa* (Vergnügen), *Surur* (Freude), *Talwin* (Färben), *Tamkin* (Selbstbeherrschung), *Mukaschafa* (Entschleierung), *Muschahada* (Bezeugung), *Tadschalli* (Manifestation), *Hayat* (Leben), *Sakr* (Rausch), *Sahw* (Nüchternheit), *Fasl* (Teilung), *Wasl* (Erreichen), *Fana'* (Auflösung), *Baqa'* (Verweilen), *Tahqiq* (Verwirklichung), *Talbis* (größtmögliche Vermeidung von Prahlerei), *Wudschud* (Existenz), *Tadschrid* (Versunkenheit), *Tafrid* (Zurückführen aller Besitztümer auf Gott), *Dscham'* (Vereinigung), *Dscham'u l-Dscham'* (Vereinheitlichung) und *Tawhid* (Einheit).

Das vorliegende Buch wird einige dieser Konzepte vorstellen.

DER URSPRUNG DES SUFISMUS

Die Geschichte der islamischen religiösen Wissenschaften klärt uns darüber auf, dass die religiösen Gebote in der Frühzeit des Islam noch nicht schriftlich fixiert wurden. Die Praxis und die mündliche Verbreitung dieser Gebote, die sich auf Glauben, Verehrung und das tägliche Leben beziehen, machten es den Menschen aber leicht, sie auswendig zu lernen. Daher konnten sie später dann auch problemlos in Buchform zusammengefasst werden. Was auswendig gelernt und praktiziert wurde, wurde auf Papier aufgezeichnet und geordnet. Weil die in diesem Zusammenhang wichtigen religiösen Gebote die lebenswichtigen Angelegenheiten des individuellen wie auch des gesellschaftlichen islamischen Lebens beinhalteten, räumten ihnen die Gelehrten Priorität ein, trugen sie zusammen und veröffentlichten sie in Buchform. Rechtsgelehrte sammelten und kodifizierten das islamische Recht und die Bestimmungen und Prinzipien, die sich auf alle Gebiete des Lebens beziehen. Die Hadithwissenschaftler (*Muhaddithun*) begründeten die Prophetentraditionen und den islamischen ,Way of Life' und bewahrten sie ebenfalls in Büchern. Theologen wandten sich den Angelegenheiten rund um den Glauben der Muslime zu, und die Koraninterpreten widmeten sich dem Studium der Bedeutung des Koran mitsamt denjenigen Themen, die später als koranische Wissenschaften bezeichnet werden sollten. In diesen Bereich fallen *Naskh* (die Abschaffung eines Gesetzes durch ein anderes), *Inzal* (die Hinabsendung des ganzen

Koran in einem Stück), *Tanzil* (die Hinabsendung des Koran in mehreren Teilen bei verschiedenen Gelegenheiten), *Qira'a* (Rezitation des Koran), *Ta'wil* (Exegese) etc.. Dank dieser allgemein anerkannten Bestrebungen wurden die Wahrheiten des Islam und all seiner Prinzipien so gefestigt, dass keine Zweifel an ihrer Authentizität aufkommen konnten.

Während all diese Arbeiten in den Bereichen der religiösen Wissenschaften im Wesentlichen auf Rechtsprechung, Tradition (*Hadith*), Theologie und Koraninterpretation gründen, versuchten die Sufis, die sich vor allem auf die spirituelle Dimension der Wahrheit Muhammads konzentrierten, vor allem auf das Wesen des Menschen, die wahre Beschaffenheit der Existenz und die innere Dynamik von Mensch und Kosmos hinzuweisen. Dies taten sie, indem sie ihre Aufmerksamkeit in erster Linie derjenigen Realität schenkten, die unterhalb und jenseits der äußeren Dimension der Dinge liegt. Sie ergänzten die Korankommentare, die Berichte der Hadithwissenschaftler und die Beweisführung der Rechtsgelehrten um ihre Askese, ihre Spiritualität, ihre Selbstreinigung und - auf einen Nenner gebracht - um ihre Erfahrung in der Ausübung der Religion. So entwickelten die Sufimeister ihre eigenen Wege. Das islamische spirituelle Leben (basierend auf Handlungen des Geistes wie z.B. Askese, regelmäßiger Verehrung, Unterlassung von allen großen und kleinen Sünden, Aufrichtigkeit und lauterer Absicht, Liebe, Sehnsucht und dem Eingeständnis der grundlegenden Hilflosigkeit und Unvollkommenheit des Menschen) wurde zu den Hauptthemen einer neuen Wissenschaft, die sich *Tasawwuf*, Sufismus, nannte und ihre eigenen Methoden, Prinzipien, Bestimmungen und Kategorien entwickelte. Auch wenn sich im Laufe der Zeit unter den Sufiorden, die später gegründet wurden, einige Meinungsverschiedenheiten ergaben, lässt sich festhalten, dass im Zentrum dieser Wissenschaft die Essenz der Weisheit des Propheten Muhammad steht.

Leider wurden Scharia und Sufismus gelegentlich als einander gegensätzlich beschrieben, obwohl sie doch nur zwei unterschiedliche Aspekte einer einzigen Wahrheit sind. Der Sufismus ist faktisch die Seele der Scharia; er beinhaltet Genügsamkeit, Selbstkontrolle und -kritik, regelmäßiges Beten, permanentes Bemühen, den Versuchungen des Teufels und dem fleischlichen, zu Bösem verleitenden Selbst zu widerstehen, Erfüllung religiöser Pflichten etc.. Während es als exoterisch galt, der Scharia Priorität einzuräumen und sich somit auf die äußeren Dimensionen der Religion zu beschränken, wurden die Anhänger des *Tasawwuf* oft als reine Esoteriker bezeichnet. Diese Diskriminierung erwuchs zum Teil aus der Behauptung, die Gebote der Scharia würden durch Rechtsgelehrte und Muftis (islamische Gesetzeskundige) repräsentiert, die Prinzipien des *Tasawwuf* dagegen durch die Sufis. Dabei sollte man allerdings nicht vergessen, dass der Mensch immer dazu neigt, dem, was seinem Temperament und seinen Fähigkeiten am meisten entspricht, den Vorzug zu geben.

Während Rechtsgelehrte, Hadithwissenschaftler und Koraninterpreten bedeutende Werke schufen, die auf Koran und Sunna basierten, und Methoden folgten, die auf die Zeit des Propheten und seiner Anhänger zurück gingen, stellten Sufis Werke über Genügsamkeit, spirituellen Kampf gegen fleischliche Begierden und Versuchungen, Geisteszustände und spirituelle Stationen zusammen, die auf den gleichen Quellen basierten, die sie jedoch zusätzlich noch mit ihren eigenen spirituellen Erfahrungen, mit Liebe, Eifer und Begeisterung ergänzten. Auf diese Weise versuchten sie, diejenigen zu erreichen und für ihren Weg und den spirituellen Aspekt des religiösen Lebens zu gewinnen, die der äußeren Dimension der Religion verhaftet sind.

Sowohl die Sufis als auch die Gelehrten, die dafür kritisiert wurden, sich nur auf die äußeren Aspekte der Religion zu beschränken, waren im Allgemeinen darum bemüht, sich an die Pflichten und Gebote Gottes zu halten. Dennoch führten extreme Ansichten auf beiden Seiten zu Unstimmigkeiten zwischen den zwei Parteien. Tatsächlich gab es aber keine wesentlichen Gegensätze. Es sollte auch nicht als Indiz für einen Streit gelten, dass unterschiedliche Aspekte und Elemente der Religion unter verschiedenen Bezeichnungen gehandelt und präsentiert wurden. Ganz sicher kann man nicht von einer Unstimmigkeit sprechen, wenn sich die Rechtsprechung mit den Dingen des täglichen Lebens, mit der Anbetung und mit der Frage, wie sich das individuelle und gesellschaftliche Leben regulieren lässt, beschäftigt, und der Sufismus seinerseits den Menschen anleitet, sein Leben durch Selbstreinigung und spirituelles Training auf einer höheren Ebene der

Spiritualität zu leben. Sufismus und Rechtsprechung sind in Wirklichkeit zwei Fakultäten einer einzigen Universität, die es sich zur Aufgabe gemacht hat, den Menschen beide Gesichter bzw. Dimensionen der Scharia vorzustellen und ihnen dabei zu helfen, sie in ihrem Leben zu praktizieren. Eine dieser Fakultäten kann nicht ohne die andere existieren. Die eine lehrt uns, die vorgeschriebenen Gebete zu verrichten, die für das Gebet vorschriftsgemäße Reinigung durchzuführen, zu fasten, die obligatorische Sozialabgabe zu leisten und das tägliche Leben - vom Einkauf bis zur Hochzeit - zu regulieren usw.. Die andere konzentriert sich auf die Bedeutung dieser und anderer Verehrungspraktiken. Sie teilt uns mit, wie die Verehrung zu einer unverzichtbaren Dimension der menschlichen Existenz werden kann und wie der Mensch in den Rang eines universellen, vollkommen Wesens - den Rang wahrer Menschlichkeit - aufsteigen kann. Daher dürfen weder die eine noch die andere Disziplin vernachlässigt werden.

Zwar wurden einige angebliche Sufis beleidigend und bezeichneten religiöse Gelehrte als Zeremonienmeister oder Exoteriker. Die wahren, vollkommenen Sufis aber sind den Hauptprinzipien der Scharia immer treu geblieben und haben sich stets auf Koran und Sunna berufen. Aus diesen beiden Hauptquellen des Islam haben sie ihre Methoden abgeleitet. Die folgenden Werke z. B. gehören zu den wertvollen Quellen, in denen das Thema Sufismus in Übereinstimmung mit Koran und Sunna behandelt wird:

Wasaya (Ratschläge), *Ri'aya* (Beachtung von Regeln) von al-Muhasibi, *At-Ta'arruf li-Madhhab Ahl at-Tasawwuf* (Einführung in die Schule der Sufis) von Kalabazi, *Al-Luma'* (Das Schimmern) von At-Tusi, *Qawt al-Qulub* (Die Nahrung des Herzens) von Abu Talib al-Makki und *Ar-Risala* (Die Abhandlung) von Al-Quschayri.

Diesen großen Autoren folgte Imam al-Ghazali, der Verfasser des berühmten Werkes *Ihya' al-Ulum ad-Din* (Die Wiederbelebung der religiösen Wissenschaften) mit seinem Werk *Hudschat al-Islam*. Er unterzog alle Begriffe, Prinzipien und Regeln des *Tasawwuf* einer Revision, bestätigte diejenigen, die von den Sufimeistern allgemein akzeptiert waren und kritisierte andere. Er wiedervereinigte beide Disziplinen - die innere und die äußere Dimension des Islam bzw. den *Tasawwuf* und die Rechtsprechung. Die Sufimeister nach ihm präsentierten den Sufismus als eine der religiösen Wissenschaften bzw. als eine deren Dimensionen und setzten sich für eine Verständigung mit den ‚Gelehrten der Zeremonien' ein. Darüber hinaus gelang es ihnen, einigen Themen wie z.B. den unterschiedlichen Geisteszuständen, Gewissheit und Überzeugung oder Aufrichtigkeit und Moral, mit denen sich der *Tasawwuf* eingehend beschäftigt, Eingang in die Lehrpläne der *Madrasat* (singl.: *Madrasa*; Institutionen, in denen die religiösen Wissenschaften gelehrt werden) zu verschaffen.

Auch wenn sich der Sufismus vor allem auf die innere Dimension des Menschen konzentriert, die religiösen Gebote auf ihre Bedeutungen und Auswirkungen auf Seele und Herz des Menschen untersucht und somit abstrakt ist, widerspricht er keineswegs irgendeinem islamischen Weg, der auf Koran und Sunna basiert. Seine Quelle liegt wie die anderer religiöser Wissenschaften auch im Koran, in der Sunna und in den Schlüssen, die die aufrichtigen Gelehrten der Frühzeit des Islam aus diesen beiden Quellen zogen - dem *Idschtihad*. Der Sufismus legt Wert auf Wissen, Wissen um Gott, Gewissheit, Aufrichtigkeit, vollkommene Frömmigkeit und andere, ähnlich grundlegende Eigenschaften.

Nur weil wir *Tasawwuf* mit unterschiedlichen Titeln wie Wissenschaft der esoterischen Wahrheiten oder Mysterien, Wissenschaft der spirituellen Zustände und Stationen des Menschen und Wissenschaft der Einweihung umschreiben, heißt das noch lange nicht, dass er sich von anderen religiösen Wissenschaften völlig unterscheidet. Solche Definitionen ergaben sich aus den jahrhundertelangen Erfahrungen von unterschiedlichsten Menschen mit der Scharia. Die Standpunkte der Sufis und die Vorstellungen und Schlussfolgerungen der Schariagelehrten als grundverschieden zu bezeichnen, stellt eine Verzerrung der Tatsachen dar. Natürlich ist nicht zu leugnen, dass einige Sufis fanatisch an ihren eigenen Wegen festhielten, was auch für einige religiöse Gelehrte (Rechtsgelehrte, Hadithwissenschaftler und Koraninterpreten) gilt, die sich auf die äußere Dimension ihrer Religion beschränkten. Diejenigen, die dem mittleren geraden Weg folgten, waren jedoch immer in der Mehrheit. Aus einigen wenigen unpassenden Gedanken und Worten, die von einigen wenigen Rechtsgelehrten und Sufis gegen die jeweils andere Partei ins Feld geführt wurden, sollte man nicht schließen, dass es grundsätzliche Probleme zwischen diesen beiden Parteien gäbe. Verglichen mit der Zahl derer, die stets auf der Seite von Toleranz und Übereinstimmung standen, nimmt sich die Zahl derjenigen, die einen Konflikt verursacht oder sich an einem solchen beteiligt haben, äußerst gering aus. Dieses Verhältnis entspricht dem natürlichen Zustand; denn ihre Grundprinzipien finden die Rechtsgelehrten genau wie die Sufis in Koran und Sunna.

Hinzu kommt, dass die Prioritäten des *Tasawwuf* sich niemals von denen der Rechtsprechung unterschieden haben. Beide Disziplinen oder Wege haben immer die Bedeutung von Glauben und positivem Handeln betont. Der einzige Unterschied besteht darin, dass die Sufis mehr Wert auf die Reinigung des Ichs legten als die Rechtsgelehrten, dass sie sich mehr auf die Bedeutung und eine Vervielfältigung ihrer guten Taten sowie auf die Erlangung einer höheren Ebene der guten Moral konzentrierten. Denn mit deren Hilfe sollte das Bewusstsein des Menschen im Wissen um Gott erwachen und der Mensch einen Weg einschlagen, der zu der erforderlichen Aufrichtigkeit in der Praxis der Religion führt und Gottes Wohlgefallen findet. Wenn es dem Menschen gelingt, sich durch diese Tugenden einen anderen Charakter anzueignen (ein anderes Herz - einen spirituellen Verstand - inmitten des alten Herzens, tieferes Wissen um Gott und eine andere ,Sprache', um den Namen Gottes auszusprechen), kann er allen Geboten die die Scharia vorsieht, in einem tieferen Bewusstsein um seine Dienerschaft entsprechen. Er wird sie dann gern und mit größerer Leidenschaft befolgen.

Durch den *Tasawwuf* übt sich der Mensch in Spiritualität. Durch seinen Kampf mit sich selbst, durch Einsamkeit oder Zurückgezogenheit, Anrufung, Selbstkontrolle und Selbstkritik sprengt er die Fesseln der inneren Dimension seiner Existenz und wir mehr denn je von allen größeren und kleineren Prinzipien seines Glaubens überzeugt sein.

SOFI (ODER AUCH SUFI)

Der Begriff *Sofi* bezeichnet die Anhänger des *Tasawwuf*. Vor allem persisch- und türkischsprachige Menschen benutzen diesen Begriff. Manche sagen aber auch *Sufi*. Ich denke, dass sich der Unterschied in der

Aussprache aus den verschiedenen Ansichten zum Ursprung dieses Wortes ergibt. Wer meint, das Wort leite sich von *Sof* (Wolle), *Safa'* (spirituelles Vergnügen, Heiterkeit) oder *Safwa* (Reinheit) ab oder stehe für Hingebung, sagt *Sofi*. Andere, die der Ansicht sind, das Wort komme von *Suffa* (Zimmer), und betonen, dass es nicht mit *Sofu* (religiöser Eiferer) verwechselt werden dürfe, sagen *Sufi*.

Für den Begriff *Sofi* existieren unterschiedliche Definitionen, von denen ich einige hier zitieren möchte:

- Ein *Sofi* ist ein Reisender zu Gott, der sein Ich gereinigt hat, der inneres Licht und spirituelle Aufklärung erlangt hat.

- Ein *Sofi* ist ein demütiger ‚Soldat' Gottes, den der Allmächtige für Sich auserwählt und vom Einfluss seines fleischlichen, boshaften Selbst befreit hat.

- Ein *Sofi* ist ein Reisender zur Wahrheit Muhammads, der, nicht um aufzufallen, sondern als Zeichen von Würde und Besitzlosigkeit, einen einfachen Umhang trägt und der Welt entsagt, da sie ein Quell von Untugend und fleischlichen Gelüsten ist. *Sofi*s tragen einen einfachen Umhang aus Wolle, um ihre gesellschaftliche Stellung, ihren Glauben, ihre Haltung und ihren Lebensweg nachdrücklich zu betonen. Deshalb werden sie auch *Mutasawwifun* (sing.: *Mutasawwif*) genannt. Das Tragen eines einfachen wollenen Umhangs war auch für den Propheten, seine Gefährten und andere Menschen mit aufrichtiger Gesinnung charakteristisch.

- Ein *Sofi* ist ein Reisender zum Gipfel der wahren Menschlichkeit, der sich von der fleischlichen Trostlosigkeit und allen Arten menschlichen Schmutzes befreit hat, um seine essenzielle göttliche Natur und Identität zu verwirklichen.

- Ein *Sofi* ist ein Mensch, der es verdient, *Sofi* genannt zu werden, da er versucht, den Menschen der *Suffa* - den armen gelehrten Anhängern des Propheten, die in einer Kammer lebten, welche an die Moschee des Propheten grenzte - zu ähneln, indem er sein Leben dem Ziel widmet, sich ihren Beinamen zu verdienen.

Wieder andere glauben, das Wort *Sofi* gehe auf das Wort *saf* (rein) zurück. Obwohl die *Sofi*s auf Grund ihrer lobenswerten Bemühungen, Gott zu erfreuen, Ihm unablässig zu dienen und ihre Herzen auf Ihn auszurichten, durchaus als reine Menschen bezeichnet werden dürfen, ist es doch grammatikalisch unzulässig anzunehmen, *Sofi* wäre eine Ableitung von *saf*. Darüber hinaus existiert auch die Ansicht, *Sofi* käme von dem griechischen Wort *Sophia* oder *Sophos* - Weisheit. Ich denke aber, dass dies eine Erfindung ausländischer Forscher ist, die es lieber sähen, einen ausländischen Ursprung des Wortes *Tasawwuf* nachweisen zu können.

Der erste Mensch, der in der islamischen Geschichte *Sofi* genannt wurde, war Abu Haschim al-Kufi, ein großer Asket seiner Zeit. Abu Haschim starb im Jahre 150 nach der Hidschra (622 n.Chr.). Das heißt, das Wort *Sofi* wurde bereits im zweiten Jahrhundert nach der Hidschra der Generation der Gefährten des Propheten und ihrer gesegneten Nachfolger verwendet.

Der Sufismus, der uns in der islamischen Geschichte erstmals in Gestalt Abu Haschim al-Kufis begegnete, scheint ein Pfad spiritueller Menschen gewesen zu sein, die in ihrem Lebensstil den Schritten des Propheten Muhammad und seiner Gefährten folgten. Darum wurde der Sufismus immer wieder als die spirituelle Dimension des Islam bezeichnet. Sein ursprünglicher Zweck bestand darin, die Menschen zu erziehen, ihre Herzen auf Gott auszurichten und sie von der Liebe zu Ihm zu entflammen. Er konzentrierte sich, ganz dem Vorbild des Propheten folgend, auf gute Moral und Wohlverhalten. Zwar mag mit einiger Berechtigung darauf hingewiesen werden, dass im Laufe der Zeit gewisse Abweichungen auftraten; diese sollten aber nicht als Rechtfertigung dafür missbraucht werden, den Pfad der spirituellen Reinheit pauschal zu verurteilen.

Der Mystiker Imam Quschayri (gest. 1074) beschrieb die *Sofi*s, die ein spirituelles Leben führten, so:

> „Der bedeutendste Titel im Islam ist der eines Gefährten des Propheten, Friede und Segen seien mit ihm. Dieser Titel bedeutet eine so große Ehrung, dass er ausschließlich den Gefährten verliehen

wird. Die zweitgrößte Ehrung ist den *Tabi'un* vorbehalten, jenen, die den Gefährten nachfolgten und sie noch mit eigenen Augen sahen. Die *Taba-i Tabi'un* wiederum sind diejenigen, die diese *Tabi'un* noch kennen lernten. Direkt nach dem Tode dieser dritten Generation, schicksalhaft zeitlich übereinstimmend mit dem Ausbruch einiger interner Konflikte und Glaubensabweichungen, entwickelten die *Sofis* wichtige Fertigkeiten in der Wiederbelebung der spirituellen Seite des Islam. Sie standen damit auf einer Stufe mit den Hadithwissenschaftlern, den Rechtswissenschaftlern und den Theologen, die dem Islam - jeder auf seinem Fachgebiet - große Dienste erwiesen.“

Vor allem die frühen *Sofis* waren ausgezeichnete, rechtschaffene Menschen. Sie führten ein aufrechtes, ehrenhaftes, genügsames und einfaches Leben, frei von jeglichen Makeln; weit davon entfernt, körperliches Glück und die Befriedigung fleischlicher Gelüste zu suchen, folgten sie dem Vorbild des Propheten. Sie waren in ihrem Glauben und Denken sehr ausgewogen. Man darf sie auf keinen Fall als Anhänger von alten Philosophen, christlichen Mystikern oder hinduistischen Fakiren betrachten. Denn der *Tasawwuf* wurde von seinen frühen Anhängern und Repräsentanten zu allererst als die Wissenschaft von der inneren Welt des Menschen, der Realität der Dinge und der Mysterien der Existenz bezeichnet. Ein *Sofi* war ein Student dieser Wissenschaft, der den höchsten Rang eines universellen oder vollkommenen Menschen anstrebte.

Der *Tasawwuf* ist eine lange Reise, die zum Unendlichen Einen führt und nicht enden wollende Bemühungen erfordert. Er ist ein Marathon, der gelaufen wird, ohne je inne zu halten - mit unnachgiebiger Entschlossenheit und ohne irgendeinen weltlichen Nutzen zu erwarten. Er hat nichts mit westlichen oder östlichen Arten von Mystizismus, Yoga oder Philosophien gemein. Ein *Sofi*, der entschlossen ist, diesen Marathon zum Unendlichen Einen zu laufen, ist weder ein Mystiker noch ein Yogi oder Philosoph.

Zwar stimmt es, dass manche Hindus und griechische Philosophen einem Weg folgten, der ebenfalls zur Selbstreinigung führte, und dass auch sie die fleischlichen Gelüste und die weltlichen Reize bekämpften. Der Weg, dem sie nacheiferten, unterschied sich jedoch völlig von dem des *Tasawwuf.* Während sich die *Sofis* nämlich vor allem durch

Anrufung, regelmäßige Anbetung, größtmöglichen Gehorsam Gottes und Würde selbst zu reinigen suchten und bis zum Tod auf ihrem Weg voran schritten, beachteten die alten Philosophen nicht selten nur einige wenige dieser Punkte. Ihre Selbstreinigung - falls man davon überhaupt sprechen kann - rief in ihnen oft Überheblichkeit und Arroganz hervor, nicht aber Würde und Selbstkritik.

Die *Sofis* lassen sich hinsichtlich ihres Pfades in zwei Gruppen einteilen:

- Zur ersten Gruppe gehören diejenigen, die dem Wissen Priorität einräumen und versuchen, ihrer Bestimmung durch das Wissen um Gott (*Ma'rifa*) gerecht zu werden.
- Die zweite Gruppe besteht aus Menschen, die dem Weg der Sehnsucht, der spirituellen Ekstase und der spirituellen Entdeckungen folgen.

Die *Sofis* der ersten Gruppe befinden sich auf einer fortwährenden Reise zu Gott, auf der sie sich ‚in‘ Gott und durch Gott weiter entwickeln. Sie reisen auf den Flügeln des Wissens und des Wissens um Gott und bemühen sich zu erfahren, was der Satz *Es gibt keine Kraft und Stärke außer durch Gott* bedeutet. Jede Wandlung, jede Veränderung, jede Gestaltung und Umgestaltung, die sie in der Existenz wahrnehmen, jedes Ereignis, dessen Zeuge sie werden oder das sie selbst erleben, ist wie eine zu entschlüsselnde Botschaft der Kraft Gottes und des Willens Gottes, die in vielen verschiedenen Zungen ausgedrückt wird.

Für die *Sofis* der zweiten Gruppe gilt, dass sie gelegentlich von ihrer eigentlichen Bestimmung abweichen und es nicht schaffen, zu Gott, dem Allmächtigen, zu gelangen. Obwohl sie ihre Reise und ihre Askese durchaus ernsthaft betreiben, ist dies darauf zurückzuführen, dass sie verborgene Realitäten und Wahrheiten oder Wundertaten entdecken wollen und spirituelles Vergnügen und Ekstase anstreben. Obwohl auch dieser zweite Weg durch Koran und Sunna legitimiert ist, kann er Eingeweihte dazu verleiten, an gewissen Bedürfnissen und Erwartungen festzuhalten. Zu nennen sind hier der Wunsch nach dem Erwerb eines spirituellen Ranges, der Wunsch nach der Fähigkeit, Wunder zu vollbringen, der Wunsch, als ein Heiliger bekannt zu werden, usw.. Daher ist der erste Weg, der auch zur größten Rechtschaffenheit unter der Anleitung des Koran führt, sicherer.

Die *Sofi*s teilen die Menschen ihrerseits in drei Gruppen ein:

Zur ersten Gruppe gehören diejenigen, die ihre Bestimmung bereits erreicht haben und die sie die Vollkommenen nennen. Diese Gruppe beinhaltet zwei Untergruppen - die Propheten und diejenigen, die sich vervollkommnet haben, d.h. die dadurch zur Wahrheit gelangt sind, dass sie dem Vorbild der Propheten gefolgt sind. Nicht unbedingt alle, die sich vervollkommnet haben, sind gleichzeitig auch spirituelle Führer. Einige von ihnen führen keine anderen Menschen zur Wahrheit, sondern werden von den Wellen des ‚Ozeans der Begegnung mit Gott und der Verwirrung‘ überspült und aufgerieben. Ihre Beziehungen zur sichtbaren materiellen Welt sind erschüttert, deshalb leben sie, ohne dazu fähig zu sein, andere zu führen.

Die Angehörigen der zweiten Gruppe werden die Eingeweihten genannt. Auch hier unterscheidet man zwei Untergruppen: Die erste umfasst die, die dieser Welt vollständig entsagen und, ohne an das Jenseits zu denken, Gott, den Allmächtigen, suchen. In der zweiten Untergruppe finden sich diejenigen, deren Ziel es ist, ins Paradies einzugehen, und die nicht ganz auf rechtmäßige weltliche Freuden verzichten. Sie gelten als Asketen, Verehrende, Arme oder Mittellose.

Was die dritte Gruppe anbelangt, so nennen die *Sofi*s deren Angehörige die sich (an der Welt) Festklammernden oder die träge Gewordenen, denn ihr einziges Ziel besteht darin, ein ruhiges, komfortables Leben zu führen. Diese sind übel gesinnt und unglücklich. Dem Koran zufolge gehören sie zur Gruppe derer, die ‚auf der linken Seite stehen‘, die ‚blind und taub‘ sind und nichts verstehen.

Einige unterteilen die Menschen aber auch nur in zwei Gruppen: in die Vornehmen, die sich in die Richtung Gottes bewegen - die Menschen auf der rechten Seite -, und in diejenigen, die auf der linken Seite stehen.

TAWBA, INABA und AWBA
(Reue, aufrichtige Buße und die Zuwendung zu Gott
in Reue)

Reue (*Tawba*) bedeutet, dass jemandem etwas Leid tut, er nun Gewissensbisse bekommt und sich dann Gott mit der neu gefassten Absicht zuwendet, bislang Vernachlässigtes nachzuholen. Islamischen Gelehrten zufolge bezeichnet Reue auch das aufrichtige Bemühen, sich davor zu schützen, dem Wesen Gottes in Gefühlen, Gedanken, Absichten und Handlungen entgegen zu treten, und Seinen Anordnungen und Verboten nachzukommen. Reue besteht nicht darin, über irgendetwas Schlechtes oder Verbotenes verärgert zu sein und es aufzugeben. Reue heißt, sich von allem, was Gott verabscheut und verbietet, fern zu halten, selbst wenn Gefühl und Verstand dies nicht für nötig halten.

Normalerweise wird Reue in Verbindung mit dem Wort *nasuh* gebraucht, was wörtlich soviel heißt wie rein, aufrichtig korrigierend, verbessernd und wiederherstellend. *Tawba nasuh* - ehrliche und korrigierende Reue - meint eine reine, aufrichtige Reue, die auf vollkommene Art und Weise verbessert und wiederherstellt. Das heißt, dass man für das Unrecht, was man getan hat, unter aufrichtigen, innigen und echten Gewissensbissen leidet und in dieser Hinsicht ein gutes Beispiel für andere Menschen liefert. Der Koran verrät uns, was er unter wahrer Reue versteht:

O ihr, die ihr glaubt, wendet euch in aufrichtiger Reue zu Allah![1]

---

1   66:8

Man unterscheidet drei Kategorien von Reue:

a. In die erste Kategorie fällt die Reue gewöhnlicher Menschen,
   die nicht in der Lage sind, Gottes Wahrheiten zu erkennen.
   Diese Menschen sind auf Grund ihres Ungehorsams gegenüber
   Gott besorgt. Sie sind sich ihrer Sünden bewusst, da diese ihr
   Herz verdunkeln. Nun wenden sie sich Gott zu und fassen ihre
   Reue in Worte wie: „Ich bin gestürzt und habe eine Sünde be-
   gangen, vergib mir!", oder: „Ich bitte Dich um Verzeihung!"

b. Diejenigen, die sich der Wahrheiten Gottes hinter den
   Schleiern der materiellen Existenz in mancher Hinsicht bewusst sind, leiden, wenn sie sündigen, unter innerer Unruhe.
   Sobald ihr Verstand oder ihr Herz auf irgendetwas stößt, was
   nicht mit ihrer Überzeugung vereinbar ist, dass sie sich ständig
   in der Allgegenwart Gottes befinden, bzw. immer dann, wenn
   sie sich der Tatsache bewusst werden, dass ihre Herzen voller
   Achtlosigkeit sind, leiden sie unter starken Gewissensbissen. In
   solchen Momenten suchen sie unverzüglich Zuflucht bei der
   Barmherzigkeit und Gnade Gottes. Menschen mit einem solchen Grad der Aufmerksamkeit und spirituellen Wachsamkeit
   sind in der folgenden Tradition beschrieben:

   > (Gottes Gesandter erklärte:) *Jemand, der seine Sünden auf-*
   > *richtig bereut, gilt, als hätte er sie niemals begangen. Wenn Gott*
   > *einen Seiner Diener liebt, schaden diesem seine Sünden nicht.*
   > Dann rezitierte er den Vers: *Ganz gewiss liebt Gott diejenigen,*
   > *die oft bereuen, und diejenigen, die stets danach streben, sich*
   > *selbst zu reinigen.* Zum Kennzeichen der Reue befragt erklär-
   > te er: *Es sind die tief empfundenen Gewissensbisse.*[2]

c. Diejenigen, deren Herzen stets aufmerksam sind und die ihr
   Leben so leben, wie es die Tradition *Meine Augen schlafen, mein*
   Herz jedoch nicht[3] beschreibt, räumen alles, was zwischen Gott
   und ihre Herzen bzw. ihre anderen inneren Fähigkeiten tritt, sofort beiseite und gewinnen das Bewusstsein um ihre Beziehung

---

2   Quschayri, *Ar-Risala*, 91
3   Bukhari, *Tahadschud*, 16; Muslim, *Musafirin*, 125

zum Licht der Lichter schnell zurück. Sie verkörpern unablässig die Bedeutung des Koranverses *(Er war) ein vortrefflicher Diener; stets wandte er sich (Allah) zu.*[4]

Reue bedeutet, nach jeder spirituellen Beschädigung die dringend erforderliche Reinheit zurück zu gewinnen. Oft bezeichnet sie auch eine Selbsterneuerung. Die verschiedenen Stadien der Reue sind folgende:

1. Man bekommt ein schlechtes Gewissen und bedauert etwas.
2. Man wird von Furcht ergriffen, wenn man an die Sünden denkt, die man in der Vergangenheit begangen hat.
3. Man versucht, Ungerechtigkeiten aus der Welt zu schaffen und unterstützt die Sache der Gerechtigkeit.
4. Man überprüft die eigene Verantwortlichkeit und kümmert sich um Pflichten, die man zuvor vernachlässigt hat. Man holt Versäumtes nach.
5. Man verbessert sich selbst, indem man spirituelle Mängel, die durch Abweichungen und Irrtümer entstanden sind, beseitigt.
6. Man bedauert und beklagt die Zeiten, in denen man nicht an Gott gedacht, Ihm nicht gedankt und nicht über Seine Werke nachgedacht hat. Man ist ständig besorgt und alarmiert, dass eigene Gedanken und Gefühle durch etwas, was die Beziehung zu Gott beeinträchtigen könnte, verunreinigt werden könnten. Diese letzte Eigenschaft ist nur denjenigen eigen, die sich durch eine extreme Nähe zu Gott auszeichnen.

Wenn ein Mensch keine Gewissensbisse, keine Reue und keinen Abscheu gegenüber den kleinen oder großen Irrtümern, die ihm unterlaufen sind, verspürt und nicht besorgt ist, dass er die gleichen Fehler zu anderer Zeit erneut begehen könnte, wenn er nicht im Dienst an Gott Zuflucht sucht, um sich von den Abweichungen und Irrtümern, denen er verfiel, indem er Gott abtrünnig wurde, zu befreien - dann wird seine Reue nicht mehr als eine Lüge sein.

Mawlana Dschalal ad-Din ar-Rumi (1207-1273) sagte über die aufrichtige Reue:

---

4   38:44

„Ich habe bereut
             und mich Gott so aufrichtig zugewandt,
Dass ich (mein Reuegelübde)
                      solange nicht brechen werde,
             bis meine Seele meinen Körper verlässt.
Denn wirklich, wer sonst als ein Esel
                            läuft in sein Verderben,
Nachdem er (auf Grund seiner Sünden)
                      so viel durchgemacht hat?"

Die Reue ist ein Eid, rechtschaffen zu sein. Unerschütterlich an der Rechtschaffenheit festzuhalten, ist eine Heldentat, die eine ausgeprägte Willenskraft erfordert. Muhammad, der Meister all jener, die bereuen, sagt, dass jemand, der aufrichtige Reue zeigt und sie unentwegt aufrecht erhält, von gleichem Rang wie ein Märtyrer ist. Die Reue von Menschen, die sich nicht von ihren Sünden und Abweichungen befreien können, obwohl sie ständig etwas bereuen, bedeutet dagegen eine Verspottung der ‚Tür‘, an die sich die wahrhaft Bereuenden in aller Entschiedenheit und Offenheit wenden.

Ein Mensch, der sich nicht von seinen Sünden abwendet, obwohl er behauptet, die Hölle zu fürchten, der Unrecht tut, obwohl er versichert, dass er ins Paradies gelangen möchte, der gleichgültig gegenüber dem Weg und der Praxis des Propheten ist, obwohl er geltend macht, dass er ihn doch liebt - so ein Mensch kann nicht ernsthaft und offenherzig in seinen Bemühungen sein. Jemanden, der permanent sündigt und danach bereuen möchte, für glaubwürdig und aufrichtig zu halten, fällt schwer.

Das erste Stadium, in das der Eingeweihte eintritt, ist die Reue, das zweite ist *Inaba* (die aufrichtige Buße). Im täglichen Sprachgebrauch bezeichnet *Inaba* auch die Zeremonie, die abgehalten wird, wenn ein Mensch sich einem spirituellen Führer (einem *Murschid*) unterwirft. Während Reue das Training von Gefühlen, Gedanken und Handlungen erfordert, um aus Ablehnung Annahme und Gehorsam werden zu lassen, verlangt die aufrichtige Buße eine sorgfältige Prüfung von Zuverlässigkeit, Aufrichtigkeit und Angemessenheit jener Annahme und jenes Gehorsams. Die Reue ist ein Fortschreiten oder eine Reise zu Gott und bedeutet, sich zu bemühen, alles, was Gott gefällt, zu tun und sich von allem, was Er verbietet, fern zu halten. Die aufrichtige Buße hingegen ist ein Aufstieg, der über die Stationen der Reise in Gott führt. Sie bezeichnet die Anstrengung, ein aufrechtes und selbstloses Leben zu führen und sich in das Vorhaben zu vertiefen, für alles, was man tut und denkt, den Zuspruch Gottes zu erhalten. *Awba* (die Zuwendung zu Gott in Reue) ist ein Aufstieg über die Stationen der Reise, die von Gott zurückführt. *Awba* bedeutet, für die Rechtleitung anderer Menschen verantwortlich zu sein, nachdem man den islamischen Weg des Glaubens, Denkens und Handelns verinnerlicht hat.

Anders ausgedrückt: Wer aus Furcht davor, als Ungläubiger zu sterben und auf ewig verdammt zu werden, bei Gott Zuflucht sucht, zeigt Reue. Wer mit dem Wunsch, den eigenen spirituellen Rang zu bewahren, ganz in Gott aufgeht, zeigt aufrichtige Buße. Und wer sich allen Wünschen, Bestrebungen und Zielen, an denen Gott keinen Gefallen findet, verschließt, zeigt größtmögliche Zuwendung zu Gott in Reue. Auf der untersten Stufe dieser Zuwendung steht die Gesamtheit der Gläubigen. Davon kündet der Vers *Und wendet euch allesamt reumütig Allah zu....*[5] Die zweite Stufe ist den außergewöhnlich rechtschaffenen Menschen und jenen mit dem stärksten Glauben und einem so vorbildlichen Verhalten vorbehalten, dass sie in die Nähe Gottes gefunden haben. Diese Stufe reicht von den Worten des Verses *Und kehrt euch zu eurem Herrn und ergebt euch Ihm...*[6] bis zu den Worten *...und mit reuigem Herzen (zu Ihm) kam.*[7] Die dritte Stufe erreichen nur Propheten und Gesandte. Gott schätzt und preist sie:

(Er war) ein vortrefflicher Diener; stets wandte er sich (Allah) zu.[8]

Worte, die Reue bekunden, drücken, wenn sie von Menschen ausgesprochen werden, die sich ihrer Existenz in der Allgegenwart Gottes ständig bewusst sind, aufrichtige Buße oder die Zuwendung zu Gott in Reue aus. In diesem Sinne sollen auch die Worte Muhammads, des

---

5   24:31
6   39:54
7   50:33
8   38:44

vortrefflichsten aller Menschen, verstanden werden, der sagte: *Ich bitte Gott siebzig oder hundertmal am Tag um Verzeihung.* Die Reue ist eine Handlungsweise derer, die versuchen, ein aufrichtiges Leben zu führen, gelegentlich aber vergessen, dass sie sich als Diener Gottes unter Seiner ständigen Aufsicht befinden, und sich nicht ständig darüber im Klaren sind, was Gottes Nähe wirklich bedeutet. Diejenigen, die im ständigen Bewusstsein der Nähe Gottes leben, betrachten es als Achtlosigkeit, sich Gott so zuzuwenden, wie es gewöhnliche Menschen tun. Denn Er leitet sie nach Seinem Wunsch. Er beaufsichtigt sie unablässig und ist ihnen näher als irgendetwas anderes. Ihr gegenwärtiger Rang ist aber nicht der von Menschen, die die Einheit alles Existierenden schauen. Denn diesen Rang haben nur jene wirklich vollkommen untadeligen Menschen inne, die erkennen, dass die Schöpfung vollkommen in Gott aufgeht, und Ihn deshalb als das einzig wahre Wesen akzeptieren. Diese Menschen zeichnen sich dadurch aus, dass sie die Einheit des Bezeugten bekräftigen. Sie sind gelehrte und rechtschaffene Menschen, die akzeptieren, dass der wahrhaftig Existierende derjenige ist, der jenseits der Schöpfung bezeugt und wahrgenommen wird. Um es noch genauer zu sagen: Dieser Rang ist all jenen vorbehalten, die im Schatten der Praxis des Propheten Muhammad oder im Licht seiner Laterne ihren Weg gehen. Wenn Menschen, die weit entfernt von diesem Rang sind und (nur) an der äußeren Oberfläche ihrer Existenz leben, von *Awba* und *Inaba* sprechen, können sie allenfalls Vermutungen äußern und nicht wirklich fundiert über diese Punkte sprechen.

MUHASABA
(Selbstkritik, Selbsthinterfragung)

Wörtlich bedeutet *Muhasaba* Abrechnung, Begleichen einer Rechnung und Selbsthinterfragung. In unserem Kontext aber drückt *Muhasaba* eher Selbstkritik aus. Sie besagt, dass der Gläubige das, was er sagt und tut, ständig überprüft - an jedem Tag und in jeder Stunde, Gutes wie Schlechtes. Er dankt Gott außerdem für Gutes, das er getan hat, und versucht, von seinen Sünden und Abweichungen zu lassen, indem er Gott bittet, ihm zu vergeben. Er korrigiert seine Irrtümer und Sünden durch Reue. Die *Muhasaba* ist der sehr wichtige und ernsthafte Versuch eines Gläubigen, sich in seiner Loyalität zu Gott zu festigen.

Der Autor des Buches *Al-Futuhat al-Makkiya* (Mekkanische Eroberungen), Muhyi ad-Din ibn al-Arabi, erwähnte, dass die rechtschaffenen Menschen der ersten islamischen Jahrhunderte über alles, was sie sagten oder dachten, Tagebuch führten oder es sich einprägten. Sie übten für alle schlechten Taten oder Sünden Selbstkritik, um sich so vor den Stürmen der Eitelkeit und den Orkanen des Hochmuts zu schützen. Dann baten sie Gott für jene Sünden um Verzeihung. Sie suchten in der Isolation der Reue Zuflucht vor den Viren der Irrtümer und Abweichungen. Dankbar für die verdienstvollen Taten und Worte, die der Allmächtige durch sie erschuf, warfen sie sich vor Gott nieder.

Die Selbstkritik kann auch als die Suche nach und die Entdeckung der eigenen inneren Natur und spirituellen Tiefe beschrieben werden, als ein notwendiges spirituelles und intellektuelles Bemühen, sich die wahren menschlichen Werte anzueignen und eine Gesinnung zu entwickeln, die dieses Bemühen fördert. Erst durch dieses Bemühen lernt der Mensch, zwischen Gut und Böse unterscheiden. Erst durch dieses Bemühen gelingt es ihm, im Verlaufe seines Lebens beurteilen zu können, wovon er profitiert, was ihm schadet und was seinem Herzen die Aufrichtigkeit bewahrt.

Erst kontinuierliche Selbstkritik ermöglicht dem Menschen, die Gegenwart schätzen zu lernen und sich auf die Zukunft vorzubereiten. Nur durch Selbstkritik vermag er frühere Fehler wieder gut zu machen und Absolution durch Gott zu erlangen. Nur Selbstkritik erlaubt ihm, seine innere Welt zu erneuern und eine zuverlässige Beziehung mit Gott zu unterhalten. Ob ein Mensch ein spirituelles Leben führt und ob er sich der Vorgänge in seiner inneren Welt bewusst ist, ist nämlich sehr entscheidend. Nur wenn ihm das gelingt, kann er sich seine göttliche Natur als wahres menschliches Wesen bewahren und auf seine inneren Sinne und Gefühle vertrauen.

Sowohl im spirituellen Leben als auch im Alltag sollte ein Muslim stets Selbstkritik üben. Einerseits sollte er versuchen, seine fehlerhafte Vergangenheit mit der Brise der Hoffnung und Gnade, die durch den Ruf Gottes aus der anderen Welt und aus dem Echo seines Bewusstseins herüber weht, neu zu beleben. Beispiele hierfür sind die Rufe *Und kehrt euch zu eurem Herrn!* und *Und wendet euch allesamt reumütig Allah zu.*[9] Andererseits wird sich der Muslim durch Warnungen, die zugleich Furcht erregend wie Donnerschläge und aufheiternd wie die Gnade sind, seiner Sinne bewusst und hütet sich davor, nicht erneut zu sündigen. Er baut sich einen wirksamen Schutzwall, ganz so, als würden sich hinter ihm alle Türen zum Bösen schließen. Ein Beispiel für eine entsprechende Warnung bietet folgender Vers:

> *O ihr, die ihr glaubt, fürchtet Allah; und eine jede Seele schaue nach dem, was sie für morgen voraus schickt.*[10]

Ein Muslim sollte sich stets darum bemühen, noch tiefer in Geist und Herz vorzudringen. Dieses Bemühen sollte er mit einer Einsicht

---

9   39:54 und 24:31
10   59:18

und einem Bewusstsein verbinden, die seinem Glauben entspringen. Für einen Muslim ist jeder Moment seines Lebens wie die Blütezeit im Frühling. Selbst wenn ihn die fleischlichen Dimensionen seiner Existenz gelegentlich entmutigen und unsicher werden lassen, ist er doch immer so aufmerksam, wie es das Manifest Gottes ausdrückt:

Wahrlich, diejenigen, die dann gottesfürchtig sind, wenn sie eine Heimsuchung durch Satan trifft, und sich dann ermahnen lassen - siehe, gleich sehen sie (ihren klaren Weg) wieder.[11]

Die Selbstkritik wirkt im Herzen des Gläubigen wie ein Licht und ein Warner, und im Bewusstsein wie ein Berater mit guten Absichten. Jeder gläubige Mensch unterscheidet mit Hilfe von Herz und Bewusstsein zwischen Gut und Schlecht, Schön und Hässlich oder dem, was Gott gefällt und was Ihm missfällt. Mit Hilfe dieses wohlmeinenden Beraters überwindet der Gläubige alle Hindernisse, egal wie unüberwindlich sie ihm auch erscheinen mögen, und gelangt zu seiner Bestimmung.

Die Selbstkritik weckt die Aufmerksamkeit der Gnade und Gunst Gottes, ermöglicht dem Menschen, in seinem Glauben und seiner Dienerschaft tiefere Schichten zu erreichen, in der Praxis des Islam erfolgreich zu sein, in die Nähe Gottes zu gelangen und ewiges Glück zu finden. Sie bewahrt den Gläubigen außerdem davor, zu verzweifeln und sich allein auf den Hochmut der eigenen Verehrungsbekundungen zu verlassen, wenn es darum geht, der Strafe Gottes im Jenseits zu entgehen.[12] Die Selbstkritik öffnet dem Menschen nicht nur die Tür zu spirituellem Frieden und Gelassenheit, sondern veranlasst ihn auch, Gott und Seine Strafen respektvoll zu fürchten. In den Herzen derjenigen, die sich kontinuierlich selbst prüfen und sich beständig ihre Taten vor Augen führen, hallt immer die Warnung des Propheten wider:

---

11 7:201
12 Wenn ein Mensch, der schon viele Sünden begangen hat, in Hinblick auf das ewige Leben, das ihn erwartet, in Hoffnungslosigkeit verfällt und glaubt, die Gnade Gottes nicht erlangen zu können, wird er versuchen, einen Weg zu finden, sich vor der Strafe Gottes zu schützen. Er erinnert sich dann an seine früheren guten Taten und verlässt sich auf sie. Dies jedoch ist der völlig falsche Weg, denn nur die Gnade Gottes kann den Menschen vor der Strafe Gottes schützen und ihn ins Paradies eingehen lassen.

*Wenn ihr wüsstet, was ich weiß, würdet ihr nur wenig lachen, dafür
aber viel weinen.*[13]

Die Selbstkritik erzeugt im Herzen des Menschen Frieden, aber auch
Angst. Sie lässt den Gläubigen ständig in Sorge um diejenigen sein, die
sich unter der schweren Bürde der Verantwortung, die sie fühlen, krüm-
men. Folgende Aussage des Propheten verleiht dieser Sorge Ausdruck:

Wäre ich doch nur ein Baum, der in Stücke geschnitten wurde![14]

Die Selbstkritik lässt den Menschen permanent den Schmerz und
die Qualen fühlen, die in folgenden Worten zum Ausdruck kommen:

*...bis die Erde ihnen in ihrer Weite zu eng wurde und ihre Seelen ihnen
zugeschnürt wurden und sie wussten, dass es keine Zuflucht vor Allah
gibt, es sei denn (die Zuflucht) bei Ihm.*[15]

In jeder ihrer Gehirnzellen klingen die Worte:

*Und ob ihr kundtut, was in euren Seelen ist, oder es geheim haltet,
Allah wird euch dafür zur Rechenschaft ziehen.*[16]

Auch folgende Aussage des Propheten kündet von Schmerzen und
Qualen:

Ich wünschte, meine Mutter hätte mich niemals geboren![17]

So selbstkritisch zu sein, fällt mit Sicherheit jedem Menschen
schwer. Jemandem, der nicht selbstkritisch ist, wird es aber genauso
schwer fallen, sich davon überzeugen zu lassen, dass er heute besser als
gestern und morgen besser als heute leben wird. Diejenigen, die zwischen den Rädern der Zeit zerquetscht werden, jene, deren Tage heute nicht besser als die vorangegangenen sind, können ihren Pflichten,
die das Leben nach dem Tod betreffen, nicht nachkommen.

---

13   Bukhari, *Kusuf*, 2; Muslim, *Salat*, 112; Tirmidhi, *Kusuf*, 2
14   Tirmidhi, *Zuhd*, 9; Ibn Madscha, *Zuhd*, 19
15   9:118
16   2:284
17   Ibn Sa'd, *Tabaqat*, 3.360

Wenn sich jemand kontinuierlich selbst kritisiert und maßregelt, zeigt das die Vollkommenheit seines Glaubens. Jeder Mensch, der sein Leben lang danach strebt, den Horizont vollkommener universeller Menschlichkeit zu erreichen, ist sich seines Lebens bewusst und verbringt jeden Moment damit, sich anzustrengen, seine Ziele zu verwirklichen. Er verlangt von allem, was sich Zugang zu seinem Herzen verschaffen will, ein Passwort oder ein Visum. Er kontrolliert sich selbst und schützt sich vor den Versuchungen des Satans oder vor der Erregung seines Zorns. Er ist mit allem, was er sagt oder tut, sehr vorsichtig. Er kritisiert sich oft sogar selbst für Taten, die auf den ersten Blick sehr vernünftig und akzeptabel erscheinen. Allabendlich legt er Rechenschaft über das ab, was er tagsüber getan hat. Jeden Morgen beginnt er mit dem Vorsatz, keine Sünden zu begehen. Er strickt seinen ‚Lebensfaden‘ mit dem ‚Zwirn‘ von Selbstkritik und Selbstanklage.

So lange ein Mensch so große Loyalität und Treue zu seinem Gott beweist und sein Leben derart würdevoll gestaltet, stehen ihm die Türen des Himmels weit offen. Er wird eingeladen:

> *Komm du Treuer, du hast vertrauten Umgang mit Uns. Dies ist das Stadium der Vertrautheit, Wir haben dich treu angetroffen.*

Täglich wird ihm eine neue Himmelsreise im Geiste geschenkt. Gott Selbst schwört bei einer geläuterten Seele wie dieser:

> *Ich schwöre bei jeder reumütigen Seele.*[18]

---

18   75:2

TAFAKKUR (Reflexion)

Wörtlich übersetzt bezeichnet *Tafakkur* (Reflexion) den Prozess, gründlich, systematisch und unter Berücksichtigung aller Details über etwas nachzudenken. In unserem Kontext sei darunter das Licht des Herzens, die Nahrung des Geistes, der Geist des Wissens und der Geist und das Licht des islamischen ‚Way of Life' verstanden. Ohne Reflexion bleibt das Herz dunkel. Der Geist wird verwirrt, und der Islam wird auf einem oberflächlichen Level gelebt, ohne wirkliche Bedeutung und ohne tieferen Sinn.

Die Reflexion ist daher ein Licht im Herzen, das uns hilft, Gut und Böse, Schaden und Vorteil oder Schönheit und Hässlichkeit wahrzunehmen und voneinander zu unterscheiden. Die Reflexion verwandelt das Universum in ein Buch, das sich studieren lässt. In der Reflexion enthüllen sich uns die Bedeutung und die verborgenen Geheimnisse der Verse des Koran.

Die Reflexion ist ein entscheidender Schritt, einen Einblick in das, was um uns herum vor sich geht, zu bekommen und daraus Schlussfolgerungen zu ziehen. Sie ist ein goldener Schlüssel, der uns die Tür zu neuen Erfahrungen öffnet, eine Lichtung, auf der Bäume der Wahrheit gepflanzt werden. Die Reflexion ist die geöffnete Pupille des Auges im Herzen. Darum erklärte der erhabenste aller Menschen, der genauso wie in anderen Bereichen auch auf dem Gebiet der Reflexion unser Vorbild ist:

Kein Akt der Anbetung ist so wertvoll wie die Reflexion. Reflektiert also über die Freigebigkeit Gottes und die Taten Seiner Macht. Versucht aber erst gar nicht, über Sein Wesen zu reflektieren, denn dazu seid ihr nicht in der Lage.[19]

Mit diesem Ausspruch verbürgt sich der Ruhm der Menschheit nicht nur für den Wert der Reflexion, sondern legt auch deren Grenzen fest und erinnert uns an unsere beschränkten geistigen Fähigkeiten.

Um Aufmerksamkeit für diesen Punkt zu wecken, schreibt der Autor des Buches *Al-Minhadsch* (die Methode):

„Über Gunstbeweise zu reflektieren, ist für
die Befolgung dieses Weges unerlässlich,
Die Reflexion über das Wesen Gottes dagegen
eine offenkundige Sünde.
Falsch und nutzlos ist es, an Ihm zu zweifeln
und über Ihn nachzudenken,
Das würde nämlich bedeuten, dass man versucht,
etwas zu erlangen,
was man bereits längst erlangt hat."

Der Koran präsentiert uns im Vers *Die...über die Schöpfung der Himmel und der Erde nachdenken*[20] einen weiteren Aspekt der Reflexion: das Buch des Universums mit seinem Schöpfungsverfahren, die Eigenheiten seiner Buchstaben und Worte, die Harmonie und Kohärenz seiner Sätze und seine Beständigkeit als Ganzes. Indem er uns auf das Buch des Universums aufmerksam macht, zeigt uns der Koran eine der nützlichsten Methoden, die Kraft der Reflexion zu nutzen.

Wir können es schaffen, zu vollkommenen und universellen Menschen heran zu reifen. Dazu müssen wir das von Gott offenbarte Buch, den Heiligen Koran, studieren und über dieses Buch reflektieren. Wir müssen außerdem versuchen, ihm in allen unseren Gedanken, Plänen und Taten zu folgen. Daneben ist es unsere Pflicht, die Mysterien Gottes im Buch des Universums zu entdecken und ein Leben voller spiritueller Freuden zu leben. Dabei beschreiten wir einen hell erleuchteten Weg, der vom Glauben an Gott über das Wissen um Gott bis hin zur Liebe zu Gott führt. Jede neue Entdeckung hilft uns, unseren Glauben

---

19   Bayhaqi, *Sunan, Schu'ab al-Imam*, 1.136; Adschluni, *Kaschf al-Khafa'*, 1.311
20   3:191

zu stärken und zu entfalten, damit wir Gott im Jenseits zu gefallen wissen und Seine Anerkennung finden.

Die Kraft der Reflexion lässt sich auf jedem Feld der Wissenschaft nutzen. Rationale und physische Wissenschaften können ein erster Schritt oder ein Mittel sein, das entscheidende Ziel der Reflexion, das Wissen um Gott, zu erreichen. Der Verstand des Menschen darf dafür aber auf keinen Fall verdorben werden oder durch falsche Ideen oder Prämissen auf Abwege geraten.

Die Existenz zu studieren und über sie zu reflektieren, als sei sie ein Buch, kann die gewünschten Ergebnisse erbringen und unendlich viele Informationen und Inspirationen für uns bereithalten. Man muss jedoch akzeptieren, dass die Dinge mit all ihren Eigenschaften von Gott erschaffen sind. Diejenigen Menschen, die alle Dinge Gott zuschreiben, wissen dies und handeln entsprechend voller Überzeugung. So finden sie durch das Wissen um Gott die Liebe zu Ihm. Durch das Gedenken an Gott erlangen sie spirituelle Erfüllung.

Der Glaube an Gott, den Urheber aller Dinge, sollte die Reflexion einleiten und ihre Grundlage sein. Falls dies nicht der Fall ist, ist es zwar generell schon möglich, Gott in jeder Phase der Reflexions-‚reise' zu begegnen; den Endpunkt dieser Reise bildet in diesem Fall jedoch das Überzeugtsein von der Existenz und Einheit Gottes. Stellt aber der Glaube an Gott, den Schöpfer und Einzigartigen Lenker aller Dinge, Startpunkt und Fundament dar, schreitet die Reflexion noch viel weiter fort und gelangt in immer tiefere Schichten. Ständig kommt es dann zu neuen Entdeckungen. Immer weiter entfernt liegende Dimensionen werden erreicht. Das heißt, solange Reflexion mit dem ‚Ersten' und Äußerlichen Gott beginnt und sich in die Richtung des ‚Letzten' und Innerlichen Gottes fortsetzt, sind der Entwicklung keine Grenzen gesetzt. Menschen zu einer solchen Art von Reflexion, die auf ein bestimmtes Ziel gerichtet ist, zu ermutigen, beinhaltet auch, sie dazu aufzufordern, diejenigen Methoden der Wissenschaft zu erlernen und zu verwenden, die die Wege der Manifestation der Existenz erforschen.

Himmel und Erde sind mit all ihren Elementen und in ihrer ganzen Zusammensetzung Besitz und Königreich Gottes. Daher ist das Studium aller Vorkommnisse, aller Dinge und Eigenschaften im

Buch der Existenz auch eine Beschäftigung mit den Anordnungen, die der gepriesene Gott für die Existenz trifft.

Der Weg eines Menschen, der das Buch der Existenz aufmerksam studiert, der es zu verstehen lernt und sein Leben nach ihm ausrichtet, wird ein Weg der Unterweisung und Rechtschaffenheit sein. Die letzte Station dieses Menschen wird das Paradies sein, wo er *Kawthar*, das gesegnete Wasser des Paradieses, trinkt. Ausgerüstet mit der Fähigkeit zu reflektieren findet er den Weg ins Paradies, erkennt den wahren Spender aller Gaben und gehorcht Ihm in dem Bewusstsein, erkannt zu haben, was Glaube an Ihn wirklich bedeutet. Damit steht er ganz anders da als jene, die von Verlust und Verderben gezeichnet sind und in den Abgründen von Achtlosigkeit und Undankbarkeit gegenüber Gott, dem wahren Besitzer der unbegrenzten Vielfalt der Schönheiten und Gaben der Welt, herum irren. Ein reflektierender Reisender begibt sich vom Zustand der Dankbarkeit in einen Zustand, in dem ihm alle Arten von Gaben verfügbar sind, und von diesem Zustand wieder zurück zur Dankbarkeit. Dabei wandert er in den Fußstapfen der Engel, der Propheten und anderer wahrheitsliebender und rechtschaffener Menschen. Er tut alles, was ihm aufgetragen wird, um Gott für Seinen Segen danken zu können. Mit dem ,Vehikel' der Reflexion und unter Mithilfe des Gedenkens an Gott überwindet er alle Schwierigkeiten, die sich ihm in den Weg stellen. Durch die ,Himmel' fliegt er seiner letzten Bestimmung entgegen, indem er (um seine Ziele zu erreichen) zunächst alles dafür tut, sich der Macht Gottes zu unterwerfen, und dann alle seine Angelegenheiten dieser Macht unterordnet.

FIRAR und I'TISAM
(Flucht und die Suche nach Zuflucht)

Eigentlich bedeutet *Firar* (Flucht) vor etwas davon rennen, in der Sprache des Sufismus bezeichnet dieser Begriff aber die Reise vom Erschaffenen zum Schöpfer, die Suche nach Zuflucht vor dem ,Schatten' im ,Original'.[21] Er besagt auch, auf den ,Tropfen' zu verzichten, sich in den ,Ozean' zu stürzen, sich - unzufrieden mit dem Stückchen Glas, das die Sonne widerspiegelt - der ,Sonne' selbst zuzuwenden, der Begrenzung des Egoismus zu entkommen und in den Strahlen der Wahrheit zu ,schmelzen'. Der Vers *Flieht darum zu Allah!*[22], der unsere Aufmerksamkeit auf die Reise des Menschen in Herz und Geist lenkt, deutet wohl auf diese Handlung des Herzens - auf die spirituelle Intelligenz - hin.

Je mehr sich ein Mensch von der erstickenden Atmosphäre seiner Körperlichkeit und der fleischlichen Dimension seiner Existenz entfernt, desto näher kommt er Gott, und desto größer wird auch sein Selbstrespekt. So berichtet uns auch der Prophet Moses, ein ergebener Diener an der Tür zur Wahrheit, wie die Flucht zu Gott und die Zufluchtsuche bei Ihm belohnt werden:

> *Dann floh ich von euch, weil ich euch fürchtete; doch (nun) hat mir mein Herr Weisheit geschenkt und mich zu einem Gesandten gemacht.*[23]

---

21 Im Sufismus gilt die Schöpfung als ein Schatten des Ursprünglichen, wahrhaft Existierenden Einen Schöpfergottes.

22 51:50

23 26:21

Der Prophet Moses macht uns darauf aufmerksam, dass der Weg zu spirituellen Freuden, zu einem Treffen mit Gott und zur Stellvertreterschaft und Nähe Gottes direkt über die Flucht führt.

Die Flucht einfacher Menschen besteht darin, vor den Tumulten des Lebens und der Hässlichkeit der Sünden Zuflucht bei der Vergebung und Gunst Gottes zu suchen. Sie wiederholen oder betrachten ständig die Bedeutung des Verses *Mein Herr vergib (uns) und habe Erbarmen (mit uns); denn Du bist der beste Erbarmer!*[24] Auch suchen sie mit größter Aufrichtigkeit Zuflucht bei Gott und rufen: *Bei Dir suche ich Zuflucht vor dem Bösen, das ich begangen habe!*[25]

Die Flucht der rechtschaffenen Menschen, die sich durch besondere Frömmigkeit und Nähe zu Gott auszeichnen, besteht in der Flucht vor ihren eigenen unvollkommenen Qualitäten hin zu den Eigenschaften Gottes; vom Gefühl der Einsicht hin zur Wahrnehmung tief im Herzen, von der zeremoniellen Durchführung der Pflichten der Anbetung hin zu ihren innersten Dimensionen und von fleischlichen Gelüsten hin zu spirituellen Empfindungen. Darauf wird in dem Ausspruch *O Gott; mit Deiner Zustimmung suche ich Zuflucht vor Deinem Zorn und mit Deiner Vergebung vor Deiner Strafe*[26] hingewiesen.

Die Flucht der am weitesten fortgeschrittenen Menschen in den Bereichen Wissen, Liebe zu Gott und Frömmigkeit ist eine Flucht von den Eigenschaften Gottes hin zum Wesen Gottes, von der Wahrheit zur Wahrheit selbst. Sie bekräftigen:

Bei Dir suche ich Zuflucht vor Dir[27]

Die Flucht all dieser Menschen resultiert letztlich darin, dass sie Zuflucht und Schutz suchen. So wie die Bewusstheit im Moment der Flucht proportional zur spirituellen Tiefgründigkeit des Fliehenden ist, variiert auch das Ziel, das erreicht wird, je nach Grad der Bewusstheit des Zuflucht Suchenden.

---

24   23:118
25   Tirmidhi, *Daʾwat*, 15; Nasaʾi, *Istiʾadha*
26   Muslim, *Salat*, 222
27   Muslim, *Salat*, 222

Diejenigen, die sich der ersten Gruppe zurechnen lassen, finden das Wissen um Gott. Sie gedenken bei allem, was sie sehen, Gottes und nennen Seinen Namen. Sie halten an ihren Wünschen fest und stellen sich Dinge vor, deren Bedeutung sie unmöglich erfassen können. Schließlich erreichen sie einen Punkt, an dem sie die Realität des Ausspruches „Wir waren nicht in der Lage, Dich so zu kennen, wie es eigentlich notwendig wäre, Du Bekannter Einer!" erfassen. Sie fühlen und rezitieren fortlaufend in Ekstase:

„Alle Wesen sind ständig auf der Suche nach
Wissen um Dich;
Diejenigen, die Dich zu beschreiben
versuchen, scheitern.
Akzeptiere unsere Reue,
denn wir sind nur Menschen,
Unfähig Dich so zu kennen wie es eigentlich
notwendig wäre."

Diejenigen Menschen, die der zweiten Gruppe angehören, segeln Tag für Tag im Ozean des Wissens um Gott und verbringen ihr Leben in sich ständig erneuernden Strahlen der Manifestationen Gottes. Trotzdem können sie die Hindernisse, die zwischen sie und die letzte Station treten, in der ihr überflutender Geist zur Ruhe kommen wird, nicht ausräumen. Mit auf die Stufen der Treppe zu den höheren Rängen gerichteten Augen fliegen sie von Rang zu Rang nach oben und zittern aus Angst vor dem Absturz.

Die Mitglieder der dritten Gruppe, die von den Bindungen des Zustands (siehe *Hal* - Zustand) befreit sind und in Erstaunen (siehe *Hayra* - Erstaunen) ertrinken, sind so vom ‚Wein aus der Quelle des Alles' berauscht, dass selbst die Trompeten Israfils sie nicht aus ihrem Erregungszustand reißen können. Nur jemand, der selbst in der Lage ist, diesen Rang zu erlangen, kann die Tiefsinnigkeit der Gedanken und Gefühle solcher Menschen erfassen. Dschalal ad-Din ar-Rumi sagt dazu:

„Jene Illusionen sind Fallen für Heilige,
in der Realität aber

> Sind sie Reflexionen derer, die mit vor Freude
> strahlenden Gesichtern im Garten Gottes weilen."[28]

Mit ‚Garten Gottes' sind die Manifestationen der Einheit Gottes gemeint - die Manifestationen eines oder aller Namen Gottes im ganzen Universum. Jene ‚mit vor Freude strahlenden Gesichtern' kennzeichnen die Namen und Eigenschaften Gottes, die auf ein einziges Ding oder Wesen konzentriert sind. Die Bedeutung der Verse lautet also:

Die Fallen, in denen sich die rechtschaffenen Menschen verfangen, sind die Manifestationen der Namen und Eigenschaften Gottes. Diese Manifestationen stellen für diejenigen, die den Wahrheiten Gottes gegenüber blind sind, bloße Illusionen dar. Den Worten Sari Abdullah Efendis zufolge sind die Herzen der Propheten und Heiligen Spiegel, die die Eigenschaften und Namen Gottes widerspiegeln. Gott manifestiert Seine Namen und Eigenschaften im ganzen Universum, denn Er ist dessen Herr, Führer, Erhalter und Gebieter. Er gestaltet aus dem ganzen Universum einen Garten mit sich permanent erneuernden Schönheiten und einem Zauber, der die Propheten und die Rechtschaffenen entzückt.

28　　Mathnawi, Vol.1, S.3

HALWA und *UZLA*
(Zurückgezogenheit [in Klausur] und Isolation)

Wörtlich mit Einsamkeit und für sich allein leben zu übersetzen, bezeichnen Zurückgezogenheit und Isolation (*Halwa und Uzla*) sowohl den Rückzug eines Eingeweihten in die Klausur mit dem Ziel, seine Zeit unter Anleitung und Aufsicht eines spirituellen Lehrers der Anbetung Gottes zu widmen, als auch die Reinigung des Eingeweihten von allen Arten von Unglauben, dunklen Gedanken und Gefühlen sowie von unpassenden Vorstellungen und Auffassungen, die ihn von der Wahrheit abkommen lassen. Der Eingeweihte schließt die Tür seines Herzens hinter sich und sperrt alles außer Gott aus. Er spricht durch die Zunge seiner inneren Fähigkeiten zu Gott. Eine Dimension der Zurückgezogenheit ist die Isolation, eine andere ist die Enthaltsamkeit. Den ersten Schritt in die Zurückgezogenheit tut man in 40 Tagen, deshalb spricht man davon, sich einer 40-tägigen Periode der Enthaltsamkeit zu unterziehen. Wenn der spirituelle Lehrer den Eingeweihten in die Zurückgezogenheit begleitet, führt er ihn zunächst in ein Ruhezimmer, wo er mit ihm betet und ihn dann verlässt. Der Eingeweihte führt in jenem Raum ein isoliertes Leben. Er ist völlig für sich allein und isst und trinkt nur wenig. In jenem isolierten Raum, der auch als die ‚Tür zur Nähe Gottes' bezeichnet wird, reduziert und diszipliniert er seine körperlichen Bedürfnisse und versucht, seine fleischlichen Gelüste zu vergessen. Er widmet all seine Zeit - Tag und Nacht - der Verehrung Gottes, der Meditation und Reflexion, dem Gebet, dem demütigen Bitten etc..

Was die Punkte Enthaltsamkeit und Isolation betrifft, geht die Zurückgezogenheit in Klausur bis zur Frühzeit des Sufismus und sogar bis auf die großen Propheten zurück.

Zahllose Propheten und rechtschaffene Menschen, insbesondere aber Muhammad, der Glanz der Menschheit, haben einen gewissen Teil ihres Lebens in Isolation verbracht. Ihr einstiges System von Zurückgezogenheit und Isolation wurde jedoch im Laufe der Zeit von einigen unerwünschten Neuerungen verzerrt. Die Isolation des Propheten Abraham, die 40-tägige Klausur des Propheten Moses, die Enthaltsamkeit des Propheten Jesus und die Rückzüge des letzten Propheten Gottes wurden zu verschiedenen Zeiten von verschiedenen Menschen nachgeahmt und dabei auch zum Teil abgeändert. Natürlich ist dies, solange es ein bestimmtes Maß nicht überschreitet, legitim. Schließlich ist auch die Zurückgezogenheit von Stimmungen, Temperamenten und spirituellen Kapazitäten beeinflusst. Gerade weil das so ist, können aber nur erfahrene spirituelle Meister beurteilen und entscheiden, wie lange und unter welchen Bedingungen sich ein Eingeweihter in die Isolation begeben sollte.

In den frühen Jahren seiner Initiation ging Mawlana Dschalal ad-Din ar-Rumi oft für 40 Tage der Enthaltsamkeit in Klausur. Nachdem er aber einen wirklich vollkommenen Meister gefunden hatte, gab er seine Zurückgezogenheit auf und suchte vielmehr die Gesellschaft von Menschen (*Dschalwa*). Viele andere Menschen vor und nach ihm zogen es ebenfalls vor, mit Menschen zusammen zu sein, statt ihre Gesellschaft zu meiden.

Enthaltsamkeit, eine der beiden Dimensionen der Zurückgezogenheit, die oben erwähnt wurden, beinhaltet, die fleischlichen Begierden zu kontrollieren und den Geist, der von der Vollkommenheit angezogen wird, anzuspornen. Nur die Enthaltsamkeit zähmt die Lust des Fleisches. Sie zwingt den Menschen, negativen Anreizen und Neigungen zu widerstehen und sich den Anordnungen Gottes zu fügen. Nur durch die Enthaltsamkeit übt sich der Geist in Demut und verwandelt sich in ,Erde', die dann als ein ,Blumenbeet' fungieren kann:

> „Sei wie die Erde, auf dass Rosen aus dir wachsen.
> Denn nur die Erde kann dem Wachstum
>   der Rosen dienen."

Die Enthaltsamkeit ermöglicht allen Menschen, in den Genuss gewisser Gunstbeweise Gottes zu kommen. Manchen Menschen gelingt es, ihr Wissen mit guten Moralvorstellungen und ihre religiösen Handlungen mit aufrichtigen und reinen Absichten zu schmücken. Im Idealfall ist ihr Umgang mit Gott und anderen Menschen von Wohlverhalten geprägt. Andere werden in der Beziehung zu Gott auf immer neuen Wegen hin und her geschleudert und suchen ständig nach Möglichkeiten, Ihm immer näher zu kommen. Wieder andere verbringen ihr Leben wie Libellen, die gerade ihrem Kokon entflogen sind, in der Gegenwart von spirituellen Wesen, die man als Schmetterlinge der Himmelswelt bezeichnen kann.

Ganz entscheidend für die Zurückgezogenheit in Klausur ist, dass der Eingeweihte einzig und allein das Wohlgefallen Gottes anstrebt und unablässig auf Zeichen der Gunst Gottes wartet. Dabei darf er nicht untätig da sitzen, sondern muss das Auge seines Herzens offen halten und sich größte Mühe geben, nicht eine der Inspirationen und Geschenke Gottes, die seinem Herzen zufließen, zu verpassen. Er darf es außerdem nicht an der gebotenen Höflichkeit und dem nötigen Anstand fehlen lassen, die der Anwesenheit in der Gegenwart Gottes angemessen sind. Die folgenden Worte von Al-Makani Husayn Efendi bringen dieses Anliegen präzise auf den Punkt:

> „Reinige den Brunnen deiner Seele,
> > bis er vollkommen rein ist!
> Richte deine Augen auf dein Herz,
> > bis aus deinem Herzen ein Auge wird!
> Vergiss deine Zweifel, und stelle den Krug deines
> > Herzens unter den Wasserstrahl jenes Brunnens!
> Ist der Krug voll mit Wasser und spendet
> > Vergnügen, wende dich von ihm ab und
> > dem Besitzer seines Hauses[29] zu!
> Wenn du ihn verlässt,
> > kommt Gott ganz bestimmt zu Seinem Haus.
> Lass niemals den Teufel das Haus
> > deines Herzens betreten,
> Denn ist er erst einmal darin, lässt er sich
> > nur schwer wieder dar aus zu vertreiben!"

---

29 ‚Haus' steht hier für Herz, ‚Besitzer' für Gott.

Gott ist tatsächlich absolut frei von den Beschränkungen von Zeit und Raum. Seine Beziehungen zu den Menschen finden auf den ‚Senken' des Herzens statt. Aus diesem Grunde müssen die ‚smaragdgrünen Hügel' des Herzens ständig bereit sein, die Wellen Seiner Manifestationen zu empfangen. Nur dann kann den Worten Ibrahim Haqqis aus Erzurum zufolge „...der ‚König' des Nachts zu seinem Palast hinab steigen."

Gott, der Allmächtige, gab dem Propheten David die Anordnung:

> *Räume das Haus für Mich, damit Ich in ihm wohnen kann!*[30]

Einige haben dieses ‚Räumen des Hauses' als Reinigung des Herzens von allen anderen Betrachtungen als denen Gottes und als Abstandnehmen von allen Beziehungen mit Menschen, die nicht das Wohlgefallen Gottes finden, beschrieben. Die folgenden Worte von Mawlana Dschalal ad-Din ar-Rumi drücken dies sehr schön aus:

> „Jemand, der weise und sensibel ist,
>   bevorzugt den Grund eines Brunnens,
> Denn die Seele findet Vergnügen
>   an der Zurückgezogenheit (allein mit Gott).
> Die Dunkelheit des Brunnens ist besser als die
>   Angelegenheiten der Menschen in der Dunkelheit.
> Niemand, der sich an den Beinen der Menschen fest
>   hält, hat es je geschafft, seinen Kopf einzusetzen.[31]
> Von anderen darf man sich lossagen,
>   nicht aber von dem Geliebten.
> Einen Pelz trägt man im Winter, nicht im Frühling."

Ziel der Isolation ist es, das Herz von der Liebe zu anderen Menschen zu reinigen und sich stets in der Gegenwart des Einen Geliebten aufzuhalten. Daher betrachtet man diejenigen, die die Gegenwart Gottes auch in der Gegenwart anderer Menschen ständig spüren und die Einheit Gottes inmitten der Vielfalt permanent wahrnehmen, als Menschen, die sich immerzu mit Gott in Klausur befinden. Andererseits ist die Isolation von Menschen, die zwar ihr Leben

---

30   Quschayri, *Ar-Risala al-Quschayriya*, 327
31   Jemand, der sich beim Erreichen seiner Ziele auf andere verlässt, wird nie erfolgreich sein.

in Klausur verbringen, aber nicht in der Lage sind, ihre Herzen zu reinigen, nicht mehr als ein Trugbild.

Menschen, die spüren, dass sie sich ständig in der Gegenwart Gottes aufhalten, haben es nicht nötig, sich von ihren Mitmenschen abzusondern. Mawlana Dschalal ad-Din ar-Rumi zufolge stehen sie mit einem Fuß in der Sphäre der Anordnungen Gottes, während ihr anderer Fuß wie eine Kompassnadel die Welt durchmisst. Ununterbrochen erfahren sie Aufstieg (zu Gott) und Abstieg (von Ihm, um Seine Befehle anderen Menschen zu übermitteln). Diese Art von Isolation wird von Propheten und rechtschaffenen Menschen anerkannt und bevorzugt.

Eines Tages fragte Gott, der Allmächtige, den Propheten David: *David! Warum isolierst du dich von den Menschen und ziehst es vor, allein zu sein?* David antwortete Ihm: *Herr! Ich verzichte Dir zuliebe auf die Gesellschaft von Menschen.* Der Allmächtige aber warnte ihn: *Sei stets wachsam, aber halte dich nicht von deinen Brüdern fern. Meide nur diejenigen, deren Gesellschaft dir nicht von Nutzen ist.*

HAL und MAQAM
([Spiritueller] Zustand und Station
[auf dem mystischen Pfad])

Zustand bedeutet, in der eigenen inneren Welt den ‚Atem‘, der aus den Sphären des Jenseits zu uns hinüber weht, zu fühlen und die Unterschiede zu erfahren, die das Herz zwischen Tag und Nacht oder Abend und Morgen macht. Diejenigen, die diese Unterschiede als ständig wiederkehrende Wellen von Freude und Kummer oder Spannung und Entlastung empfangen, nennen die Beständigkeit dieser Wellen Station und ihr Verschwinden Egoismus.

Es wäre nicht falsch, *Hal* als ein Geschenk Gottes und als den Atem der Nähe Gottes zu beschreiben, den der Mensch im Herzen spürt. *Maqam* hingegen lässt sich als die permanente Erfahrung eines Menschen mit diesem Atem und als Erwerb einer zweiten Natur durch diesen Atem charakterisieren.

Genau wie Leben, Licht und Gnade ist auch *Hal* ein direktes Geschenk des Allmächtigen, das uns Menschen die Einheit Gottes verdeutlicht. *Maqam* hingegen ist von den zielstrebigen Bemühungen eines Menschen abhängig und kann deshalb die Wahrheit nicht so offenkundig widerspiegeln. Das Gefühl für spirituelle Ereignisse, die auf das Herz des Menschen einwirken, und die fortwährende Empfänglichkeit des Menschen für den Einen, der dem Herzen wohl bekannt ist, sollen hier keineswegs in die Nähe des Egoismus gerückt werden. Beide Eigenschaften, Gefühl und Empfänglichkeit, sind jedoch eher eine Würdigung der Quelle spiritueller Ereignisse. Die Würdigung der Fähigkeit, diese Ereignisse den eigenen Fähigkeiten und Charakteren entsprechend zu verarbeiten, führt hingegen schnell zu Prahlerei und Einbildung.

Der aufrichtigste und meist geschätzte aller Menschen, Friede und Segen seien mit ihm, sagte bei Gelegenheit:

Gott zieht nicht eure körperliche Statur in Betracht, sondern eure Herzen.[32]

Mit diesem Satz machte uns der Prophet darauf aufmerksam, was für die Wahrheit entscheidend ist, und zeigte uns, worum es wirklich geht. Ein Hadith zu diesem Thema, der aus nicht hundertprozentig verlässlicher Quelle stammt, lautet:

Gott zieht eure Herzen und Taten in Betracht.[33]

Dieser Ausspruch ist ein Hinweis auf die Station, die nach den Zyklen des Zustands erreicht wird.

Der Zustand besteht aus den Manifestationen Gottes, die zu Zeiten erscheinen, welche Sein Absoluter Wille festlegt. Diese Manifestationen spiegeln sich im Herzen, in der Wahrnehmung und im Bewusstsein des Menschen wider und haben zum Ziel, sie zu formen. Aus diesem Grund kann der spirituelle Zustand mit einzelnen Wellen verglichen werden, die in unterschiedlichen Längen und Farben von der Sonne ausgehen und erscheinen und wieder verschwinden, ganz so wie es der uneingeschränkt Herrschende Wille vorsieht. Die Station auf dem mystischen Pfad dagegen bezeichnet jene Stabilität, die auf die Wellen des Zustands folgt.

Empfindsame Menschen und solche, deren Bewusstsein dem Wissen um Gott gegenüber aufmerksam und aufgeschlossen ist, nehmen die Wellen des Zustands in ihren Herzen genauso wahr, wie sie die Sonnenstrahlen in Bläschen auf dem Wasser erkennen; sie reagieren auf diese Wellen, indem sie sie auf verschiedenen Ebenen und auf unterschiedliche Art und Weise wahrnehmen. Menschen, die nicht in der Lage sind, in ihren Herzen Ausgeglichenheit herzustellen, und ihr Leben isoliert vom Allmächtigen leben, betrachten diese Wellen mög-

---

32 Muslim, *Birr*, 33/4
33 Muslim, *Birr*, 33/4; Ibn Madscha, *Zuhd*, 9

licherweise als Illusionen und Fantasien. Wie dem auch sei, für diejenigen, die das Leben mit dem Licht der Wahrheit schauen, sind sie manifeste, wahrgenommene Realitäten.

Der Prophet Muhammad, die herausragende Persönlichkeit des Zustands, der jedes spirituelle Geschenk, das ihm gemacht wurde, für wertvoller hielt als alle, die er zuvor erhalten hatte, sagte einmal:

Ich bitte Gott siebenmal täglich um Verzeihung.[34]

Ein vollkommen reiner Mensch, der auf seiner ewig andauernden Reise zum Unendlichen das Bedürfnis nach einem unendlich hohen Berg und nach einem ewig brennenden Licht verspürt, hätte es wirklich nicht treffender ausdrücken können.

---

34   Bukhari, *Da'wat*, 3; Tirmidhi, *Tafsir al-Qur'an*, 47

QALB (Herz) - I

„Das Herz ist das Haus Gottes. Reinige es
von allem, was sich außer Ihm darin befindet,
Damit der Barmherzige des Nachts in seinen
Palast hinabsteigen kann."
(Ibrahim Haqqi, Erzurum/Türkei)

Qalb - Herz - hat zwei Bedeutungen: Eine bezeichnet jenen aktivsten Teil des Körpers, der sich im linken Teil der Brust befindet und einem Kiefernzapfen ähnelt. Bezüglich seiner Struktur und seines Gewebes unterscheidet sich das Herz von allen anderen Körperteilen. Es verfügt über zwei Vorhöfe und zwei Kammern und ist der Ausgangspunkt aller Arterien und Venen. Angesiedelt inmitten all der übrigen Körperteile schlägt das Herz selbstständig, arbeitet wie ein Motor und pumpt wie eine Ansaugpumpe Blut durch den ganzen Körper.

In der sufistischen Terminologie bezeichnet das Herz den spirituellen Aspekt des biologischen Herzens als Mittelpunkt aller Emotionen und (intellektuellen und spirituellen) Fähigkeiten wie Wahrnehmung, Bewusstsein, Empfindungsvermögen und Willenskraft. Sufis nennen das Herz das sprechende Selbst. Die wahre Natur des Menschen steckt in seinem Herzen. Was den intellektuellen und spirituellen Aspekt seiner Existenz betrifft, so weiß der Mensch, so nimmt er wahr, so versteht er usw.. Der Geist ist das Wesen und die innere Dimension dieser Begabung; der biologische Geist oder die Seele ist ihr Fundament. Gott spricht das Herz direkt an: Es übernimmt Verantwortung, wird bestraft und belohnt, durch entsprechende Unterweisung erhöht und durch abweichendes Verhalten verdorben. Es wird verehrt oder gedemütigt und ist der ‚geschliffene Spiegel‘, der das Wissen Gottes reflektiert.

Das Herz besitzt die Eigenschaft, wahrzunehmen und wahrgenommen zu werden. Mit Hilfe seines Herzens dringt der Mensch in Seele, körperliche Existenz und Verstand vor. Das Herz ist so etwas wie das Auge des Geistes. Die Fähigkeit des Herzens zu sehen, kann als Einsicht bezeichnet werden, der Verstand des Herzens als Vernunft und dessen innere Dynamik als Willen. Das Herz oder, wenn wir so wollen, der spirituelle Verstand ist eng mit seinem biologischen Gegenpart verbunden. Die Beschaffenheit dieser Verbindung wurde von Philosophen und muslimischen Gelehrten ausgiebig diskutiert. Wie auch immer diese Verbindung aussehen mag - unumstritten ist zumindest, dass es einen engen Zusammenhang zwischen dem biologischen und dem spirituellen Herzen gibt. Letzteres steht jedenfalls für die Fähigkeit, Gott zu erkennen und Seine Inspirationen zu empfangen. Es ist das Zentrum wahrer Menschlichkeit und die Quelle der Gefühle und Emotionen des Menschen.

Wenn im Koran, in religiösen Wissenschaften, Moral, Literatur und Sufismus vom Herzen die Rede ist, so ist das spirituelle Herz gemeint. Wohltaten, die uns dieses Herz erfahren lässt, sind z.B. Glaube, Wissen um Gott, Liebe zu Gott und spirituelle Freude.

Das Herz ist ein brillantes und wertvolles Instrument, das uns zwei Dinge ermöglicht: erstens, in die Welt des Geistes und zweitens in die Welt der Körperlichkeit zu blicken. Wenn die körperliche Existenz oder der physische Körper des Menschen unter der Regie des Geistes steht, übermittelt das Herz dem Körper die spirituellen Errungenschaften und Gaben, die es in der Welt des Geistes erfährt, und lässt ihn Frieden und Ausgeglichenheit atmen.

Wie bereits erwähnt wurde, sind für Gott die Herzen entscheidend. Er behandelt jeden Menschen nach der Qualität seines Herzens; denn das Herz ist der Aufenthaltsort vieler Elemente, die für das spirituelle Leben des Menschen und seine Menschlichkeit von essenzieller Bedeutung sind. Zu nennen sind in diesem Zusammenhang vor allem Vernunft, Wissen, Wissen um Gott, Absicht, Glaube, Weisheit und

Nähe zu Gott, dem Allmächtigen. Lebt das Herz, dann leben auch alle diese Elemente und Fähigkeiten. Ist es aber von Krankheiten befallen, dann können auch diese Elemente und Fähigkeiten schwerlich gesund bleiben. Der Wahrhaftige und Bestätigte, Friede und Segen seien mit ihm, erklärte:

> *Ein Teil des Körpers ist fleischlich. Ist er gesund, ist auch der ganze Körper gesund. Ist er aber verdorben, ist auch der ganze Körper verdorben. Nimm dich in Acht! Jener Teil ist das Herz.*[35]

In diesem Ausspruch deutet der Prophet die Bedeutung des Herzens für die (spirituelle) Gesundheit des Menschen an.

Das Herz weist aber noch einen weiteren Aspekt bzw. eine andere Funktion auf, die noch wichtiger als die bereits genannten ist. Im Herzen und somit in der Natur des Menschen sind die beiden Punkte Vertrauen und Hilfesuche tief verwurzelt. Mit ihrer Unterstützung zeigt das Herz den Menschen den Weg zu Gott, dem Helfenden und Bewahrenden. Das heißt, es erinnert den Menschen in den Sprachen von Bedürftigkeit, Hilfe- und Schutzsuche ständig an Gott. Dieses Phänomen kommt sehr anschaulich in einer Prophetentradition zum Ausdruck, die Ibrahim Haqqi in folgende Worte fasste:

> „Gott sagte: *Weder die Himmel noch die Erde*
> *können Mich umfassen.*
> Bekannt und anerkannt ist Er als ein ‚Schatz‘,
> der im Herzen vom Herzen selbst verborgen wird."

Der Körper des Menschen stellt die physische Dimension seiner Existenz dar, das Herz macht seine spirituelle Dimension aus. Darum ist es die direkte, beredte, verständliche, wunderbare und wahre Zunge des Wissens um Gott. Das Herz besitzt einen höheren Wert und wird höher geschätzt als die Kaaba. Es gilt als einziger rechtmäßiger Repräsentant der erhabenen Wahrheit, die sich in der ganzen Schöpfung artikuliert, um Gott bekannt zu machen.

Das Herz fungiert als eine ‚Festung‘, die einen tüchtigen Verstand, vernünftiges Denken, einen gesunden Geist und einen kräftigen Körper

---

35 Bukhari, *Iman*, 39; Muslim, *Musaqat*, 107

verwaltet und bewahrt. Alle Gefühle und Emotionen des Menschen suchen in dieser Festung Zuflucht und Schutz. Auch das Herz selbst sollte geschützt und vor einer ‚Infektion' bewahrt werden; denn ist es einmal infiziert, lässt es sich nur unter größten Anstrengungen wieder in Stand setzen. Und wenn es erst gestorben, ist es nahezu unmöglich, es wieder zu beleben. Der Koran mit seiner Anweisung zu beten, *Unser Herr, lass unsere Herzen sich nicht (von Dir) abkehren, nachdem Du uns rechtgeleitet hast!*[36], und unser Meister, Friede und Segen seien mit ihm, in seinem Gebet, *O Gott, Bekehrer der Herzen! Verankere unsere Herzen fest in Deiner Religion!*[37], erinnern uns an die Notwendigkeit, unsere Herzen zu schützen.

So wie das Herz dem Menschen als Brücke zu allem Guten und allen Gnaden dienen kann, vermag es auch allen fleischlichen Versuchungen den Weg zu ebnen. Ist es auf Gott ausgerichtet und wird von Ihm unterwiesen, wird es zu einem Projektor, der auch in den entferntesten und dunkelsten Ecken des Körpers sein Licht verbreitet. Ist es aber unter die Herrschaft des fleischlichen Selbst geraten, wird es zur Zielscheibe für die Giftpfeile des Teufels.

Das Herz ist das angestammte Haus des Glaubens, der Anbetung und der rechtschaffenen Tugend, ein überbordender Fluss, der mit den Inspirationen und Strahlen, die den Beziehungen zu Gott, den Menschen und dem Universum entspringen, dahin fließt. Leider gibt es jedoch unzählige Widersacher, die dieses weltweit geachtete Haus zerstören und diesen Fluss aufstauen bzw. seinen Lauf verändern wollen. Unter diesen Widersachern finden sich Hartherzigkeit (Verlust der Fähigkeit, zu fühlen und zu glauben), Unglaube, Einbildung, Arroganz, weltlicher Ehrgeiz, Gier, exzessive Begierden, Kopflosigkeit, Egoismus und Festhalten am eigenen Status. All diese Eigenschaften sind wachsam und stets darauf aus, die Schwachpunkte des Herzens aufzudecken und es zu zerstören.

---

36   3:8
37   Tirmidhi, *Qadar*, 7; Ahmad ibn Hanbal, *Musnad*, 6.302

QALB (Herz) - 2

Der Glaube ist das Lebenselixier des Herzens, die Anbetung ist das Blut, das in seinen Adern fließt, und Reflexion, Selbstkontrolle und Selbstkritik sind die Fundamente seiner Beständigkeit. Das Herz eines Ungläubigen ist tot, das Herz eines Gläubigen, der nicht betet, befindet sich in einem Todeskampf und das Herz eines betenden Gläubigen, der nicht reflektiert, ist vielen Gefahren ausgesetzt und anfällig für Krankheiten. Obwohl die Menschen der ersten Kategorie eine ‚Pumpe‘ in ihrer Brust tragen, kann man nicht davon sprechen, dass sie wirklich ein Herz haben. Die Menschen der zweiten Kategorie sind in der von Wolken verhangenen, vernebelten Atmosphäre ihrer Mutmaßungen und Zweifel gefangen. Sie befinden sich in greifbarer Nähe zu Gott, ohne ihr Ziel jemals erreichen zu können. Die Angehörigen der dritten Gruppe haben schon ein gutes Stück Weg zum Ziel zurückgelegt, ohne jedoch bereits angekommen zu sein. Darum sind sie auch nach wie vor gefährdet. Auf dem Pfad Gottes machen sie zögerliche Fortschritte; Niederlage und Sieg folgen bei ihnen einander auf dem Fuße. Sie sind damit beschäftigt, einen ‚Hügel‘ zu erklimmen, ohne aber in der Lage zu sein, diesen auch zu überwinden.

Diejenigen dagegen, die einen starken Glauben besitzen und ihr Leben auch streng nach diesem ausrichten - ganz als ob sie Gott direkt schauen könnten und sich der Tatsache bewusst wären, dass Gott auch sie sieht - befinden sich in größtmöglicher Sicherheit und stehen unter Gottes Schutz vor Schwankungen und Stürzen. Sie studieren die Existenz mit Einsicht, durchdringen die Dinge, entdecken ihre wahre

Realität durch das Licht Gottes, benehmen sich unauffällig und üben sich in Selbstbeherrschung. Zwischen Furcht und Hoffnung schwebend zittern sie aus Angst vor Gott und versuchen, Ihm eine Freude zu bereiten. Sie bemühen sich, alles, was sie tun, zu Seinem Wohlgefallen zu tun und sich stets Seiner Liebe zu vergewissern. Gott wiederum liebt sie und bewegt andere gläubige Menschen dazu, sie ebenfalls zu lieben. So werden sie von Menschen und Dschinn gleichermaßen geschätzt und geliebt, und wohin sie auch gehen, erwartet sie ein herzliches Willkommen.

In der Sure Yusuf wird der aufrichtige Held dieser Sure, der Prophet Yusuf (Josef), Friede sei mit ihm, fünfmal als ein Mensch von vollkommener Tugend und tiefer Hingabe bezeichnet. Das bedeutet, dass alles Existierende - Schöpfer wie Erschaffenes, Freund und Feind, Himmel und Erde - die strenge Selbstkontrolle und Selbstbeherrschung des Propheten Josef bezeugt.

Der Allmächtige weist den Menschen darauf hin, dass der Prophet Josef seit seiner Jugend ein Mensch von vollkommener Tugend und Selbstkontrolle war:

> *Und als er (Josef) zum Mann heranwuchs, verliehen Wir ihm Weisheit und Wissen. Und so belohnen Wir diejenigen, die Gutes tun* (jene, die in dem Bewusstsein handeln und beten, dass Gott ihnen immer gewahr ist).[38]

In seiner Zeit im Gefängnis in Ägypten blieben seinen Mitgefangenen seine Verstandestiefe und die Reinheit seines Geistes nicht verborgen, und so wandten sie sich an ihn, damit er ihre Probleme löse:

> *Verkünde uns die Deutung hiervon. Denn wir sehen, dass Du einer der Rechtschaffenen bist.*[39]

Josef war bei allen Aufgaben, zu denen er gedrängt wurde, erfolgreich und verschaffte sich einen Platz im Herzen von Freund und Feind. Noch ein weiteres Mal spricht Gott von ihm als von einem Menschen

---

38   12:22
39   12:36

mit vollkommener Tugend, denn Josef änderte sich auch dann nicht, als er auf einen hohen Regierungsposten berufen wurde:

> *Und so verliehen Wir Josef Macht im Lande; er weilte darin, wo immer es ihm gefiel. Wir gewähren unsere Gnade, wem Wir wollen, und Wir lassen den Lohn der Rechtschaffenen* (jener, die in dem Bewusstsein handeln und beten, dass Gott ihnen immer gewahr ist) *nicht verloren gehen.*[40]

Seine Brüder, die ihn immer mit Neid bedacht hatten, erkannten seine Tugend und Wahrheitsliebe an, noch bevor sie herausfanden, dass es Josef gewesen war, der sich als Minister im königlichen Palast von Ägypten ihnen gegenüber so nachsichtig gezeigt hatte. *Sie sagten: „O Hochmögender, er hat einen greisen Vater, so nimm einen von uns statt seiner an; denn wir sehen, du gehörst zu denen, die Gutes tun."*[41]

Schließlich bezeugte auch der Prophet Josef selbst die am eigenen Körper erfahrene Gnade Gottes. Denn er hatte sich inzwischen zu einem vorbildlich gereiften Menschen entwickelt, der völlige spirituelle Zufriedenheit erlangt hatte:

> *Allah ist wahrlich gnädig gegen uns gewesen. Wahrlich, wer rechtschaffen und geduldig ist - nimmermehr lässt Allah den Lohn derer, die Gutes tun, verloren gehen.*[42]

Es ist undenkbar, dass ein Herz, dessen Aufrichtigkeit jeder bezeugt, der Gottes Gnade beraubt wird. Ein solches Herz hat für seinen Besitzer die gleiche Bedeutung, wie ihn der Höchste Thron Gottes für das Universum besitzt. Es ist wie ein Spiegel, in den der Allmächtige immerzu schaut; und ein Spiegel, über den der Allmächtige jederzeit anerkennend wacht, ist nichts, was man wegwirft oder zerbrechen lässt. Er ist Wesen und Geist menschlicher Realität - etwas, das von Gott Selbst gepriesen wird.

---

40   12:56
41   12:78
42   12:90

In den folgenden Versen ruft uns Mawlana Dschalal ad-Din ar-Rumi diese Tatsache ins Gedächtnis:

> „Die Wahrheit sagt: Ich ziehe das Herz in Betracht,
>> nicht die Form, die aus Wasser und Lehm
>>> geschaffen ist.
> Du sagst: Ich habe ein Herz in mir,
>> das Herz allerdings befindet sich über dem Thron
>>> Gottes, nicht unter ihm."

HUZN (Trauer, Leid)

Die Sufis gebrauchen das Wort *Huzn* (Trauer, Leid) in der gegenteiligen Bedeutung von Freude und Fröhlichkeit und drücken mit ihm den Schmerz aus, den die Erfüllung von Pflichten und die Realisierung von Idealvorstellungen hervorrufen. Jeder Gläubige, der sich selbst zu vervollkommnen sucht, muss diesen Schmerz dem Grad seines Glaubens entsprechend ertragen und das Tuch seines Lebens mit den ‚Fäden' des *Huzn* auf dem ‚Webstuhl' der Zeit weben. Kurz, die Muslime werden solange immerzu Trauer verspüren, bis der Geist der Wahrheit Muhammads in allen Ecken der Welt geatmet wird, das Klagelied von Muslimen und anderen unterdrückten Menschen verstummt und die Regeln Gottes im täglichen Leben der Menschen beachtet werden. Ihre Trauer wird solange fortbestehen, bis sie ihre Reise durch die Zwischenwelt des Grabes schließlich heil und gesund zum Abschluss bringen und sich zum Ort ewigen Glücks und Segens aufmachen, ohne vom Höchsten Gericht im Jenseits angeklagt zu werden. Das Leid des Gläubigen endet nicht, bevor die Bedeutung des Koranverses *Alles Lob gebührt Allah, der die Traurigkeit von uns genommen hat! Unser Herr ist wahrlich verzeihend, dankbar*[43] Wirklichkeit wird.

Trauer und Leid sind die Ergebnisse der Wahrnehmung dessen, was es bedeutet, ein Mensch zu sein. Solange sich der Mensch seiner Menschlichkeit bewusst ist, stehen seine Trauer und sein Leid im Einklang mit dem Grad seiner Einsicht und Wahrnehmung. Sie erzeugen eine notwendige, spürbare Dynamik, die ihn dazu zwingt, sich stän-

---

dig dem Allmächtigen zuzuwenden und - während er die Realitäten
wahrnimmt, die ihn traurig machen - bei Ihm Zuflucht zu suchen sowie
Ihn in Momenten der Hilflosigkeit um Beistand zu bitten.

Ein gläubiger Mensch ist jemand, der nach sehr kostbaren Dingen
wie zum Beispiel dem Wohlwollen Gottes und ewigem Glück strebt,
und der darum in der kurzen Spanne seines Lebens mit seinen limitier-
ten Mitteln ‚einen guten Job machen‘ muss. Die Leiden, die ein
Gläubiger auf Grund der Krankheiten und Schmerzen, die er durch-
macht, ertragen muss und die Beschwerden und Missgeschicke, die ihm
widerfahren, sind so wirksam wie eine Medizin, die seine Sünden hinweg wischt. Sie verewigen, was vergänglich ist, und lassen seinen
‚Tropfen-großen‘ Verdienst zu einem Ozean anschwellen. Wie auf-
schlussreich ist doch, dass der Glanz der Menschheit, der sein ganzes
Leben in Leid verbrachte, von einigen als Prophet des Leids beschrieben wird.

Die Trauer bewahrt die Maschine des menschlichen Herzens und
die Räder seiner Gefühle davor, zu rosten und zu verkommen, und
zwingt den Menschen, sich auf seine innere Welt zu konzentrieren und
seine Schritte selbst zu lenken. Durch Leid kann ein Reisender auf
dem Pfad zur Vervollkommnung den Rang eines rein spirituellen Lebens
erreichen, einen Rang, den andere auch durch etliche 40-tägige Buß-
und Enthaltsamkeitsperioden nicht erlangen.

Der Allmächtige schätzt die Herzen, auch die traurigen und ge-
brochenen, nicht aber die äußerlichen Erscheinungsformen. Er belohnt die Besitzer dieser Herzen mit Seiner Allgegenwart, wie auch in
folgendem Satz fest gehalten ist:

> *Ich bin denjenigen, die ein gebrochenes Herz haben, nahe.*[44]

Sufyan ibn Uyayna sagte einst: „Manchmal hat Gott mit einer
ganzen Nation Mitleid, weil ein einziger Trauernder mit gebrochenem
Herzen weint.“[45] Mit dieser Einschätzung lag er durchaus richtig,
denn alles Leid entspringt der Aufrichtigkeit der Herzen und gehört
tatsächlich zu den Empfindungen, die uns Gott näher bringen. Trauer

---

44 Adschluni, *Kaschf al-Khafa'*, 1:203
45 Quschayri, *Ar-Risala al-Quschayriya*, 139

und Leid sind am wenigsten anfällig dafür, durch Prahlerei oder das Trachten eines Menschen, in seiner Abwesenheit gerühmt zu werden, getrübt zu werden. In jeder Gabe und in jedem Segen Gottes verbirgt sich ein Element, das den Bedürftigen zusteht und damit Gabe und Segen von gewissen Unreinheiten befreit. Jenes Element heißt in der Sprache des Islam *Zakat*.[46] Trauer und Leid ähneln dem Teil eines Verstandes oder Bewusstseins, der für die Klärung und die Erhaltung der eigenen Reinheit zuständig ist.

In der Thora steht geschrieben, dass Gott einem Diener, den Er liebt, das Gefühl, weinen zu müssen, zuteil werden lässt. Demjenigen aber, den Er nicht mag und auf den Er wütend ist, füllt Er das Herz mit dem Bedürfnis nach Belustigung und Spiel.

Von Bischr al-Khafi stammen die Worte: „Trauer oder Leid sind wie ein Herrscher. Wenn sie sich an einem bestimmten Ort niederlassen, dulden sie nicht, dass sich ein anderer Mensch dort aufhält."[47]

So wie ein Land ohne Führung in Konfusion und Unordnung fällt, ist ein Herz, das kein Leid kennt, wie eine Ruine. War nicht auch Muhammad, Friede und Segen seien mit ihm, der ein so tadelloses und blühendes Herz besaß, ständig traurig und in Gedanken versunken? Kletterte nicht der Prophet Jakob, Friede sei mit ihm, auf Berge, die ihn von seinem geliebten Sohn, dem Propheten Joseph trennten? Überwand er sie nicht auf den Flügeln des Leids und wurde dann Zeuge der Verwirklichung eines erfreulichen Traums?

Die Seufzer eines leidgeprüften Herzens sind also als genauso wertvoll zu betrachten wie die regelmäßigen Rezitationen und Bezeugungen der Anbeter Gottes und die Hingabe, Frömmigkeit und Enthaltsamkeit der Asketen.

Der wahrhaftige und bekräftigte Eine, Friede und Segen seien mit ihm, betonte, dass *...der Kummer, der aus weltlichen Unglücken hervor*

---

46   Wörtlich bedeutet *Zakat* Reinigung und Vergrößerung. Durch sie wird das Vermögen eines Menschen von den Unreinheiten gesäubert, mit denen es entweder beim Verdienen, beim Gebrauch oder beim Ausgeben beschmutzt wird. Mittels der *Zakat* wächst das Vermögen zu einem Segen Gottes.

47   Quschayri, *Ar-Risala al-Quschayriya*, 138

48   Haythami, *Madschma' az-Zawa'id*, 4:63

geht, bewirkt, dass Sünden vergeben werden.[48] Dieser Aussage lässt sich entnehmen, wie wertvoll und verdienstvoll Leid ist, das entweder einer Sünde entspringt oder aus der Gottesfurcht und der Liebe zu Gott hervorgeht.

Einige Menschen sind bekümmert, weil sie an der Aufgabe scheitern, ihre Anbetungspflichten so zu erfüllen, wie es eigentlich erforderlich wäre. Diese Menschen sind die gewöhnlichen Gläubigen. Andere, die als außergewöhnlich betrachtet werden dürfen, sind traurig, weil sie eine Neigung zu etwas oder jemand anderem als Gott verspüren. Wieder andere sind traurig, weil sie fühlen, dass sie sich in der Allgegenwart Gottes befinden und Ihn nie vergessen. Sie verbringen auch Zeit unter den Menschen, aber vor allem mit dem Ziel, sie im Namen Gottes zur Wahrheit zu führen. Ständig zittern sie vor Furcht, das Gleichgewicht zwischen dem dauerhaften Aufenthalt bei Gott und der Gesellschaft der Menschen zum Einstürzen zu bringen. Diese Menschen sind Geläuterte, die für die Unterweisung anderer verantwortlich sind.

Der erste Prophet, Adam, Friede sei mit ihm, war nicht nur der Vater der Menschheit und der Propheten, sondern auch der ‚Vater‘ des Leids. Als sein Leben begann, begann auch sein Leid. Zunächst bedrückte ihn das Leid, das aus seinem Fall, dem verlorenen Paradies und der Trennung von Gott erwuchs, später dann belastete ihn die große Verantwortung seiner Prophetenschaft.

Der Prophet Noah, Friede sei mit ihm, fand sich von Trauer gezeichnet, nachdem er Prophet geworden war. Die Wellen des Leids, die in seiner Brust tobten, waren wie die Wellen der Ozeane. Eines Tages ließen diese inneren Wellen die äußeren Ozeane so sehr anschwellen, dass sie die Berge überspülten und die Erde in Folge dessen in Kummer versank. Der Prophet Noah wurde zum Propheten der Flut.

Der Prophet Abraham, Friede sei mit ihm, war quasi auf Leid programmiert. Er lebte in Kummer, der aus seinem Kampf mit Nimrod entstand, er wurde ins Feuer geworfen und war ständig von ‚Feuern‘ umgeben. Er musste Frau und Sohn in einem verlassenen Tal zurücklassen und zusätzlich zu weiteren ‚heiligen‘ Kummer, der die innere

Dimension der Dinge und die Bedeutungen von Ereignissen betraf, wurde ihm befohlen, seinen eigenen Sohn zu opfern.

Alle anderen Propheten wie z.B. Moses, David, Salomon, Zacharias, Johannes der Täufer und Jesus, Friede sei mit ihnen, erfuhren das Leben als eine Anhäufung von Leid und lebten in ständiger Begleitung dieses Leids. Vor allem der größte der Propheten, Friede und Segen seien mit ihm, und jene, die zu seinen Gefährten wurden, mussten unbeschreibliches Leid erdulden.

KHAWF und KHASCHYA
(Furcht und Ehrerbietung)

In der Sprache des Sufismus bezeichnet der Begriff Furcht das Sich-Fernhalten von Dingen und Handlungen, die streng verboten sind, und von solchen, von denen abgeraten wird. Furcht ist das Gegenteil von Hoffnung und (freudiger) Erwartung. Sie erinnert den Reisenden auf dem Pfad zur höchsten Wahrheit daran, dass er sich vor einem Absturz und vor der Bestrafung durch Gott im Jenseits niemals sicher fühlen darf und sich deshalb vor Eitelkeit und vor der Verwendung unschicklicher Worte des Selbstlobes in Acht nehmen muss.

Dem muslimischen Mystiker Al-Quschayri zufolge ist die Furcht ein Gefühl, das den Reisenden auf dem spirituellen Weg dazu zwingt, sich zurückzuhalten und nicht das Missfallen Gottes zu erregen; somit sei sie auf die Zukunft hin ausgerichtet. Furcht entsteht entweder aus der Ahnung, unerfreulichen Dingen ausgeliefert zu sein, oder aus dem Unbehagen, demnächst vielleicht auf Dinge verzichten zu müssen, die man lieb gewonnen hat. In diesem Sinne ist die Furcht tatsächlich an die Zukunft gebunden. Der Koran weist in vielen Versen auf die Konsequenzen hin, die menschliche Handlungen in der Zukunft haben werden. Damit zielt er auf die Gründung einer Welt ab, die die Zukunft schon mitberücksichtigt. In der Welt, die der Koran etablieren möchte, lässt sich die Zukunft bereits in all ihren Dimensionen erkennen. Indem der Koran den Herzen seiner Anhänger die Furcht vor dem Tod oder die Sorge, als gläubige Muslime zu sterben, einpflanzt, ermahnt er sie, im Glauben an den Islam und in seiner Praxis standhaft zu sein. Es gibt viele Verse, die das Herz vor Furcht erzittern las-

sen und dem Garn ähneln, aus dem der Lebensfaden gesponnen ist,
zum Beispiel:

> *Aber es wird ihnen von Allah das erscheinen, mit dem sie nimmermehr*
> *gerechnet haben*[49],

und

> *Sprich: „Sollen wir euch die nennen, die bezüglich ihrer Werke die größ-*
> *ten Verlierer sind? Das sind die, deren Eifer im irdischen Leben in die*
> *Irre ging, während sie meinten, sie täten etwas Gutes. "*[50]

Wie glücklich sind doch diejenigen, denen es gelingt, ihren
Lebensfaden mit diesem Garn zu spinnen. Mit Warnungen wie diesen
richtet der Koran unsere Aufmerksamkeit auf das Jenseits und sorgt
dafür, es höher einzuschätzen als alles andere.

In Seiner klaren Sprache bedient sich Gott, der Allmächtige, der
Furcht als eine Art ‚Peitsche‘, mit der Er uns in Seine Nähe treibt, um
uns dann mit Seiner Gesellschaft zu belohnen. Wie eine Mutter, die ihr
Kind tadelt, um es dann in ihre warmen ausgebreiteten Arme zu
schließen, richtet diese Peitsche unsere Aufmerksamkeit auf die Intensität
der Gnade Gottes und bietet uns dann die Gunstbeweise und den
Segen Gottes an. Gott zwingt den Menschen somit, sich Seine Gnade
und Barmherzigkeit zu verdienen und sie aus Seiner Hand entgegen
zu nehmen. Alle Anordnungen und Gebote, die im Koran erwähnt
werden und denen die Menschen verpflichtet sind, haben ihren Ursprung
in der Gnade Gottes. Die Anordnungen und Gebote dienen also nicht
allein dem Zweck, die Menschen zu ermahnen und ihnen zu drohen,
sondern sollen auch die Seelen beglücken.

Jemand, dessen Herz Gott fürchtet und Ihm ehrfurchtsvoll begegnet, ist von der Furcht vor anderen (einer unheilvollen Furcht, die
nutzlos und belastend ist) gefeit. In Seiner klaren und stets Beistand
gewährenden Sprache warnt der Allmächtige die Menschen, niemanden und nichts außer Ihm zu fürchten:

---

49   39:47
50   18:103-104

...fürchtet Mich, wenn ihr gläubig seid.[51]

Er ermahnt sie, sich nicht in nutzlosen Ängsten aufzureiben:

Und Mich allein sollt ihr fürchten.[52]

In Versen wie *Sie fürchten ihren Herrn über sich und tun, was ihnen befohlen wird*[53] und *Ihre Seiten halten sich fern von (ihren) Betten; sie rufen ihren Herrn in Furcht und Hoffnung an...*[54] lobt Er die Herzen, in denen die Furcht vor Gott Blüten trägt und die Ehrfurcht Ihm gegenüber gedeiht; denn ein Mensch, der sein Leben auf Gott hin ausrichtet, setzt seine Willenskraft behutsam ein und bemüht sich, keine Fehler zu begehen. Empfindsame und vorsichtige Seelen ‚fliegen' in die Himmel der Anerkennung und des Wohlgefallens Gottes. Folgender Ausspruch des Autors des Buches *Luddscha* charakterisiert dies sehr treffend:

> „Fürchtest du dich vor Gottes Zorn, dann sei
>   standhaft in der Religion,
>   Denn ein Baum hält sich bei gewaltigen Stürmen
>   mit seinen Wurzeln am Boden fest."

Die unterste Stufe der Furcht ist jene, die die Religion vorbehaltlos einfordert. Von ihr ist im Vers *...fürchtet Mich, wenn ihr gläubig seid*[55] die Rede. Um eine Stufe höher wird jene Furcht eingeschätzt, die dem Wissen oder dem Lernen entspringt:

Wahrlich, nur die Wissenden unter Seinen Dienern fürchten Allah.[56]

Über dieser schließlich ist die Furcht angesiedelt, die dem Wissen um Gott entspringt und mit Ehrfurcht verknüpft ist. Diese bringt der Vers *Und Allah warnt euch, vor Sich Selber achtlos zu sein*[57] zum Ausdruck.

---

51   3:175
52   2:40
53   16:50
54   32:16
55   3:175
56   35:28
57   3:28, 30

Einige Sufis kennen nur zwei Kategorien von Furcht: Ehrfurcht und Ehrerbietung. Obwohl diese beiden Begriffe eine nahezu gleiche Bedeutung tragen, bezeichnet die Ehrfurcht die Gefühle, die den Eingeweihten zu Gott fliehen lassen. Die Ehrerbietung hingegen veranlasst ihn, bei Gott Zuflucht zu suchen. Ein Eingeweihter, der ständig in Ehrfurcht lebt, denkt in erster Linie an Flucht; ein Eingeweihter, der sich nach einer Zuflucht sehnt, bemüht sich hingegen, diese bei Gott zu finden.

Diejenigen, die es vorziehen, Ehrfurcht zu empfinden, bleiben auf der Flucht und machen sich ein Weiterkommen auf ihrem Weg selber schwer. Sie führen ein asketisches Leben und erleiden die Schmerzen, die aus der Isolierung vom Allmächtigen resultieren. Diejenigen jedoch, die der Ehrerbietung den Vorzug geben, trinken das süße erfrischende Wasser der Nähe zu Gott, das ihnen gewährt wird, weil sie bei Ihm Zuflucht suchen und seine Nähe mehr und mehr begehren.

In ihrer vollkommenen Form ist die Ehrerbietung eine Eigenschaft der Propheten. Als hätten sie die Trompete Israfils gehört und müssten sich nun dem majestätischen Gericht der Wahrheit stellen, lebten die Propheten ständig in dem Bewusstsein, sie seien bereits tot. Dies unterstreicht auch der Vers

> *Und als nun sein Herr dem Berg erschien, da ließ Er ihn zu Schutt zerfallen. Und Moses stürzte ohnmächtig nieder.*[58]

Jener, der Gott am nächsten kam, der Meister der Ehrerbietung, sagte:

> *Ich sehe, was ihr nicht seht, und höre, was ihr nicht hört. Wüsstet ihr doch nur, dass die Himmel ächzten und knirschten. Das mussten sie auch tatsächlich. Denn wo sich keine Engel niederwerfen, gibt es nicht einmal vier Finger breit Platz. Ich schwöre bei Gott, dass ihr, wenn ihr über die Erhabenheit Gottes so viel wüsstet wie ich, nur wenig lachen, aber viel weinen würdet. Ihr würdet nicht mehr bei euren Frauen liegen, sondern auf den Feldern und zu Berge Gebete zu Gott ausstoßen.*[59]

58　　7:143
59　　Tirmidhi, *Zuhd*, 9; Ibn Madscha, *Zuhd*, 19

Der Prophet zeigt uns damit seine Ehrerbietung, die ihm befiehlt, Zuflucht bei Gott zu suchen, und beschreibt außerdem die Ehrfurcht, die andere dazu veranlasst, zu fliehen. Abu Dharr schildert dieses Verlangen zu fliehen in seinem Zusatz zur eben zitierten Prophetentradition: „Ich wünschte mir, ein Baum zu sein, entwurzelt und in Scheiben zerschnitten."

Jemand, der entschlossen ist, Gott gegenüber ehrfürchtig und ehrerbietig zu sein, begeht keine Sünden - auch dann nicht, wenn er nach außen hin keine Furcht zu verspüren scheint. Suhayb, ein Gefährte des Propheten, gehörte zu denjenigen, die sich durch ihre Ehrfurcht gegenüber Gott Anerkennung verschafften. Der Gesandte Gottes lobte ihn ausdrücklich:

> *Welch exzellenter Diener Suhayb doch ist! Auch wenn er Gott nicht fürchten würde, würde er keine Sünden begehen!*[60]

Ein gottesfürchtiger Mensch stöhnt gelegentlich, und manchmal weint er auch. Dadurch versucht er (vor allem dann, wenn er allein ist), das Feuer des Schmerzes, so weit von Gott entfernt zu sein, und das Feuer der Hölle, der größtmöglichen Entfernung zwischen Gott und dem Menschen, zu löschen. In einer Tradition heißt es:

> *Ein Mann, der aus Furcht vor Gott weint, wird nicht eher in die Hölle kommen, als dass die Milch, die (aus einer Zitze) gesaugt wurde, in die Brust (der sie entnommen ist) zurückfließt.*[61]

Mit Tränen lässt sich das Höllenfeuer am besten löschen. Manchmal bringt der Mensch durcheinander, was er tun sollte, und was nicht. Er befürchtet, dass das, was er getan hat, seinen Fantasien entsprang oder durch sein fleischliches Selbst initiiert wurde, und hat Angst, dass er versäumt hat zu tun, was er eigentlich hätte tun müssen, weil der Teufel ihn in Versuchung geführt hat. Darum fühlt er ein tiefes Bedauern und sucht Zuflucht bei Gott. Menschen, die so fühlen, werden in der folgenden Tradition beschrieben:

---

60 Adschluni, *Kaschf al-Khafa'*, 323
61 Tirmidhi, *Fada'il al-Dschihad*, 8; Nasa'i, *Dschihad*, 8

Als der Vers *...und jene, die da spenden, was zu spenden ist, und jene, deren Herzen beben, weil sie zu ihrem Herrn zurückkehren werden...*[62] enthüllt wurde, befragte Aischa, die Frau des Propheten, ihren Mann zur Bedeutung dieses Verses: „Sind jene Menschen (die Ehrfurcht haben, da sie zu ihrem Gott zurückkehren) Menschen, die größere Sünden wie z.B. Ehebruch, Diebstahl oder Trinken von Alkohol begangen haben?" Der Prophet antwortete: *Nein, Aischa, in dem Vers werden diejenigen angesprochen, die trotz der Durchführung der vorgeschriebenen Gebete und trotz Almosen und Fasten vor Furcht so sehr zittern, dass ihre Akte der Anbetung nicht von Gott akzeptiert werden.*[63]

Abu Sulayman Darani behauptete, ein Diener Gottes müsse sich zwar sowohl fürchten (davor, dass Gott nicht mit ihm zufrieden ist und ihn deshalb bestraft) als auch hoffnungsvoll sein (dass Gott mit ihm zufrieden ist), im Zweifel wäre es aber für ihn sicherer, wenn sein Herz vor Furcht und Ehrerbietung erzittere.[64] Scheich Ghalib teilte die Sichtweise Daranis und drückte seine Gefühle so aus:

„Öffne (o Gott) die Augen meiner Seele mit tausendfacher Furcht!"

---

62   23:60
63   Tirmidhi, *Tafsir al-Qur'an*, 24
64   Siehe Quschayri, *ar-Risala*, 128.

RADSCHA' (Hoffnung, Erwartung)

Sufis warten voller Hoffnung darauf, dass etwas eintritt, was sie sich von ganzem Herzen wünschen. Sie hoffen, dass Gott sie für ihre guten Taten akzeptiert und ihnen ihre Sünden vergibt. Der Begriff *Radscha'* verleiht im sufistischen Kontext eben dieser Hoffnung Ausdruck.

Hoffnung oder auch Erwartung - basierend auf der Tatsache, dass einerseits jeder Mensch für seine Irrtümer und Sünden verantwortlich ist und dass andererseits alles Gute Gottes Gnade entspringt und selbst Gottes Gnade verkörpert - werden hier folgendermaßen beschrieben: Ein Eingeweihter muss zu Gott streben, indem er um die Vergebung seiner Sünden bittet und versucht, sich vom Bösen fern zu halten und Gutes zu tun. Andernfalls läuft er Gefahr, sich in Sünden und Fehlern zu verfangen und angesichts seiner guten Taten und Eigenschaften von Hochmut ergriffen zu werden. Außerdem muss er in dem ständigen Bewusstsein leben, von Gott beaufsichtigt zu werden, und immer wieder unermüdlich voller Reue und demütig flehend an Seine Tür klopfen. Wenn es einem Eingeweihten gelingt, eine Balance zwischen Furcht und Hoffnung herzustellen, wird er weder an der Aufgabe verzweifeln, ein vollkommener geliebter Diener Gottes zu werden, noch auf Grund seiner Erfolge überheblich werden und so seine Pflichten wegen übersteigerter Erwartungen vernachlässigen.

Alle, die dem Allmächtigen gegenüber loyal sind, teilen die berechtigte Erwartung an den Eingeweihten, sich aller Sünden zu enthalten und möglichst viel Gutes zu tut, um voller Hoffnung an die Tür Gottes klopfen zu können. Man darf nicht davon ausgehen, Gunst und

Belohnung zu erhalten, ohne seinen obligatorischen Pflichten nachgekommen zu sein und so gelebt zu haben, als bereite man sich schon auf der Erde auf das Paradies vor. Gott ist schließlich nicht dazu verpflichtet, jedem den Zutritt zum Paradies zu gewähren, unabhängig davon, ob er sein Leben in Sünde zugebracht hat oder nicht. Wer dies annimmt, gibt sich falschen Hoffnungen hin und bekundet zudem noch seine Respektlosigkeit gegenüber dem barmherzigen Gott.

Für Sufis sind Hoffnung oder Erwartung keine Wünsche. Ein Wunsch ist eine Bitte, bei der nicht sicher ist, ob sie erfüllt wird. Hoffnung oder Erwartung bedeuten, dass ein Eingeweihter selbst alle rechtmäßigen Mittel ergreift, um ein erwünschtes Ziel zu erreichen, und dass er - um die Gnade Gottes (auf sich selbst) herabzurufen - mit geradezu prophetischer Einsicht und einem entsprechenden Bewusstsein sein Bestes tun muss, damit sich ihm alle Türen der Herberge Gottes öffnen.

Anders ausgedrückt beinhaltet *Radscha'*, dass der Eingeweihte fest daran glauben muss, dass die Gnade Gottes genauso wie Seine anderen Eigenschaften (z.B. Wissen, Wille und Macht) die ganze Schöpfung erreicht und damit auch ihn einschließt. Genau darauf wird in dem Vers *Doch Meine Barmherzigkeit umfasst alle Dinge*[65] hingewiesen. Auch ein *Hadith qudsi*[66] besagt:

Gottes Gnade übersteigt Seinen Zorn.[67]

Gleichgültigkeit gegenüber einer Gnade, von der selbst der Satan im Jenseits zu profitieren hoffen darf, und Zweifel an der Tatsache, auch selbst von ihr eingeschlossen zu sein (was faktisch hieße, sie in Abrede zu stellen), sind unverzeihliche Sünden.

Hoffnung bedeutet, dass der Eingeweihte die Wege zu Gott mit größtmöglichem Vertrauen zu Ihm, dem Freigebigen und Liebevollen, beschreitet. M. Lutfi Efendi drückte seine Hoffnung so aus:

---

65   7:156
66   Ein *Hadith qudsi* ist ein Ausspruch des Propheten, dessen Bedeutung direkt von Gott, dessen Wortlaut aber direkt vom Propheten stammt.
67   Bukhari, *Tawhid*, 55; Muslim, *Tawba*, 14-16; Ibn Madscha, *Zuhd*, 35

„Sei gütig zu mir, mein Herrscher,

vergiss nicht, die Armen und Bedürftigen zu

bevorzugen!

Schickt es sich für den Gütigen und Freigebigen,

Seine Diener nicht zu bevorzugen?“

Wer durch die Güte Gottes so belohnt wird, wie es M. Lutfi Efendi beschreibt, findet in ihr wohl einen unermesslich wertvollen Schatz. Vor allem dann, wenn er all das, was er einst besaß, verloren hat, Unglücken ausgesetzt ist oder sich seiner Unfähigkeit, Gutes zu tun und sich vor dem Bösen zu schützen, bewusst ist; kurz: Wenn er keine Mittel mehr besitzt, zu denen er greifen könnte, und alle Wege beim Urheber aller Umstände und Anstrengungen enden, fungiert die Hoffnung als Licht auf seinem Weg oder als Bergführer Gottes, der den Menschen auf Gipfel führt, die er als normaler Mensch niemals erreichen könnte.

An dieser Stelle muss ich einfach an die Hoffnung erinnern, die Imam Schafi'i auf seinem Totenbett in Gaza in Worte fasste:

„Als mein Herz hart war und

der Weg vor mir blockiert,

Diente mir meine Hoffnung

als Leiter zu Deiner Vergebung;

Meine Sünden sind, wie ich glaube, zu groß, doch

wenn ich sie, o Herr, aufwiege gegen Deine

Vergebung,

So ist die Vergebung viel größer als sie.“[68]

Furcht zu empfinden, um sich von Sünden fern zu halten und sich Gott zuzuwenden, ist ratsam; ist man aber verzweifelt und die Zeichen des Todes erscheinen, sollte man sich an der Hoffnung fest halten. Damit man sich nicht zu sicher vor der Strafe Gottes fühlt, sollte man angsterfüllt sein; um aber Niedergeschlagenheit und Depressionen zu entkommen, braucht man Hoffnung. Daher sollte der Mensch einerseits selbst zu Zeiten, in denen er alle ihm auferlegten Pflichten erfüllen kann, Furcht verspüren, andererseits aber in Zeiten, in denen er

---

68   Dhahabi, *Siyar Alam an-Nubala'*, 1.150

kaum eine einzige gute Tat vollbringen kann, nicht die Hoffnung verlieren. Dies wird im Bittgebet des Yahya ibn Mu'adh deutlich:

> „O Gott, wenn ich eine Sünde begangen habe, hege ich normalerwei-
> se mehr Hoffnung im Herzen als nach guten Taten. Denn dann bin
> ich durch Mängel und Unzulänglichkeiten ‚beeinträchtigt' und nie-
> mals frei von Sünde oder gar unfehlbar. Beschmutze ich mich also mit
> Sünden, verlasse ich mich nicht auf Taten oder Handlungen, sondern
> allein auf Deine Vergebung. Wie sollte ich mich auch nicht darauf ver-
> lassen, sehe ich doch, dass Du der Eine Großzügige bist?"[69]

Viele behaupten, Hoffnung und ‚eine hohe Meinung vom Wesen
Gottes zu haben' (Gott vor allem als einen gnädigen und verzeihenden
Gott zu betrachten, und nicht so sehr als einen bestrafenden) sei ein
und dasselbe. Der folgende *Hadith qudsi* sagt, warum:

> *Ich behandele meinen Diener so, wie er es von Mir erwartet.*[70]

Jemand sah einst Abu Sahl im Traum, der von unbeschreiblicher
Gnade und Segen umhüllt war. Er fragte ihn, warum ihm denn eine
so hohe Belohnung zuteil wurde. Abu Sahl erwiderte: „Durch die hohe Meinung, die ich von meinem Gott habe."[71]

Daher sollten wir festhalten, dass niemand die unendliche Gnade
Gottes, die sich in der Hoffnung manifestiert, unterschätzen sollte.
Selbst wenn ein Mensch stets Gutes tut und sich Aufrichtigkeit und
Uneigennützigkeit bewahrt, zählt dies nur wenig; denn seine Leistungen
sind, verglichen mit der Vergebung Gottes, die eines begrenzten Wesens
mit beschränkten Fähigkeiten.

Furcht und Hoffnung gehören zu den größten Geschenken, die
Gott in die Herzen der Menschen pflanzt. Wenn es jedoch ein Geschenk
gibt, das noch größer ist, dann ist es die Balance zwischen diesen beiden. Sie kann wie Flügel aus Licht dazu genutzt werden kann, zu Gott
zu gelangen.

---

69   Quschayri, *Ar-Risala*, 133
70   Bukhari, *Tawhid*, 15; Muslim, *Tawba*, 1; Tirmidhi, *Da'wat*, 132
71   Quschayri, *Ar-Risala*, 134

ZUHD (Askese)

W örtlich bedeutet *Zuhd* so viel wie auf weltliche Vergnügungen zu verzichten und fleischlichen Gelüsten zu entsagen. Bei den Sufis bringt der Begriff Askese jedoch die Gleichgültigkeit gegenüber weltlichen Neigungen und eine enthaltsame Lebensführung insgesamt zum Ausdruck. Darüber hinaus bezeichnet er auch das Unterlassen aller Sünden aus Furcht vor Gott und die Geringschätzung der fleischlichen und materiellen Aspekte der Welt.

Die Askese wird auch als Verzicht auf die vergänglichen irdischen Bequemlichkeiten und Wohltaten zu Gunsten des ewigen Glücks im Jenseits beschrieben.

Das Gefühl dafür, sich unrechtmäßiger Dinge zu enthalten und sich innerhalb der Schranken des Gesetzes zu bewegen, ist ein erster Schritt hin zur Askese. Der zweite und entscheidende Schritt besteht darin, es auch bei erlaubten und rechtmäßigen Dingen sehr genau zu nehmen.

Ein Asket ist jemand, der in der Erfüllung seiner Pflichten standhaft ist und sich den Missgeschicken, die ihm widerfahren, und den Übeln, die seinen Weg kreuzen, widersetzt. Er ist mit allen Entscheidungen, die der Schöpfer für ihn trifft, mit allem, was Er ihm antut und mit jedweder Art und Weise, wie Er ihn behandelt, zufrieden; nur Unglauben und falsche Unterweisung kann er nicht akzeptieren. Ein Asket ist auch jemand, der sich zum Ziel gesetzt hat, Gott zu gefallen; jemand, der sich entschlossen hat, andere Menschen in der absoluten Wahrheit zu unterweisen und dafür mit Seinem Segen und durch Seine Freigebigkeit einen ewigen Wohnsitz im Paradies zu erhalten hofft. Im Ohr seines Herzens klingt Gottes Vers *Die Nutznießung dieser Welt ist gering, und das Jenseits wird für die Gottesfürchtigen besser sein*[72] nach. Der Befehl *Sondern suche in dem, was Allah dir gegeben hat, die Wohnstatt des Jenseits; und vergiss deinen Teil an der Welt nicht*[73] breitet sich wie von selbst in alle Zellen seines Gehirns aus. Gottes Warnung *Dieses irdische Leben ist nichts als ein Zeitvertreib und ein Spiel; die Wohnstatt des Jenseits aber - das ist das eigentliche Leben, wenn sie es nur wüssten!*[74] sinkt tief hinunter bis zu seinen innersten Sinnen.

Einige haben die Askese erstens als eine Beachtung der Gesetze der Scharia selbst in Momenten der Niedergeschlagenheit und besonders der finanziellen Nöte und zweitens als ein Leben für die Mitmenschen oder als die Sorge um das Wohlergehen und das Heil anderer Menschen in Zeiten eigenen Wohlbefindens beschrieben. Für andere ist die Askese einerseits die Dankbarkeit für die Gaben Gottes, die Er uns auf gerechte Art und Weise bereitstellt, bzw. die Erfüllung der Verpflichtungen, die uns aus der Gewährung dieser Gaben entstehen, und andererseits der Verzicht darauf, Geld und Waren zu horten, es sei denn dies geschieht in der Absicht, den Islam zu preisen und zu unterstützen.

Namhafte Führer des Sufiweges wie Sufyan ath-Thawri betrachteten die Aktivität eines Herzens, das mit der Billigung Gottes und Seinem Wohlgefallen angefüllt und weltlichen Ambitionen gegenüber verschlossen ist, als wahre Askese, und nicht den Umstand, dass man sich mit einfacher Nahrung und Kleidung zufrieden gibt.[75] Ihnen zufolge gibt es drei Zeichen, an denen man einen wahren Asketen erkennt:

- Weltliche Dinge, die er erwirbt, bereiten ihm keine Freude, und weltliche Dinge, die er versäumt, bereiten ihm keinen Kummer.
- Wenn man ihn lobt, ist er darüber nicht erfreut; kritisiert man ihn, ist er darüber nicht erbost.
- Er zieht den Dienst an Gott und den Aufenthalt in Seiner Gegenwart allem anderen vor.

Wie Furcht und Hoffnung ist auch die Askese ein Vorgang des Herzens; der einzige Unterschied zu jenen liegt in der Intensität, in

---

72   4:77
73   28:77
74   29:64
75   Siehe Quschayri, *Ar-Risala*, 115

der die Askese die Handlungen des Menschen beeinflusst und sich in ihnen widerspiegelt. Ob bewusst oder unbewusst - ein wirklich aufrichtiger Asket versucht den Regeln der Askese in allen seinen Taten zu folgen: beim Essen und Trinken, beim Zu-Bett-gehen und Aufstehen, beim Sprechen und Schweigen, beim Rückzug in die Klausur oder beim Aufenthalt in der Gesellschaft von Menschen. Niemals zeigt er einen Hang zu weltlichen Verlockungen. Dschalal ad-Din ar-Rumi unterstreicht dies mit den folgenden treffenden Worten:

> „Was ist die Welt?
>> Sie ist die Unachtsamkeit Gottes;
> Nicht Kleidung, nicht Silbermünzen,
>> nicht Kinder, nicht Frauen.
> Wenn du weltliche Güter im Namen Gottes
>> dein Eigen nennst,
> Sagt der Prophet: *Wie schön ist der Besitz eines*
>> *rechtschaffenen Mannes!*[76]
> Wasser im Schiff bringt es zum Sinken,
>> Wasser unter dem Schiff lässt es gleiten."

Weder weltliche Ambitionen noch Reichtum stehen im Widerspruch zur Askese, vorausgesetzt dass der Mensch die Kontrolle über sie behält und sich nicht von ihnen erdrücken lässt. Nichtsdestotrotz war Muhammad, der Ruhm der Menschheit, Friede und Segen seien mit ihm, der wahrhaftigste und aufrichtigste aller Asketen. Er zog es vor, wie die Ärmsten der Armen seines Volkes zu leben. Dabei darf allerdings nicht vergessen werden, dass er für seine Gemeinschaft und vor allem für diejenigen, deren Aufgabe darin bestand, die Wahrheit zu verkünden und für sie zu werben, mit bestmöglichem Beispiel vorangehen musste. Darum durfte er anderen Menschen keinen Vorwand liefern zu behaupten, er würde die heilige Mission der Prophetenschaft missbrauchen, um sich weltlichen Vergünstigungen hinzugeben. Zweitens musste er sich seinen Vorgängern anschließen, die verkündet hatten:

Mein Lohn kommt nur von Gott allein.[77]

---

76   Ahmad ibn Hanbal, *Musnad*, 4.197
77   Ahmad ibn Hanbal, *Musnad*, 4.197

Aus diesen und weiteren ähnlichen Gründen führte er ein bescheidenes und genügsames Leben. Wie schön sind doch folgende Verse,
die verdeutlichen, wie sich der Prophet seine unglaubliche Unschuld
und Ungerührtheit selbst in Zeiten absoluter Armut und Bedürftigkeit
bewahrte:

> „Um den Hunger nicht zu spüren,
>> band er einen Gürtel um seinen Bauch
> Über die Steine, die auf seinen
>> gesegneten Magen drückten.
> Hohe Berge, die sich Gold
>> wünschten, boten sich ihm an,
> Er aber - dieser edle Mensch - ließ
>> sich nicht von ihnen verführen.
> Gerade Seine dringendsten Bedürfnisse
>> zeigen seine Askese,
> Denn diese Bedürfnisse schmälern
>> seine Unschuld nicht.
> Wie konnten Bedürfnisse den Einen einladen,
>> zur Welt zu kommen?
> Ohne den die Welt erst gar nicht aus ihrer
>> Nichtexistenz heraus entstanden wäre?“

Es gibt viele Aussagen, die zum Thema Askese Stellung nehmen.
Der nachfolgende Text, mit dem ich dieses Thema abschließen möch-
te, stammt von Ali, dem vierten Kalifen und Cousin des Propheten,
Friede und Segen seien mit ihm:

> „Die Seele weint und begehrt die Welt,
>> obwohl sie doch weiß, dass
> Das Heil darin liegt, ihr und all dem,
>> was sie bereithält, zu entsagen.
> Der Mensch wird nach seinem Tod keinen Wohnsitz
>> mehr haben,
> Nur den, den er sich noch im Leben erbaute.
> Unsere Waren - wir horten sie, um sie unseren
>> Erben zu vermachen;
> Unsere Häuser - wir errichten sie,
>> auf dass die Zeit sie vernichte.
> Viele Städte wurden errichtet und dann zerstört;
>> Ihre Erbauer - der Tod hat sie überwältigt.

Jede Seele - selbst wenn sie
den Tod irgendwie fürchtet,
Schätzt die Anstrengungen,
den Wunsch nach Leben zu stärken.
Der Mensch unternimmt seine Anstrengungen, der
Tod aber wischt sie hinfort;
Die Seele des Menschen vervielfältigt sie, der Tod
jedoch setzt ihnen allen ein Ende."

O Gott! Zeige uns die Wahrheit, wie sie ist, und mache es uns möglich, ihr zu folgen; zeige uns die Lüge, falsch wie sie ist, und hilf uns, ihr zu widerstehen. Amen, o Du Barmherzigster aller Barmherzigen!

TAQWA (Frömmigkeit)

Taqwa leitet sich aus dem arabischen Wort *Wiqaya* (Selbstverteidigung, Vermeidung) ab. In der Sprache des Sufismus bezeichnet *Taqwa* das Sich-Schützen des Menschen vor der Strafe Gottes, indem er Seine Gebote befolgt und sich an Seine Verbote hält.

Während *Taqwa* im literarischen und technischen Kontext noch über weitere Konnotationen verfügt, werden in religiösen Schriften die Begriffe Furcht und Frömmigkeit zum Teil synonym verwendet.

Taqwa ist in der Tat ein sehr inhaltsreiches Wort. Es bedeutet, dass der Gläubige die Gebote der Scharia und die Gesetze Gottes für die Natur und das Leben strikt befolgt und deshalb bei Gott Zuflucht vor einer Bestrafung durch Gott sucht. Er unterlässt Taten, die ihn ins Höllenfeuer führen würden, und tut alles dafür, ins Paradies einzugehen. Er reinigt seine äußeren und inneren Sinne von allem, was neben Gott stehen könnte, und vermeidet es, Ungläubige in Weltsicht und Lebensstil zu imitieren.

In ihrer umfassendsten Bedeutung ist *Taqwa* der einzige Maßstab für Würde und Wert des Menschen. Der Vers *Wahrlich, vor Allah ist von euch der Angesehenste, welcher der Gottesfürchtigste ist*[78] gibt darüber Aufschluss.

In keinem anderen Buch außer dem Koran und in keinem anderen System als im Islam findet sich ein Wort wie *Taqwa*, das eine so unglaubliche Tragweite besitzt und das das Spirituelle ebenso wie das Materielle beinhaltet - ein Wort, dessen Wurzeln in der Welt verankert sind, seine Zweige, Blätter, Blüten und Früchte jedoch im Jenseits. *Taqwa* ist ein faszinierendes, wundervolles Wort. Ohne sich mit ihm beschäftigt zu haben, kann man weder den Koran verstehen, noch dem zu *Taqwa* gehörigen Verb - fromm sein (*muttaqi*) - entsprechen. Schon einer der ersten Koranverse öffnet dem Frommen die Tür:

> *Dies ist (ganz gewiss) das Buch (Allahs), das keinen Anlass zum Zweifel gibt, (es ist) eine Rechtleitung für die Gottesfürchtigen.*[79]

Der Koran ruft die Menschen auf, so zu leben, wie er es vorsieht. Denn nur dann seien die Menschen überhaupt erst in der Lage, fromm zu sein:

> *O ihr Menschen, dient eurem Herrn, der euch und diejenigen vor euch erschaffen hat, damit ihr gottesfürchtig sein möget.*[80]

Das schönste Geschenk an Gott ist die Frömmigkeit; die reinsten Diener Gottes sind die Frommen. Der Koran mit seiner einzigartigen Ausdruckskraft ist eine makellose an die Frommen gerichtete Botschaft im Namen der Frömmigkeit. Fromme Menschen werden auf Erden mit dem Koran belohnt, im Jenseits dann mit dem Anblick Gottes und Seinem Wohlgefallen. Die Freude, die jemand in Bewusstsein und Geist empfindet, ist ein Geschenk der Frömmigkeit an uns. Um uns den Wert der Frömmigkeit immer wieder ins Gedächtnis zu rufen, sagt der Allmächtige:

> *O ihr, die ihr glaubt, fürchtet Allah in geziemender Furcht, und sterbt nicht anders denn als Muslime.*[81]

Durch Frömmigkeit im Sinne von ‚von allen Möglichkeiten, Gutes zu tun, Gebrauch machen und zumindest versuchen, sich von allem Schlechten fern zu halten' wird der Mensch davor bewahrt, in die tiefsten Tiefen hinabzufallen; stattdessen wird ihm ermöglicht, auf dem Weg zu den höchsten Höhen voranzuschreiten. Darum lässt sich

---

79   2:2
80   2:21
81   3:102

festhalten, dass jemand, der Frömmigkeit erlangt, die Quelle alles Guten und aller Wohltaten gefunden hat. Die folgenden Verse, zitiert aus dem *Gulschan at-Tawhid* (Der Rosengarten des Glaubens an die Einheit Gottes) unterstreichen dies:

> „Wem auch immer Gott Religion
> > und Frömmigkeit gegeben hat,
> Der hat seine Ziele in dieser Welt
> > und in der nächsten erreicht.
> Wer auch immer ein Soldat
> > Gottes und der Frömmigkeit ist,
> Der ist wohlhabend und recht geleitet,
> > nicht unglücklich.
> Wer auch immer Frömmigkeit keinen Wert zumisst,
> > dessen Existenz ist nichts als Schmach und Schande.
> Wer sich nicht um die Wahrheit bemüht,
> > ist nicht wirklich am Leben;
> Nur jemand, der seinen Weg zu Gott gefunden hat,
> > ist wahrhaftig lebendig.“

Die Frömmigkeit ist ein unermesslich wertvoller Schatz; sie ist ein unvergleichliches Juwel unter den Edelsteinen, ein mysteriöser Schlüssel zu allen Türen des Guten und ein Weg, der ins Paradies führt. Weil sie so wertvoll ist, erscheint sie an der Seite vieler anderer Leben spendender Begriffe 150-mal im Koran. Damit kommt sie daher wie Strahlen eines Lichts, das Geist und Seele durchdringt.

Jeder weiß, was Frömmigkeit oberflächlich betrachtet bedeutet; *Taqwa* steht jedoch für mehr: Sie beinhaltet, darauf bedacht zu sein, den Geboten der Scharia Rechnung zu tragen und alles daran zu setzen, sich nicht zu Handlungen hinreißen zu lassen, die die Strafe Gottes nach sich ziehen. Zwei Koranverse beziehen sich auf jeweils einen der beiden Aspekte dieser grundlegenden religiösen Tugend: *Und (für jene, die) die schwersten Sünden und Schändlichkeiten meiden...* [82] und *Jene jedoch, die da glauben und gute Werke tun...* [83]

---

82   42:37
83   10:9

Die strikte Befolgung der verbindlichen religiösen Pflichten und das Unterlassen von größeren Sünden sind die beiden grundlegenden und sich einander ergänzenden Fundamente der *Taqwa*. Was kleinere Sünden, die der Koran *Lamam* (Fehltritte) nennt, betrifft, so gibt es viele Aussprüche des Propheten, die die Menschen vor ihnen warnen, z.B.:

Ein Diener kann nur dann wahrhaft fromm sein, wenn er auch gewisse erlaubte Dinge unterlässt, um keine Risiken einzugehen.[84]

Vollkommene Aufrichtigkeit und Reinheit der Absicht können dadurch erlangt werden, dass man vermeidet, Gott irgendwelche Partner zuzuordnen. Vollkommene Frömmigkeit erarbeitet man sich dadurch, dass man auf fragwürdige oder riskante Handlungen verzichtet. Der folgende Satz des Propheten besagt, dass ein wirklich rechtschaffenes und spirituelles Leben voraussetzt, in zweifelhaften Dingen vorsichtig zu sein: *Rechtmäßiges und Verbotenes sind klar zu unterscheiden. Zwischen diesen beiden aber gibt es Dinge, bei denen die meisten Menschen nicht genau sagen können, ob sie nun rechtmäßig oder verboten sind.* Dieser Tradition ist zu entnehmen, dass der ‚Gesetzgeber‘ der Scharia klar definiert hat, was rechtmäßig ist und was verboten. Daneben jedoch gibt es viele Dinge, über deren Rechtmäßigkeit die Menschen im Unklaren sind. Nur diejenigen, die sich von zweifelhaften Dingen fern halten, sind in der Lage, ein wirklich religiöses Leben zu führen. In Fortsetzung der oben zitierten Tradition führt der Prophet ein Gleichnis an:

Jemand, der etwas Fragwürdiges tut, wird wahrscheinlich etwas Verbotenes tun. Die Herde eines Schäfers, die neben dem Feld eines anderen oder neben einem Feld, das der Öffentlichkeit gehört, grast, wird dieses Feld mit ebenso großer Wahrscheinlichkeit betreten. Wisset, dass jeder König einen privaten Bereich hat; die verbotenen Dinge sind der private Bereich Gottes. Wisset auch, dass es in jedem Körper einen bestimmten Teil Fleisch gibt. Ist dieser gesund, wird der ganze Körper gesunden, ist er aber krank, wird auch der ganze Körper krank werden. Dieser Teil ist das Herz.[85]

---

84   Tirmidhi, *Qiyama*, 19; Ibn Madscha, *Zuhd*, 24
85   Bukhari, *Iman*, 39; Muslim, *Musaqat*, 107/108

Im Lichte dieser Grundregel für ein spirituelles Leben wird deutlich, dass man vollkommene Frömmigkeit verwirklicht, indem man fragwürdige Dinge und kleine Fehltritte meidet. Um sie aber meiden zu können, muss man erkennen können, was rechtmäßig und was verboten ist, und ein bestimmtes Maß an Wissen um Gott besitzen. Eine Verbindung von Frömmigkeit und Wissen finden wir in den beiden Koranversen:

> *Wahrlich, vor Allah ist von euch der Angesehenste, welcher der Gottesfürchtigste ist* (der Fortgeschrittenste, was seine *Taqwa* betrifft)[86],

und

> *Wahrlich, nur die Wissenden unter Seinen Dienern fürchten Allah.*[87]

Die Frömmigkeit verschafft uns Ehre und Würde, das Wissen führt uns zu Furcht und Ehrerbietung gegenüber Gott. Diejenigen, in deren Herzen Frömmigkeit und Wissen eine Allianz eingehen, werden im Koran als Menschen bezeichnet, die den ,Frömmigkeitstest' bestanden haben:

> *...sind es, deren Herzen Allah zur Gottesfurcht geläutert hat.*[88]

Im Kontext von Verehrung und Gehorsam definiert sich die Frömmigkeit über die Reinheit des Herzens, spirituelle Weisheit und Aufrichtigkeit. Wird *Taqwa* in Verbindung mit dem Unterlassen von Sünden erwähnt, bedeutet es, sich entschlossen zu haben, keine Sünden zu begehen und sich fragwürdiger Dinge zu enthalten. Daher darf jeder der folgenden Punkte als ein Aspekt von Frömmigkeit betrachtet werden:

- Ein Diener Gottes darf ausschließlich Seine Anerkennung und Sein Wohlgefallen anstreben. Das Herz dieses Dieners darf sich ausschließlich mit Ihm beschäftigen.
- Ein Diener Gottes muss alle Gebote der Scharia beachten.
- Er muss alles daran setzen, seine Ziele selbstständig zu erreichen, gleichzeitig aber davon überzeugt sein, dass letztlich nur Gott die Durchsetzung dieser Ziele bewirken wird. Er darf al-

---

86   49:13
87   35:28
88   49:3

so weder wie ein Fatalist denken und handeln, der sich nicht darum schert, etwas für das Erreichen seiner Ziele zu tun und die nötigen Mittel gegen mögliche Unglücke oder Niederlagen zu ergreifen, noch wie ein *Mu'tazili* (ein reiner Rationalist und Positivist), der alle Handlungen und Leistungen des Menschen nur dem Menschen selbst zuschreibt und Gottes Anteil daran abstreitet.

- Er muss gegenüber allem, was ihn von Gott fern halten könnte, wachsam sein.
- Er muss sich vor fleischlichen Gelüsten hüten, die ihn dazu verleiten könnten, Verbotenes zu tun.
- Er muss all seine ‚eigenen‘ materiellen und spirituellen Leistungen Gott widmen.
- Er darf sich nicht für etwas Besseres als seine Mitmenschen halten.
- Sein Streben darf allein Gott und Seinem Wohlgefallen gelten.
- Er muss dem Propheten Muhammad ohne Wenn und Aber folgen.
- Er muss sich stets selbst erneuern und sein spirituelles Leben fortwährend kontrollieren, indem er die Handlungen und Werke Gottes und Seine Gesetze für Natur und Leben studiert und über sie reflektiert.
- Er darf niemals den Tod vergessen und muss in dem Bewusstsein leben, dass er ihn jederzeit ereilen kann.

Um es noch einmal zusammenzufassen: *Taqwa* ist das Lebenswasser, das dem Himmel entspringt, und ein *Muttaqi* (ein Frommer) ist der Glückliche, der dieses Wasser des Lebens gefunden hat. Nur wenigen wurde diese Gnade zuteil. Ein Dichter sagt:

> „Gott, der Allmächtige, sagt: *Die Größten unter*
> *euch sind die Frommen.*
> Der letzte Wohnort der Frommen wird das Paradies
> und ihr Getränk wird der *Kawthar*[89] sein.“

O Gott, mache auch uns zu Deinen treuen Dienern, die in allen religiösen Handlungen aufrichtig sind.

---

89   Getränk Gottes im Paradies

WARA' (Abstinenz)

Die lexikalische Bedeutung von *Wara'* lautet, sich selbst von unschicklichen, unnötigen Dingen fern halten, im Unterlassen aller unrechtmäßigen und verbotenen Dinge kompromisslos sein und alle fragwürdigen Dinge vermeiden, um nicht Verbotenes zu tun. Das islamische Prinzip *Vermeide alles, woran du Zweifel hegst, und tue lieber, woran du keinen Zweifel hegst!*[90] und das Wort des Propheten *Rechtmäßiges und Verbotenes sind klar zu unterscheiden*[91] verdeutlichen das Fundament von *Wara'*.

Manche Sufis meinen, *Wara'* bedeute, überzeugt von den Säulen des Islam, offen im Glauben, standfest in der Befolgung islamischer Gebote und gewissenhaft in der Beziehung zu Gott zu sein. Einige definieren *Wara'* als nicht einmal für die Dauer eines Augenzwinkerns ohne Führung durch Gott sein, andere wiederum als allem, außer Ihm nahe sein. Wieder andere charakterisieren *Wara'* als sich (zur Verwirklichung persönlicher Ziele oder aus anderen Gründen) vor niemanden außer Gott verneigen und weiter auf dem Weg zu Gott voranschreiten, ohne dem Ego, dem fleischlichen Selbst und seinen Gelüsten und auch der Welt allzu eng verbunden zu sein.

> „Erbitte möglichst nie etwas von Menschen,
> sondern nur von deinem Gott, dem Großzügigen.
> Verzichte auf weltlichen Pomp und Luxus,
> denn der wird gehen, so wie er gekommen ist."

---

90 Bukhari, *Buyu'*, 3; Tirmidhi, *Qiyama*, 60
91 Tirmidhi, *Zuhd*, 11; Ibn Madscha, *Fitan*, 12

Wir können *Wara'* aber auch verstehen als das Leben damit zu verbringen, nützliche und notwendige Dinge zu tun und im Bewusstsein der wahren Natur unnötiger, flüchtiger und vergänglicher Dinge zu leben. Dies bekräftigt die Tradition:

> *Die Schönheit eines Menschen, der ein guter Muslim ist, zeigt sich darin, dass er auf das verzichtet, was für ihn nutzlos ist.*[92]

Der Autor des Buches *Pandname* (Buch der Ratschläge), Farid ad-Din al-Attar, erklärt dieses Prinzip sehr anschaulich:

> „*Wara'* ruft Furcht vor Gott hervor; ohne *Wara'*
> > ist der Mensch Demütigungen ausgesetzt.
> Wer dem Weg des *Wara'* aufrecht folgt,
> > tut alles, was er macht, für Gott.
> Wer sich nach Liebe und Freundschaft Gottes sehnt,
> > wird ohne *Wara'* keinen Erfolg haben."

Wara' bezieht sich auf die inneren und die äußeren Aspekte von Leben und Verhalten des Menschen. Ein Reisender auf dem Weg des *Wara'* muss die Gipfel der *Taqwa* (Frömmigkeit) erklommen haben. Er muss ein Leben in strikter Befolgung der Gebote und Verbote der Scharia führen und alles, was er tut, Gott zuliebe tun; daneben muss er sein Inneres - Herz und Gefühle - von allem außer Gott reinigen und stets die Begleitung des ‚verborgenen Schatzes' fühlen. Das heißt, er muss Gedanken und Konzepte, die nicht zu Ihm führen, aufgeben, er muss zu Schauplätzen, die ihn nicht an Gott erinnern, Distanz wahren, er darf Gesprächen, die sich nicht um Gott drehen, nicht folgen und er darf sich nicht mit Dingen befassen, die Ihm nicht gefallen.

Ein solches Maß an *Wara'* führt den Menschen direkt und auf dem schnellsten Wege zu Gott, dem Allmächtigen. Deshalb erklärt Gott dem Propheten Moses:

> *Wer Mir nahe kommen möchte, findet keinen besseren Weg als Abstinenz und Askese (Zuhd).*

---

92   Tirmidhi, *Zuhd*, 11; Ibn Madscha, *Fitan*, 12

Die Abstinenz, die die Menschheit im Zeitalter des Glücks (dem Zeitalter des Propheten) kennen lernte, wurde von den Generationen, die den Prophetengefährten folgten, genau befolgt und so zu einem Vorbild, dem später die Gläubigen mehrheitlich nacheiferten. In jener glücklichen Zeit kam die Schwester von Bischr al-Khafi einmal zu Ahmad ibn Hanbal und fragte ihn: „O Imam, gewöhnlich sitze ich nachts auf dem Dach meines Hauses und spinne; oft kommen dann einige Beamte mit Taschenlampen vorbei und ich profitiere unfreiwillig von deren Lichtern. Füge ich dadurch meinen Einnahmen etwas hinzu, was ich auf eine im religiösen Sinne unrechtmäßige Art und Weise erworben habe?" Als er diese Frage vernommen hatte, weinte der Imam bitterlich und erwiderte: „Nichts Fragwürdiges, und sei es auch noch so geringfügig, sollte den Weg ins Haus des Bischr al-Khafi finden."[93]

Zur gleichen Zeit lebte jemand, der einen einzigen Blick auf etwas Verbotenes geworfen hatte und deshalb für den Rest seines Lebens Tränen darüber vergoss, eine schwere Sünde begangen zu haben. Ein anderer spuckte einen einzigen unrechtmäßigen Bissen, den er, ohne zu wissen, dass er unrechtmäßig war, hinuntergeschluckt hatte, wieder aus und weinte darüber tagelang.

Abd Allah ibn Mubarak, ein bekannter Hadithwissenschaftler und Asket, berichtete von einem Mann, der von Merv (Turkmenistan) aus nach Mekka reiste, um etwas, was er versehentlich in seine eigene Tasche gesteckt hatte, dem wahren Besitzer zurückzugeben. Es gab damals viele, die ihr ganzes Leben lang einem Menschen dienten, von dem sie annahmen, dass sie ihm etwas schuldeten. Unter ihnen fand sich z.B. auch Fudayl ibn Iyad. Die Biografien der Rechtschaffenen sind mit Meisterstücken der Abstinenz gespickt.

---

93   Quschayri, *Ar-Risala*, 111

IBADA, UBUDIYA und UBUDA
(Verehrung, Dienerschaft und tiefe Hingabe)

Obwohl manche Menschen Verehrung, Dienerschaft und tiefe Hingabe als bedeutungsgleich einstufen, ist sich die Mehrheit der Sufigelehrten und -meister einig, dass diese Worte unterschiedliche Bedeutungen und Konnotationen tragen.

Ibada (Verehrung) heißt, die Gebote Gottes im täglichen Leben zu befolgen und die Verantwortung dafür, ein Diener Gottes zu sein, auf sich zu nehmen. *Ubuda* wird interpretiert als in dem Bewusstsein zu leben, ein Diener zu sein. Daher wird jemand, der seinen religiösen Pflichten nachkommt, *Abid* (Betender) genannt, jemand, der sein Leben in dem Bewusstsein führt, ein Diener Gottes zu sein, jedoch *Abd* (Diener). Es gibt aber noch einen weiteren subtilen Unterschied zwischen Verehrung und Dienerschaft. Alle finanziellen und körperlichen Verpflichtungen (die Pflichten, die zu erfüllen sind, wenn genügend finanzielle Mittel und physische Kapazitäten zur Verfügung stehen), die unter schwierigen Bedingungen zwischen Hoffnung und Furcht und mit dem Zweck, Gott zu gefallen, erfüllt werden, gelten als Akte der Verehrung. Hierzu zählen die täglichen Gebete, das Fasten, die vorgeschriebenen Sozialabgaben, die Pilgerfahrt, das Schlachten eines Opfertieres und die Erwähnung bzw. Rezitation der Namen Gottes. Diejenigen Verpflichtungen und Handlungen der Verehrung, denen man Rechnung tragen muss, um als Diener Gottes zu gelten, und die nicht auf die gleiche Art und Weise wie die anderen Pflichten ausgeübt werden (nämlich diejenigen Verpflichtungen, die eine tiefere innere Dimension der Erfüllung der finanziellen und körperlichen Pflichten darstellen und ein gewisses Maß an Bewusstsein und Kenntnis erfordern), sind die Pflichten, die in den Bereich der Dienerschaft fallen. Die tiefe Hingabe schließlich ist die tiefste Dimension der religiösen Pflichten. Sie erfordert die größte Aufmerksamkeit und Bewusstheit. Ibn Fard weist uns auf diesen Unterschied hin, indem er sagt: „Die Handlungen des Gebets und die Pflichten der Dienerschaft, die auf jeder Station meiner spirituellen Reise von mir verlangt wurden, habe ich alle durch meine Hingabe erfüllt."

Einige Sufis haben die Verehrung als die Dienerschaft gewöhnlicher Menschen bezeichnet, die Dienerschaft wiederum als die Pflicht, die von einem Diener Gottes verlangt und von Menschen mit Einsicht und Wissen erfüllt wird, und die Hingabe als die Pflicht, der nur diejenigen nachkommen, die in nächster Nähe zu Gott leben. Die erste dieser drei Arten von Pflichten, die Verehrung, gehöre zur Aufgabe derer, die auf dem Weg zu Gott voran schreiten; der zweiten Art, der Dienerschaft, sei die geistige und spirituelle Haltung von Menschen zuzuordnen, die es geschafft haben, alle unüberwindbar erscheinenden Hindernisse und Schwierigkeiten, die sich ihnen in den Weg stellten, zu überwinden; der dritten Art von Pflichten, der Hingabe, entspringe der geistige und spirituelle Zustand derer, die sich mit ganzem Herzen und mit dem tief verankerten Gefühl, sich in Seiner Nähe aufzuhalten, Gott zuwenden.

Es gibt jedoch auch Sufis, die die oben beschriebenen Definitionen in nur zwei Begriffe fassen: Verehrung der Absoluten Essenz Gottes und Verehrung der eingeschränkt als göttlich zu bezeichnenden Eigenschaften. Unter dem ersten Begriff verstehen sie, sich immer über die Beziehung zwischen Schöpfer und Erschaffenem, Verehrtem und Verehrendem, Beaufsichtigendem und Beaufsichtigtem und aufrecht Erhaltendem und aufrecht Erhaltenem bewusst zu sein und dementsprechend mit größtmöglicher Einsicht in diese Beziehung zu denken, zu fühlen und zu handeln. Der zweite Begriff bezeichnet die Erfüllung derjenigen Pflichten im täglichen Leben, die sich aus dieser Einsicht ableiten bzw. zu ihr führen. Die Menschen, die diese Pflichten erfüllen, werden hinsichtlich ihrer Absicht, Entschlossenheit, Zielstrebigkeit und Aufrichtigkeit folgendermaßen in vier Gruppen eingeteilt:

- diejenigen, die die Pflichten erfüllen, um ins Paradies einzugehen;
- diejenigen, die die Pflichten erfüllen, um dem Höllenfeuer zu entgehen;
- diejenigen, die aus ihrer Liebe zu Gott und aus dem Wissen um Ihn heraus handeln;
- diejenigen, die die Pflichten als ein notwendiges Element der Beziehung zwischen Gott, dem Schöpfer, der allein Verehrung verdient, und dem Menschen, der erschaffen wurde und verpflichtet ist, seinen Schöpfer zu verehren, betrachten.

Angehörige der ersten dieser vier Gruppen nennt man Händler, die der zweiten Diener, die der dritten Liebende und die der vierten Gruppe schließlich Hingebungsvolle und Zuverlässige. Folgende Worte der rechtschaffenen Rabi'a al-Adawiya, die im zweiten Jahrhundert nach der Hidschra lebte, sind in diesem Zusammenhang sehr treffend:

> „O Gott, ich schwöre bei der Schönheit der Nähe zu Dir, dass ich Dich weder aus Furcht vor der Hölle verehrt habe noch aus dem Wunsch, ins Paradies einzugehen. Ich habe Dich nur um Deinetwillen verehrt, denn nur Du verdienst die Verehrung."

Die Dienerschaft stellt für den Menschen eine Quelle der Ehre und Würde dar. Es gibt für einen Menschen nichts Wertvolleres, als sich durch Dienerschaft und Hingabe an Gott auszuzeichnen. Auch wenn es andere Ränge geben mag, die eine begrenzte Zeit lang mehr Wert besitzen als die Dienerschaft, ist diese doch - weil sie permanent vorhanden und konstant ist - der höchste Rang, den ein Mensch bekleiden kann. Daher bezeichnet Gott den Propheten Muhammad in den schönsten und wertvollsten Worten, die man sich vorstellen kann, als Seinen Diener und krönt seine Dienerschaft mit der Prophetenschaft: *Es gibt keine Gottheit außer Gott, und Muhammad ist sein Diener und Prophet.* Als Er Muhammad zur Himmelsreise einlädt, stellt Er vor diese Einladung die Höflichkeitsformel *Gepriesen sei der, der bei Nacht Seinen Diener von der heiligen Moschee zu der fernen Moschee, deren Umgebung Wir gesegnet haben, hinführte*[94], und verneigt sich so vor der

---

94   17:1

beispiellosen Größe der Dienerschaft Muhammads. Um zu unterstreichen, welche herausragende Bedeutung der Tatsache innewohnt, Muhammad an jenem Tag willkommen zu heißen, an dem Raum und Zeit sich ausbreiteten und in der Unendlichkeit zusammenflossen und die Lichter der Gnade und Schönheit Gottes alles durchdrangen, betont Gott erneut seine Dienerschaft und erklärt:

Und er offenbarte Seinem Diener, was er offenbarte.[95]

Mawlana Dschalal ad-Din ar-Rumi präsentiert sich uns nicht als rechtschaffener Mensch oder mit seinem beeindruckenden Wissen, sondern in erster Linie mit seiner Dienerschaft, der er so Gewicht verleiht:

> „Ich wurde zum Diener, zum Diener, zum Diener;
> Ich habe mich verneigt und mich,
>> indem ich Dir diente, selbst übertroffen.
> Diener und Sklaven freuen sich,
>> werden sie freigelassen;
> Ich aber frohlockte, als ich Dein Diener wurde.“

In Bezug auf Verehrung und Dienerschaft, sind viele Menschen der Meinung, folgender Punkt sollte in Betracht gezogen werden:

Ein Diener sollte sich seiner Fehler bewusst sein und selbst dann erschauern, wenn er glaubt, die Verehrung Gottes auf richtige Art und Weise betrieben zu haben. Er sollte alles daran setzen, der Verehrung Gottes so gut wie möglich nachzukommen. Aber er sollte auch alles, was er im Namen der Dienerschaft erreicht hat, Gott widmen und jeden Moment seines Lebens in dem Bewusstsein verbringen, ein Diener des Ewigen Gottes, seines Herrn, zu sein.

Er sollte alles, was im Universum vor sich geht, als einen Schatten des Lichts Gottes betrachten und darf sich nicht selbst für den Urheber irgendwelcher Dinge oder den Erbringer irgendwelcher Leistungen halten. Er sollte weder stolz auf den Schutz sein, den Gott ihm gewährt, noch sollte er verzweifeln, wenn er meint, aller spirituellen Geschenke beraubt zu sein.

---

95   53:10

Er sollte die Ehre und Würde seiner Verbindung zu Gott jederzeit in seinem Bewusstsein spüren und sich niemals wünschen, von Ihm mit einem anderen Rang bedacht zu werden. Denn es gibt nahezu keinen höheren Rang und keine größere Ehre als den bzw. die der Dienerschaft; wenn überhaupt, dann nur die Freiheit in dem Sinne, das Herz auf nichts anderes als Gott zu richten und auf alles neben Ihm zu verzichten. Wer auf dem Weg zu Gott noch nicht sehr weit fortgeschritten ist, kann diese Freiheit lediglich spüren, wer seine Bestimmung jedoch bereits erreicht hat, kann sie ganz erfahren. Ich glaube, dies ist die wahre Freiheit, um die sich der Mensch entsprechend seinem Rang und seiner Würde bemühen muss. Ein Freund Gottes weist uns auf diesen Umstand hin:

> „Mein Sohn, wirf die Kette fort,
>   und befreie dich selbst!
> Wie lange möchtest du noch ein Sklave von
>   Silber und Gold bleiben?"

Dschunayd al-Baghdadi warnte uns, ein Mann könne erst dann in den Dienst Gottes eintreten, wenn er sich von der Bevormundung durch andere befreit.[96]

Ein anderer Freund Gottes unternimmt einen weiteren Versuch, die Bedeutung von Dienerschaft und Freiheit zu erläutern. Er rät, dass ein Diener Gottes in all seinen Gedanken, Vorstellungen, Gefühlen und Verhaltensweisen andere Menschen niemals isoliert von Gott betrachten sollte:

> „Wenn du die Trommel der Ehre schlagen möchtest,
>   begib dich hinter das Rad der Sterne;
> Denn dieser Kreis voller Glöckchen hallt
>   vom Klang der Schande wider."

O Gott, hilf uns, das zu erlangen, was von Dir geliebt wird, und was Dir wohl gefällt!

---

96 Quschayri, *Ar-Risala*, 201

MURAQABA (Selbstkontrolle)

Muraqaba bedeutet im Allgemeinen Beobachtung, Aufsicht und in dem Bewusstsein leben, kontrolliert zu werden. Die Sufis verstehen darunter, das Herz ganz auf Gott ausrichten, ohne an etwas anderem festzuhalten, das fleischliche Selbst von allen verbotenen Dingen fern halten, überzeugt sein, dass das Wissen Gottes alles umfasst und in Übereinstimmung mit den Göttlichen Geboten leben. Man kann *Muraqaba* auch als Versuch interpretieren, den Willen Gottes zu befolgen und ein Leben in größtmöglicher Aufrichtigkeit und in dem Bewusstsein zu führen, ständig von Gott kontrolliert zu werden. Möglich wird dies durch die Überzeugung, dass der Allmächtige alles sieht, was der Mensch tut, alles hört, was er sagt, alles weiß, was er denkt und was ihm zustößt, und alles registriert, was auf irgendeine Weise vom Menschen ausgeht. Der Koran erinnert uns daran im Vers

> *Und es gibt nichts, weder etwas Kleineres als dies noch etwas Größeres, das nicht in einem Buch voller Klarheit stünde.*

Wenn *Muraqaba* bedeutet, dass das Herz des Menschen der Erinnerung an alles, was Gott missfällt, und allen Gedanken und Vorstellungen, die ihn von Gott trennen, gegenüber verschlossen bleibt, wenn sie bedeutet, dass sich der Mensch vergegenwärtigt, was ihn die Tatsache vergessen lässt, dass Gott ihn allzeit überwacht, und durch welche negativen Betrachtungen sein Verhalten negativ beeinflusst wird, wenn sie bedeutet, dass sich der Mensch darauf besinnt, dass alle Kanäle des Geistes, die in der Lage sind, Strahlen aus der Ewigkeit zu empfangen, den Geschenken und Vergünstigungen Gottes offen stehen - wenn *Muraqaba* all diese Bedeutungen trägt, dann müssen wir uns in Erinnerung rufen, was von uns gefordert wird, und wir müssen uns so weit wie möglich allem öffnen, was da kommen mag. Den ersten Schritt in Richtung *Muraqaba* unternehmen wir, wenn wir als wertvoll betrachten, was Gott uns befiehlt, als wertvoll zu betrachten, wenn wir für wertlos halten, was Gott uns befiehlt, für wertlos zu halten, und wenn wir Seinen Willen und Seine Wünsche über unsere eigenen stellen. Sich über die Gnade Gottes Gedanken zu machen, bestärkt die Liebe des Menschen zu Gott und seinen Wunsch, Gott zu verehren; die Reflexion über Furcht und Ehrfurcht gegenüber Gott wiederum lässt uns den Appetit auf Sünden verlieren und zwingt uns, unser Leben achtsam zu leben. Die *Muraqaba* versetzt den Menschen in die Lage, alle Vorstellungen und Pläne aufzugeben, die den Wunsch des Herzens nach Verehrung beeinträchtigen, und verhält sich dabei wie ein Filter, der zur Reinigung von Flüssigkeiten benutzt wird. Die *Muraqaba* ist das Bemühen des Menschen, all seine Gedanken, Vorstellungen und Absichten selbst dann rein zu halten, wenn er allein ist, da er sich der ständigen Kontrolle durch Gott bewusst ist.

Die *Muraqaba* ist einer der wichtigsten Wege, die direkt zu Gott führen, ohne dass man einen Führer benötigte. Sie trägt den Anstrich bedeutender Heiligkeit - einer Heiligkeit, die sich der Mensch dadurch erwirbt, dass er der Mission des Propheten (der Mission, die Botschaft Gottes zu vermitteln, auch ohne einem bestimmten spirituellen Orden anzugehören) direkt nachfolgt: Reisende auf dem Weg der *Muraqaba* können sich Gott in ihrer Hilflosigkeit und Not zu jeder Zeit und an jedem Ort zuwenden. Wenn sie ihrer Bedürftigkeit Ausdruck verleihen, wird ihnen ein ‚privates Treffen‘ mit Ihm gewährt. Während sie die Natur beobachten, fühlen sie die permanente Kontrolle durch Gott und reinigen ihr Bewusstsein von allem, was der Beschäftigung mit Ihm im Wege steht. Wenn sie ihre Ohren öffnen, verschließen sie sich allen Geräuschen und Stimmen, die keinen Bezug zu Gott haben. Während sie über das Dasein sprechen, singen sie das Loblied auf die Schönheit und die Gnade Gottes und halten es für sinnlos, sich über Dinge zu unterhalten, die nichts mit Ihm zu tun haben. Denn wenn uns die Augen nicht daran erinnern, Ihn zu sehen, die Ohren, Ihn zu hören, und die Zunge, von Ihm zu sprechen, worin bestände dann der Sinn dieser Organe? Sie wären darauf reduziert, reine Fleischstücke zu sein. Mawlana Dschalal ad-Din ar-Rumi sagte:

> „Gott, der Allmächtige, beschrieb Sich Selbst als den Sehenden, um euch vor allem Übel zu warnen. Er nannte sich den Hörenden, um euch zu raten, nichts Schlechtes zu sagen. Er bezeichnete sich als den Allwissenden, um euch anzudeuten, dass Er euch kennt, und euch auf diese Weise zu ermahnen, eure Gedanken und Vorstellungen nicht verkommen zu lassen."

Rumi betrachtete die Selbstkontrolle als einen Schutzschild vor schlechten Emotionen, Gedanken, Neigungen und Handlungen und verstand sie als das sicherste Instrument Weg zur Beachtung der Rechte Gottes.

Der erste Schritt in Richtung Selbstkontrolle besteht darin, sich dem Willen und den Zielen Gottes zu unterwerfen und davon überzeugt zu sein, dass Er allgegenwärtig und Sich all unserer Gedanken, Vorstellungen und Taten bewusst ist. Dieser Schritt bedeutet, fest von dem Vers *Und Allah wacht über alle Dinge*[97] überzeugt zu sein.

Der zweite Schritt in Richtung Selbstkontrolle fordert vom Eingeweihten, sich Gott in einem ausgeglichenen Gemütszustand zuzuwenden und den Fluss der Gaben und des Glanzes Gottes in sein Herz geduldig zu erwarten. Diese Art der Zuwendung erfordert weder die Bindung an einen geistigen Führer noch die regelmäßige Rezitation der Namen Gottes. Wenn sich der Eingeweihte jedoch lieber einem Führer anschließen möchte und Gottes Namen so rezitiert, wie die Scharia es vorsieht, wird dies sein Vorhaben sicher begünstigen. Der Eingeweihte, ob der ersten oder zweiten Stufe zugehörig, wird auf seinem Weg zur Selbstkontrolle sicher voranschreiten und gegen alle Abweichungen gefeit sein, solange er sich der Prophetentradition *Vollkommene Tugend heißt, Gott zu verehren, als sähe man Ihn. Selbst wenn du Ihn nicht siehst, sieht Er dich ganz gewiss* gemäß verhält. Außerdem muss er sich selbst vor

---

97   33:52

Gott als hilflos, elend und bedürftig betrachten und glauben, dass Gott der Einzige ist, auf den er vertrauen kann und der ihm Hilfe gewährt.

In den Seelen derer, die auf dem Pfad der Selbstkontrolle so weit gegangen sind, wird mit der Zeit eine neue Eigenschaft erscheinen, die wir ‚Wachsamkeit des Herzens‘ nennen und mit deren Hilfe sie den Geschenken und Strahlen des Einen Gottes gegenüber immer empfänglich sind.

Einer der wichtigsten Mechanismen der Selbstkontrolle ist die *Muhasaba* (Selbstkritik). Durch die Selbstkritik - die Fähigkeit des Menschen, sich selbst zu kontrollieren, eigene Fehler und Sünden zu erkennen und sich der Gründe und Impulse bewusst zu werden, die ihn zu Fehlverhalten verleiten - findet der Eingeweihte die Wahrheit in seinem Herzen und lernt, sie auch in seinem Verhalten zu zeigen. In seinem Geist manifestiert sich die Bedeutung der Tradition *Ehre sei dem, der mich sieht, der meinen Aufenthaltsort kennt und meine Worte hört*[98], und er spürt ganz genau, dass das Wissen und der Wille Gottes ihn stets kontrollieren. Wo er auch ist, und was er auch tut - immer strebt er Sein Wohlgefallen an und bemüht sich, in Übereinstimmung mit Seinen Wünschen zu handeln.

---

98 Bukhari, *Iman*, 37; Muslim, *Iman*, 7

IKHLAS
(Aufrichtigkeit, Makellosigkeit der Absicht)

Ikhlas lässt sich interpretieren als Aufrichtigkeit, Rechtschaffenheit und Reinheit in Ansichten und Lebensführung, ohne allerdings mit diesen Qualitäten zu prahlen und zu protzen. Makellosigkeit der Absicht, Geradlinigkeit der Gedanken, Nichtbeachtung weltlicher Ziele in der Beziehung zu Gott und Loyalität in der Dienerschaft Gottes sind weitere Inhalte des Begriffes *Ikhlas*.

Ikhlas verlangt, dass man in seiner Verehrung Gottes und seinem Gehorsam Ihm gegenüber keine weltlichen Ziele anstrebt und seine Pflichten der Dienerschaft ausschließlich deshalb erfüllt, weil Gott es uns befiehlt. *Ikhlas* erfordert außerdem, dass der Eingeweihte die Behandlung, die ihm Gott angedeihen lässt, nicht anderen offenbart und auch niemandem von den Geschenken berichtet, die Gott ihm macht. Darüber hinaus muss er in all seinen Taten anstreben, die Zustimmung und das Wohlgefallen Gottes zu finden. Die Aufrichtigkeit ist eine der bedeutendsten Qualitäten jener Menschen, die Gott gegenüber am gewissenhaftesten und loyalsten sind. Wenn man die Loyalität des Menschen als eine Quelle betrachtet, ist die Aufrichtigkeit das ‚süße Wasser‘, das dieser Quelle entspringt. Der Prophet Muhammad erklärte uns, dass jemand, der von diesem Wasser trinkt, die Kanäle der Weisheit zwischen seinem Herzen und seiner Zunge 40 Tage lang geöffnet findet und infolge dessen mit großer Weisheit spricht.

Loyalität und Treue sind Hauptattribute der Prophetenschaft, und die Aufrichtigkeit ist die schillerndste Dimension dieser Attribute. Alle Propheten waren von Geburt an mit einer Aufrichtigkeit bedacht, die an-

dere Menschen ihr ganzes Leben lang zu erlangen suchen. Der Koran beschreibt z.B. den Propheten Moses als einen aufrichtigen Menschen.[99]

Treue und Aufrichtigkeit sind grundlegende, entscheidende
Eigenschaften der Propheten; aber auch für die Repräsentanten der
Mission der Propheten sind sie - ähnlich wie Luft und Wasser - unent-
behrliche Kraftspender. Die Propheten wussten, dass sie keinen Schritt
ohne Aufrichtigkeit tun konnten; aber auch die Repräsentanten der
Missionen der Propheten haben allen Anlass zu glauben, dass sie ohne
Aufrichtigkeit keines ihrer Ziele erreichen können.

Treue und Aufrichtigkeit sind die zwei Flügel oder Ozeane, die sich
von der Gunst und Gnade Gottes bis zum Herzen des Menschen er-
strecken. Kein Mensch, der in diesen Ozeanen segelte oder mit diesen
Flügeln flog, hat seinen Flug jemals auf halbem Weg zum Ziel abgebro-
chen; denn jene, die mit den Flügeln von Treue und Aufrichtigkeit fliegen, stehen unter dem Schutz Gottes. Jede Tat des Menschen, die das
Wohlgefallen Gottes zum Ziel hat, ist - so klein sie auch sein mag - in
Seinen Augen höchst wertvoll. Der Arbeitsaufwand spielt dabei keine
Rolle. Eine kleine Tat, in aufrichtigem Geiste verrichtet, ist vielen großen
unaufrichtig ausgeführten Taten vorzuziehen.

Die Aufrichtigkeit ist eine Haltung des Herzens, und Gott beurteilt den Menschen nach den Neigungen seines Herzens. Der Prophet
sagte:

> *Gott beurteilt mit Sicherheit nicht eure Körper oder eure äußere*
> *Erscheinung. Nein, Er bewertet eure Herzen.*[100]

Die Aufrichtigkeit ist eine geheimnisvolle Gnade Gottes, die
Menschen mit einem reinen Herzen gewährt wird. Sie lässt das, was
klein ist, wachsen und verleiht dem, was seicht ist, Tiefe; limitierte
Verehrung erhält durch sie eine unendliche Dimension. Mit ihrer
Unterstützung kann der Mensch danach streben, die wertvollsten
Dinge auf den Märkten dieser und der kommenden Welt zu erwerben;

---

99   19:51
100   Muslim, *Birr*, 33; Ibn Madscha, *Zuhd*, 9

mit ihrer Unterstützung wird er überall dort geschätzt und willkommen geheißen, wo andere großes Leid erwartet.

Muhammad bezieht sich auf diese geheimnisvolle Kraft der Aufrichtigkeit, wenn er verkündet:

> *Es genügt, wenn ihr wenig Arbeit leistet (die aber aufrichtig verrichtet ist)* [101] ,

oder

> *Seid aufrichtig in euren Taten, Gott akzeptiert nur aufrichtige Arbeit.* [102]

Betrachtet man das Handeln als einen Körper, dann stellt die Aufrichtigkeit die Seele dieses Körpers dar. Betrachtet man sie als einen von zwei Flügeln, mit denen wir fliegen, so ist die Aufrichtigkeit der andere. Ein Körper ohne Seele besitzt keinen Wert, und mit nur einem Flügel zu fliegen, ist unmöglich. Mawlana Dschalal ad-Din ar-Rumi fasste diese Wahrheit in Worte:

> „Sei bei all deinen Taten aufrichtig,
> damit der Majestätische Gott sie auch annimmt.
> Die Aufrichtigkeit ist der Flügel
> des Vogels der Hingabe.
> Wie willst du ohne Flügel
> zum Ort des Glücks fliegen?"

Auch folgende Worte Bayazid al-Bistamis drücken dies sehr treffend aus:

> „Dreißig Jahre lang verehrte ich meinen Herrn mit all meiner Kraft. Dann hörte ich eine Stimme rufen: ,O Bayazid, die Schatzkammern Gottes, des Allmächtigen, sind angefüllt mit Akten der Verehrung. Wenn du zu Ihm gelangen möchtest, betrachte dich als so klein wie die Tür Gottes, und sei in deinen Taten aufrichtig."

Für einige Menschen bedeutet Aufrichtigkeit, darauf zu verzichten, sich bei der Ausführung von Taten, die über das Pflichtmaß hin-

---

101 Munawi, *Fayd al-Qadir*, 1.216
102 Munawi, *Fayd al-Qadir*, 1.217

ausgehen, sehen zu lassen und mit ihnen zu protzen. Andere sind der Ansicht, aufrichtig sei ein Mensch dann, wenn er sich nicht darum kümmert, ob ihm jemand bei seinen religiösen Handlungen zusieht. Für wieder andere drückt Aufrichtigkeit eine so große Inanspruchnahme durch die Anbetung Gottes oder andere religiös motivierte Handlungen aus, dass sich der aufrichtige Mensch nicht einmal daran erinnert, ob er aufrichtig sein sollte oder nicht. Eine elementare Dimension der Aufrichtigkeit ist die Selbstkontrolle. Ein wahrhaft aufrichtiger Mensch schenkt weder den spirituellen Freuden, die er aus seiner Verehrung bezieht, noch anderen wichtigen Auszeichnungen, die er zu erhalten hoffen darf, wie z.B. dem Paradies, Beachtung.

Die Aufrichtigkeit ist ein Geheimnis zwischen Gott und Seinem Diener. Gott pflanzt sie in die Herzen derer, die Er liebt. Einem Menschen, der seine Aufrichtigkeit bewusst lebt, ist es egal, ob andere ihn loben oder anschuldigen, ihn verehren oder demütigen, sich seines Tuns bewusst sind oder nicht. Für ihn ist es nebensächlich, ob er für seine Taten ausgezeichnet wird. Ein solcher Mensch ändert sich nie und handelt - für alle sichtbar oder im Geheimen - immer gleich.

ISTIQAMA (Wohlverhalten)

Vertrauenswürdige Menschen interpretierten es als Wohlverhalten, alle Arten von Abweichungen und Extremen zu vermeiden und im Glauben, in den religiösen Handlungen und im täglichen Leben in die Fußstapfen der Propheten, der Wahrheitsliebenden, der Zeugen der Wahrheit und der Rechtschaffenen zu treten. Der Vers *Wahrlich, diejenigen, die sagen: „Unser Herr ist Allah." und die sich dann aufrichtig verhalten - zu ihnen steigen die Engel nieder (und sprechen): „Fürchtet euch nicht und seid nicht traurig, und erfreut euch des Paradieses, das euch verheißen wurde"*[103] klärt uns darüber auf, dass diejenigen, die Gottes Herrschaft anerkannt haben, Seine Einheit bekräftigt haben sowie dem Weg der Propheten in ihrem Glauben, in ihren Handlungen und in den Praktiken des täglichen Lebens gefolgt sind, im Jenseits von Engeln in Empfang genommen werden. Während alle anderen Menschen dort vor Kummer und Sorge erzittern werden, werden sie frohe Kunde aus dem Paradies erhalten.

Ein Mensch legt Wohlverhalten im Handeln an den Tag, indem er seine religiösen Pflichten erfüllt, Wohlverhalten in seinem Ich oder in seinem inneren Selbst, indem er der Wahrheit der Scharia folgt, Wohlverhalten im Geist, indem er in Übereinstimmung mit der Kenntnis Gottes lebt, und Wohlverhalten in seinen tiefsten Empfindungen wie auch in seinen Fähigkeiten, indem er dem Geist der Scharia entspricht. Weil es so schwer ist, auf allen vier genannten Ebenen Wohlverhalten zu üben, erklärte der Prophet, der nicht nur auf diesem Gebiet das beste Vorbild darstellt:

Die Sure Hud und ähnliche andere haben mich alt gemacht.[104]

Dabei bezieht er sich auf Gottes Gebot *Handle du darum aufrichtig, wie dir befohlen worden ist.*[105]

Tatsächlich wich der Prophet niemals vom geraden Weg ab und war in all seinen Handlungen, Aussprüchen und Gefühlen stets redlich. Einen seiner Gefährten, der sein Heil und ewiges Glück in der Gegenwart Muhammads suchte, rief er mit folgenden Worten zu Wohlverhalten auf: *Sprich: „Ich habe an Gott geglaubt", und sei redlich!*[106] - ein Ausspruch, der kurz und prägnant die grundlegenden Elemente von Glauben und Verhalten zusammenfasst.

Wenn jemand, der auf dem Pfad zur Wahrheit wandert, in seinem Verhalten und in seinem Zustand nicht redlich ist, werden all seine Versuche vergeblich sein, und im Jenseits wird er für die Zeit, die er ohne Wohlverhalten zugebracht hat, zur Rechenschaft gezogen werden. Um sein angestrebtes Ziel erreichen zu können, muss der Eingeweihte am Startpunkt seines Weges bereits redlich sein; denn sein Wohlverhalten dient ihm auf seiner Reise als Proviant. Auch am Ziel seiner Reise muss er redlich sein und sich als dankbar erweisen, da ihm Wissen um Gott gewährt wurde. Einen Eingeweihten, der sich redlich verhält, erkennt man daran, dass er zu Beginn seiner Reise sehr auf mögliche Abweichungen achtet, dass er sich in ihrem weiteren Verlauf kontinuierlich selbst kontrolliert, dass er falsche Vorstellungen und Verhaltensweisen sofort erkennt und dass er einzig und allein das Wohlgefallen und die Anerkennung Gottes als das Ende seines Weges betrachtet.

> Ich kenne jemanden aus dem Volk der Redlichen,
> Er war der Außergewöhnlichste
> > in der Unterweisung.
> Er verkaufte seine Seele den Lichtern der
> > größtmöglichen Unterwerfung unter Gott,
> Und starb, gereinigt von allem Schmutz der
> > menschlichen Natur.

---

104 Tirmidhi, *Tafsir al-Qur'an*, 57
105   11:112
106 Muslim, *Iman*, 62; Ibn Hanbal, *Musnad*, 3.413

Diener sollten nach Wohlverhalten streben. Sie sollten sich nicht danach sehnen, Wunder zu wirken oder die Kraft spiritueller Enthüllungen oder Entdeckungen zu erringen. Denn Gott verlangt Wohlverhalten, auch wenn sich Seine Diener außerordentliche spirituelle Fähigkeiten wünschen.

Als man Bayazid al-Bistami von einem Mann erzählte, der angeblich über das Wasser ging und durch die Luft flog, antwortete er:

> „Auch Fische und Frösche gleiten auf dem Wasser, Insekten und Vögel fliegen durch die Luft. Wenn ihr einen Mann seht, der ohne unterzugehen auf seinem Teppich auf dem Wasser gleitet und mit übergeschlagenen Beinen in der Luft sitzt, fühlt euch nicht zu ihm hingezogen. Schaut euch vielmehr an, ob er redlich in Zustand und Verhalten ist und ob er sich an die Scharia hält"[107]

Bayazid al-Bistami riet dazu, redlich und bescheiden wie ein Diener zu sein, und nicht in den Sphären der Wunder umher zu fliegen.

Das Wohlverhalten ist die letzte Stufe einer Treppe mit insgesamt drei Stufen, die zur Nähe Gottes führen. Die erste Stufe ist die Übereinstimmung. Auf dieser Stufe bemüht sich der Reisende auf dem Weg zu Gott, ein Abbild der theoretischen und praktischen Dimensionen des Islam zu werden und so sein fleischliches Selbst unter Kontrolle zu bringen. Die zweite Stufe ist die Ruhe oder die Gelassenheit. Auf dieser Stufe reinigt der Eingeweihte sein inneres Selbst von allen Lastern, die Herz und Geist beschmutzen (z.B. Angeberei, Ruhm und Eitelkeit) und die nicht mit seiner Dienerschaft unter einen Hut zu bringen sind. Er ‚isoliert' sein Herz von allen Versuchungen, Gott Teilhaber zur Seite zu stellen. Die dritte Stufe ist das Wohlverhalten. Auf dieser Stufe stehen dem Reisenden die Türen zu den Mysterien einen Spalt weit offen, und die Geschenke Gottes kommen in Form von Wundern und Wohltaten auf ihn hinab, ohne dass er sie sich ersehnen oder sie anstreben würde. Wohlverhalten als letzte Station auf dem Weg bedeutet, sich keine Abweichung von der Treue zu Gott zu erlauben und Seinen direkten Schutz nicht zu verlassen. In diesem Klima fallen Geschenke und

---

107 Quschayri, *Ar-Risala*, 397; Abu Nu'aym, *Hilyat al-Awliya'*, 10.40

Vergünstigungen Gottes vom Himmel. Blumen verblühen nicht mehr, Hügel und Ebenen erleben keinen Winter mehr, die einzige Jahreszeit die hier herrscht, ist der Frühling. Dies kommt im Vers *Wenn sie aber den (rechten) Weg einhalten, dann werden Wir ihnen reichlich Wasser zu trinken geben*[108] zum Ausdruck. Solange die Menschen Wohlverhalten im Glauben an die Einheit Gottes anstreben und ihren Vertrag mit Gott und Seinem Propheten erfüllen, indem sie Seine Gebote beachten, fließen die Geschenke und Gunstbeweise Gottes ohne Unterlass.

Der Prophet Muhammad sagte:

> *Solange das Herz eines Menschen nicht gesund und anständig ist, kann sein Glaube nicht wahr und aufrichtig sein; und solange seine Zunge nicht die Wahrheit spricht, kann sein Herz nicht gesund und anständig sein*[109],

und:

> *Jeden Morgen warnen die einzelnen Körperteile des Menschen seine Zunge und sagen: „Fürchte Gott uns zuliebe. Denn wenn du wahrhaftig bist, werden auch wir wahrhaftig und gesund sein. Wenn du dich aber verbiegen lässt, werden auch wir vom Weg abkommen.“*[110]

Abschließend möchte ich hier eine wichtige Warnung von As'ad Mukhlis Pascha anführen:

> „Wohlverhalten erfordert, ständig aufrichtig und
> standhaft zu sein.
> Verankere eines deiner Beine im Zentrum,
> und lass die ‚freie Kompassnadel‘
> - das andere Bein - frei umherschweifen.“

---

108 72:16
109 Ibn Hanbal, *Musnad*, 3.198
110 Tirmidhi, *Zuhd*, 61, *Musnad*, 3.96

TAWAKKUL, TASLIM, TAFWIZ und THIQA
(Gottvertrauen, Unterwerfung, innere Verbundenheit und Zuversicht in Gott)

Gottvertrauen, Unterwerfung, innere Verbundenheit und Zuversicht in Gott sind die vier Stufen oder Stationen einer spirituellen Reise, die mit dem Vertrauen auf Gott ihren Anfang nimmt, über die Wahrnehmung der eigenen Hilflosigkeit und Geringfügigkeit Ihm gegenüber führt und schließlich endet, wenn man all seine Angelegenheiten Gott anvertraut, um Ruhe und Gelassenheit im Herzen zu erlangen.

Gottvertrauen bedeutet, Gott großes Vertrauen entgegen zu bringen und sich unwohl zu fühlen, wenn man das Gefühl hat, bei anderen Quellen der Kraft Zuflucht zu suchen. Ohne diese Art von Vertrauen lässt sich nicht von Gottvertrauen (*Tawakkul*) sprechen, und so lange die Türen des Herzens auch anderen offen stehen, lässt sich kein Gottvertrauen erwerben.

Gottvertrauen heißt, von allen zur Verfügung stehenden Mitteln Gebrauch zu machen und alle erforderlichen Bedingungen zu erfüllen, um ein erwünschtes und angestrebtes Resultat zu erreichen, und dann abzuwarten, wie der Allmächtige darauf reagieren wird. Die nächst höhere Stufe ist der *Taslim* (die Unterwerfung [unter Gott]). Viele Freunde Gottes haben diese Stufe so charakterisiert, als läge der Eingeweihte hier wie ein toter Körper in den Händen eines Totenwäschers vor der Macht und dem Willen Gottes. Der Name der dritten Stufe lautet *Tafwiz* (innere Verbundenheit [mit Gott]). Auf dieser Stufe überlässt der Eingeweihte alle Dinge und Angelegenheiten Gott und hofft, von Ihm mit allem

Nötigen versorgt zu werden. Gottvertrauen markiert den Ausgangspunkt der Reise, Unterwerfung ihren Endpunkt; die innere Verbundenheit hingegen ist das Resultat dieser Reise. Sie besitzt viele Bedeutungen, die jedoch eher für jene Menschen von Wichtigkeit sind, die ihre Reise bereits fast abgeschlossen haben, als für Anfänger. Die innere Verbundenheit liegt jenseits der Stufe der Unterwerfung, die wiederum Überzeugung von der eigenen Hilflosigkeit und Bedürftigkeit gegenüber der Macht und dem Reichtum Gottes erfordert, und jenseits dessen, was es heißt, im Herzen die Bedeutung des Satzes *Es gibt keine Macht und Kraft außer bei Gott* zu fühlen. Die innere Verbundenheit verlangt größtes Vertrauen auf Gott und Seine Unterstützung. Mit anderen Worten: Die innere Verbundenheit drückt aus, dass sich der Reisende auf dem Weg zu Gott dadurch, dass er auf Gott vertraut und die Unterstützung seines Gewissens sucht, gewarnt fühlt und sich - seiner eigenen Machtlosigkeit und Bedürftigkeit vollkommen bewusst - der einzigartigen Quelle der Macht und des Willens zuwendet und spricht: „Nimm mich an die Hand und halte mich fest; denn ohne Dich kann ich nichts tun!"

Wenn *Tawakkul* besagt, dass ein Diener all seine weltlichen und außerweltlichen Angelegenheiten seinem Herrn überantwortet, trägt *Tafwiz* die Bedeutung, dass er sich vollkommen der Tatsache bewusst ist, dass es wirklich sein Herr ist, der alles tut, der alle Resultate herbeiführt und der alle Dinge und Handlungen bewirkt, deren Verdienst er sich normalerweise selbst zuschreiben würde.

Gottvertrauen beinhaltet, dass der Diener Gottes Gott vertraut und die Tür seines Herzens vor allem und jedem anderen als Gott verschließt. Auf das Äußere bezogen kann man die Erfüllung aller Gebetsvorschriften als Gottvertrauen einstufen, auf das Innere bezogen beinhaltet Gottvertrauen die Verbundenheit mit Gott, dem Herrn der ganzen Schöpfung, dem Alleinigen Verwalter des Universums. Dies drückt Schihab in den folgenden Versen aus:

> „Vertraue in allen Angelegenheiten auf den
> Gnädigen Gott;
> Wer auf Ihn vertraut, ist niemals verloren.
> Vertraue dich Gott an und warte geduldig ab, was
> Er mit Dir im Sinn hat.

> Denn als Geschenke Gottes wirst Du
> nur das erhalten, was Du von Ihm erwartest."

Umar, der zweite Kalif, wollte in einem Brief an Abu Musa al-Asch'ari wohl auf den gleichen Punkt hinweisen:

> „Wenn du dich dem, was Gott mit dir vorhat, und der Art und Weise, wie dies geschehen soll, auslieferst (d.h. wenn du gegen nichts, was dir zustößt, protestierst), ist das genau richtig. Gelingt dir dies aber nicht, ertrage dein Schicksal geduldig!"

Aus anderer Perspektive betrachtet steht *Tawakkul* in den Augen der Allgemeinheit vor allem für das Vertrauen, das man in Gott setzt, und für die Zuversicht, mit der man Gott begegnet. *Taslim* wiederum bezeichnet dort den Zustand derer, die zum spirituellen Leben berufen wurden, und *Tafwiz* bedeutet, sich nicht durch Geld oder weltliche Probleme aufhalten zu lassen. Somit ist *Tafwiz* eine Stufe, die nur den Fortgeschrittensten auf dem Gebiet der Spiritualität vorbehalten ist. Wenn ein Reisender auf dem Pfad zu Gott, der sich durch *Tafwiz* auszeichnet, Geld und Problemen ein gewisses Maß an Bedeutung einräumt, tut er das nur, weil er ja in der Sphäre des Geldes und der weltlichen Probleme - in der materiellen Welt - lebt und sich auf Grund dessen auch mit ihnen beschäftigen muss. Gott hat in dieser Welt allem, was Er erschaffen hat, nur eine vorübergehende Form gegeben. Wenn der Eingeweihte aber Geld und weltlichen Dingen Priorität einräumt, obwohl er weiß, dass Gott alles so einrichtet, wie Er es für richtig hält, und die Zügel aller Dinge in Seiner Hand hält, wird er tief fallen und wie ein Parasit auf der Erde herumkreuchen, obwohl er doch gleichzeitig ein Vogel sein könnte, der in den höchsten Sphären des Himmels seine Bahnen zieht. Vom Leben der rechtschaffenen Menschen wird erzählt, dass einer von ihnen, während er sich um Fortschritte bemühte, dabei aber den Wert von Geld und weltlichen Angelegenheiten überschätzte, diese Stimme hörte:

> „Beschäftige dich nicht damit,
> Vorkehrungen zu treffen;
> denn Vorkehrungen ziehen Verderben an;

Vertraue Uns deine Angelegenheiten an, denn Wir
geben besser auf dich Acht als du selbst es kannst.“

Die persönlichen Angelegenheiten Gott anzuvertrauen, ist eine
wahre Heldentat, die nur diejenigen vollbringen können, die an Gott
festhalten, auch wenn sie unter den Menschen leben.

Wenn jemand die notwendigen Schritte unternimmt oder
Vorbereitungen trifft, um ein gewisses Resultat zu erzielen, ohne ihnen
dabei irgendeinen schöpferischen Effekt zuzumessen, kann das für die
Allgemeinheit ein Zeichen von *Tawakkul* sein. Für jene aber, die sich der
Realitäten jenseits der sichtbaren Dimension bewusst sind, verkörpert
ein solches Vorgehen *Taslim*. Für Menschen, die wahren Frieden und
Gelassenheit des Herzens erlangt haben, kann dieses Vorgehen auch für
Tafwiz oder *Thiqa* stehen. Sehr treffend in diesem Zusammenhang er-
scheint mir ein Ausspruch des Gesandten Gottes, der aufgewandte
Bemühungen, *Tawakkul* und *Tafwiz* miteinander kombiniert:

> *Wärest du in der Lage, so auf Gott zu vertrauen, wie wahres Vertrauen*
> *es erfordert, würde Er dich mit allem versorgen, was Er auch Vögeln*
> *schenkt, die ihr Nest morgens hungrig verlassen und abends gesättigt*
> *zurückkehren.*[111]

Diese Tradition berichtet uns von unterschiedlichen Wahrheiten
für Menschen verschiedener spiritueller Ebenen. Was dies für die
Allgemeinheit bedeutet, fasste Mawlana Dschalal ad-Din ar-Rumi so
zusammen:

> „Wenn das Gottvertrauen auch ein Wegweiser ist,
> so ist das Treffen von Vorkehrungen
> eine Praxis des Propheten.
> Er wies einen Beduinen lauthals zurecht:
> *Binde erst einmal dein Kamel an,*
> *bevor du dich auf Gott verlässt!*“

Von dieser Bedeutung ist auch im Koranvers *Auf Allah mögen denn
diejenigen vertrauen, die sich auf (Allah) verlassen wollen*[112] die Rede.

---

111 Tirmidhi, *Zuhd*, 33; Ibn Madscha, *Zuhd*, 14, *Musnad*, 1.30
112 14:12

Wer auf der Ebene der reinen Spiritualität lebt, entnimmt diesen Äußerungen, dass er sich Gott gegenüber in einer Position vollkommener Machtlosigkeit und Schwäche befindet, legt deshalb sein Vertrauen ganz in Seine Kraft und Stärke und wird zu einem ‚toten Körper in den Händen eines Totenwäschers‘. Der Vers *Und vertraut auf Gott, wenn ihr Gläubige seid*[113] bekräftigt dies nachdrücklich.

Diejenigen, die die Gipfel der Selbstverleugnung in Gott und der Existenz mit Gott umkreisen, rufen, selbst wenn sie - wie der Prophet Abraham - ins Feuer geworfen werden: *Allah genügt mir*[114], und überantworten sich Gott zur Gänze. Ihnen genügt es zu wissen, dass Gott die Umstände, in denen sie sich befinden, kennt. Den höchsten Grad an innerer Verbundenheit entdecken wir jedoch beim Propheten Muhammad: Während seiner Emigrationszeit in Medina konnte er einmal von einer Höhle, in der er sich zusammen mit seinem besten Freund Abu Bakr versteckt hielt, die Füße seiner Verfolger sehen und deren Stimmen als von den Wänden der Höhle zurück geworfenes Echo hören. Trotzdem vertraute er in höchstem Maße und mit größter Zuversicht auf Gott. Er flüsterte Abu Bakr zu:

Trauere nicht; siehe, Allah ist mit uns.[115]

Auch im Vers *Und wer auf Allah vertraut - für den ist Er sein Genüge*[116] wird auf die Bedeutung des Gottvertrauens hingewiesen.

Tafwiz und *Thiqa* sind die höchsten Stufen des Vertrauens auf Gott. Wer diese Stufen erklommen hat, unterwirft sich nicht nur aus Gründen der Vernunft, der Logik und des Glaubens, sondern seinen inneren und äußerlichen Gefühle folgend ganz und gar allen Geboten Gottes und wird zum ‚geschliffenen Spiegel‘ Seiner Namen, Eigenschaften und Handlungen, die sich in ihm widerspiegeln. Menschen, die diese Stufen erklommen haben, erkennt man an bestimmten Auffassungen: Sie sehen keine Notwendigkeit darin, Vorkehrungen zu treffen, da Gott dies für sie erledigt. Sie betrachten ihre Willenskraft als schwachen

---

113   5:23
114   39:38
115   9:40
116   65:3

Abglanz des Willens Gottes und wenden sich Ihm zu. Sie sind mit der Behandlung durch Gott zufrieden, egal ob sie ihnen zu Vor- oder Nachteil gereicht, und sie stimmen allem zu, was ihnen durch den Willen Gottes widerfahren mag.

Der Autor des Werkes *Minhadsch* beschreibt diese Stufe des *Tafwiz* so:

> „Ich vertraute mich ganz dem Geliebten an.
> Egal ob Er mich dabei sterben oder leben ließ."

Auch folgende Worte von Wasif aus Andarun sind sehr aussagekräftig:

> „Was auch vorherbestimmt war -
> es wird eintreten;
> Daher vertraue ganz auf Gott; trauere nicht,
> und leide keinen Schmerz!"

Eines der schönsten Gedichte zum Thema *Tafwiz* stammt jedoch von Ibrahim Haqqi. Die einleitenden Verse seines Werkes *Tafwiznama* (Darstellung des *Tafwiz*) lauten:

> „Gott macht aus dem Bösen Gutes;
> denke niemals, Er würde das Gegenteil tun.
> Wer Ihn kennt, schaut Ihm
> bewundernd bei Seiner Arbeit zu.
> Sehen wir uns an, was unser Herr tut,
> er tut, was Er für richtig hält.
> Vertraue auf Gott, auf die Wahrheit;
> vertraue ganz auf Gott in allen Dingen,
> Denn so wirst du Frieden finden.
> Sei geduldig und stimme dem,
> was Er mit dir vorhat, zu.
> Sehen wir uns an, was unser Herr tut,
> er tut, was Er für richtig hält."

KHULUQ (Guter Charakter)

Der Begriff *Khuluq* steht einerseits für Lebhaftigkeit, (gute) Veranlagung und Charakter und stellt für den Menschen ein Ziel dar. Gleichzeitig bezeichnet er aber auch den Endzweck der Schöpfung und deren wichtigste Dimension. Sich einen guten Charakter zu erwerben ist ein Ziel, das durch das Einwirken des menschlichen Willens auf die Schöpfung erreicht werden kann - ein Einwirken, das dem Zweck dient, sich den Charakter Gottes oder Seine Art zu handeln anzueignen oder sich durch diesen Charakter bzw. diese Art auszuzeichnen. Wer dieses heilige Ziel verwirklicht, kann mit Leichtigkeit alle guten Taten vollbringen, zu denen er sich berufen fühlt.

Die Wörter *Khalq* (Schöpfung) und *Khuluq* (Charakter) leiten sich aus demselben Wortstamm ab. *Khalq* bezieht sich eher auf die äußere Erscheinungsform oder auf die sichtbare, materielle und erfahrbare Dimension der Existenz, während *Khuluq* mit der immateriellen Dimension und Bedeutung der Schöpfung verknüpft ist.

Der Mensch ist kein Wesen, das man nach seiner äußeren Erscheinungsform beurteilen kann. Seine wahre Identität liegt in seinem Gemüt, in seinem Temperament und in seiner natürlichen Veranlagung. Selbst dann, wenn er seine Mitmenschen über sein wahres Wesen im Unklaren lassen und ihnen unterschiedlichste Bilder von sich selbst vorgaukeln möchte, wird sein Charakter oder sein Gemüt ihn schließlich verraten. Die folgenden Worte eines arabischen Dichters aus der vorislamischen Zeit sind sehr zutreffend:

> „Wenn ein Mensch eine schlechte Eigenschaft hat,
> wird sich diese früher oder später offenbaren;
> Lass ihn ruhig weiterhin denken,
> dass er sie für sich behalten kann."

Das heißt, mit anderen Worten, dass die äußere Erscheinung andere zwar vorübergehend täuschen kann, die natürliche Veranlagung jedoch alle diese Täuschungsversuche irgendwann auffliegen lässt und den
Menschen letzten Endes verrät. Weil der Mensch sich durch Erziehung
und Gewohnheiten eine zweite Natur aneignet, unterscheiden Ethiker
zwischen gutem und schlechtem Charakter. Im Rahmen dieses Buches
trägt der Begriff *Khuluq* jedoch stets die Bedeutung ‚guter Charakter'.

Das beste Kriterium für ein gutes spirituelles Leben ist ein guter
Charakter: Der Sufismus beschreibt und charakterisiert die Menschen
anhand dieses Attributs. Jemand, der in seinen Bemühungen, sich einen guten Charakter zu erwerben, schon ein wenig fortgeschritten ist,
kann auch als in seinem spirituellen Leben fortgeschritten betrachtet
werden. Wundertaten, außergewöhnliche Qualitäten und übermensch-
liche Taten können gut geheißen werden, solange sie einem guten
Charakter entspringen; wenn sie aber nicht mit einem guten Charakter
verknüpft sind, sind sie wertlos und verdienen keinerlei Beachtung.

Auf die Frage, wer denn der beste Gläubige sei, antwortete der
Prophet:

> *Der, der das beste Verhalten zeigt.*[117]

Diese Worte sind nur folgerichtig, denn Gott präsentiert uns seinen
einzigartigen Diener, den Propheten Muhammad, nicht in Zusammenhang
mit Seinen außergewöhnlichen Gunstbeweisen, sondern rückt dessen
lobenswerte Tugenden und Eigenschaften in den Blickpunkt:

> *Und du verfügst wahrlich über große Tugendeigenschaften.*[118]

Der Charakter des Propheten Muhammad war Ziel und Frucht
seiner Erschaffung. Sein Verhalten war die Verkörperung von Islam
und Koran; daher erwiderte Aischa, seine Frau, als Sa'id ibn Hischam
sie nach Muhammads Verhalten fragte:

> „Liest du denn nicht den Koran? Sein Verhalten ist die Verkörperung
> des Koran."[119]

---

117   Abu Dawud, *Sunna*, 14, *Musnad*, 2.250
118   68:4
119   Muslim, *Musafirin*, 139

Der Vers *Und du verfügst wahrlich über große Tugendeigenschaften* weist darauf hin, dass das Verhalten des Propheten stets auf dem Koran basierte und in der Geschichte der Menschheit seinesgleichen sucht. Diese Aussage kann man nur unterstreichen. Mit all seinen inneren und äußeren Begabungen und Sinnen, mit all den materiellen und immateriellen Aspekten seines Wesens und seines Charakters besaß er das Potenzial, in allen Arten von Tugenden der fortgeschrittenste und reifste aller Menschen zu werden. Es gelang ihm auch, dieses Potenzial optimal auszuschöpfen und so die höchste Stufe menschlicher Vollkommenheit zu erklimmen. Der Prophet gab seinen Anhängern ein unübertreffliches Beispiel und machte sie so zur tugendhaftesten Gemeinschaft aller Zeiten. Er beließ es nicht dabei, sich ausschließlich seiner selbst willen alle menschlichen Tugenden anzueignen und der herausragendste aller Menschen zu werden. Gott lobt ihn dafür im Koran:

> *Wahrlich, ihr habt an dem Gesandten Allahs ein schönes Vorbild für jeden, der auf Allah und den Letzten Tag hofft und Allahs häufig gedenkt.*[120]

Mit Worten wie *Die besten im Glauben sind die besten im Verhalten*[121], *Ein Mensch kann mit gutem Verhalten die Entfernungen zurücklegen, die er mit Verehrung und Anbetung allein nicht bewältigen kann*[122] und *Die erste Tugend, die (in der kommenden Welt) aufgewogen wird, ist gutes Verhalten*[123] sowie mit den erfolgreichen Prinzipien, die uns der Prophet Muhammad brachte, um uns in den Rang von vollkommenen Menschen zu erheben, geleitete der Koran seine Anhänger in die Sphären, in denen die Engel anzutreffen sind.

Woran erkennt man einen Menschen mit einem guten Charakter? Er verletzt andere weder mit Worten noch mit Taten. Er übersieht die, die ihn verletzen, vergisst das, was ihm angetan wurde, und vergilt Böses mit Gutem. Wieder ist der Prophet Muhammad das beste Beispiel für die-

---

120 33:21
121 Abu Dawud, *Sunna*, 14, *Musnad*, 2.250
122 Haythami, *Madschma' az-Zawa'id*, 8.24
123 Muttaqi al-Hindi, *Kanz al-Ummal*, Hadith Nr. 5160

se Tugenden: *Und du verfügst wahrlich über große Tugendeigenschaften*, wird er von Gott gepriesen. Weder fühlte er sich durch jemanden beleidigt, der vor ihm stand und zu ihm sagte: „Sei gerecht!"[124], noch durch jemanden, der von hinten an seinem Gewand zerrte[125] oder durch jemanden, der ihn mit Sand bewarf und ihn beschimpfte, und auch nicht durch jemanden, der seine unschuldige Frau verleumdete.[126] Erst recht nicht fühlte er sich beleidigt durch die, die er besuchte, als sie krank wurden,[127] und deren Begräbnissen er folgte.[128] Dies tat er, weil sein guter Charakter eine Dimension seiner heiligen Existenz war.

Es gibt viele Menschen, die auf den ersten Blick von gutem Charakter, umgänglich und menschenfreundlich zu sein scheinen, deren gutes Verhalten und Sanftmut aber beim geringsten Anlass (z.B. Zorn, Wut, ungerechte Behandlung durch andere) verfliegen und hinter ihren wahren Charakter zurücktreten.

Jemand, der einen wirklich guten Charakter besitzt, verändert seine Umgangsformen selbst dann nicht, wenn er in eine schlimme Situation gerät. Er bewahrt sich seinen Sanftmut, ohne irgendeine Undiszipliniertheit zu zeigen.

Eine Brust, die sich dem guten Charakter öffnet, ist wie ein weiter Raum, in dem man seinen Ärger und Zorn begraben kann. Die Intoleranten und Ungehaltenen aber, die sich dem guten Verhalten verschließen, sind - wie Kain - dümmer als die Raben. In der ganzen Welt finden sie keinen Ort, an dem sie ihren Zorn, ihren Hass und ihre krankhaften Gefühle vergessen können.

Ich möchte dieses Thema mit zwei Versen beschließen:

> „Ein guter Charakter besitzt das Potenzial,
>   den Menschen zu ver vollkommnen;
> Ein guter Charakter besitzt auch das Potenzial,
>   die Weltordnung aufrecht zu erhalten."

---

124 Bukhari, *Adab*, 95; Muslim, *Zakat*, 142
125 Bukhari, *Khumus*, 19; Muslim, *Zakat*, 142
126 Bukhar, *Schahada*, 15; Muslim, *Tawba*, 56
127 Abu Dawud, *Dschana'iz*, 1
128 Bukhari, *Tafsir*, Sure 9:12; Muslim, *Munafiqun*, 3

TAWADU (Bescheidenheit)

awadu ist eine Tugend mit den Bedeutungen Mäßigung und Bescheidenheit; damit steht sie im Kontrast zu Eigenschaften wie Arroganz, Hochmut und Überheblichkeit. Wir können *Tawadu* auch als das Bewusstsein des Menschen um seine wahre Position vor Gott und sein entsprechendes Verhalten Gott und seinen Mitmenschen gegenüber interpretieren, auf Grund dessen er sich als einen von ihnen betrachtet, als einen Teil der Schöpfung. Wenn es einem Menschen gelingt, sich selbst davon zu überzeugen, dass er nicht mehr als die Schwelle einer Tür, als eine auf dem Boden liegende Matte, als ein Pflasterstein, als ein Kiesel im Strom oder als die Spreu im Wind wert ist, und wenn er sich darüber hinaus mit Muhammad Lutfi Efendis Worten „Jeder andere ist gut, ich aber bin schlecht; jeder andere ist der Weizen, ich aber bin die Spreu!" identifizieren kann, dann küssen ihm die einzigartigen Persönlichkeiten in den Himmeln sein Haupt. In einer Aussage, die dem Propheten Muhammad zugeschrieben wird, heißt es:

> *Wer demütig ist, den wird Gott lobpreisen, wer aber hochnäsig ist, den wird Gott erniedrigen.*[129]

Wer wirkliche Größe besitzt, führt sich also keinesfalls wie ein Großer auf; und wer von seinen Mitmenschen verschmäht wird, muss deshalb noch lange nicht wirklich unwürdig zu sein.

Manche haben Bescheidenheit als die Sichtweise eines Menschen definiert, der der Meinung ist, dass er keine Tugend besitzt, die ihren

---

129 Haythami, *Madschma' az-Zawa'id*, 10.325

Ursprung in ihm selbst hat. Manche haben sie auch beschrieben als eine Möglichkeit, die Mitmenschen - demütig und mit dem gebührenden Respekt - so zu behandeln, wie sie es verdienen. Andere gaben an, *Tawadu* hieße, sich für den wertlosesten aller Menschen zu halten, obwohl man doch von Gott eine besondere Behandlung erfährt. Wieder andere definieren die Bescheidenheit als die Bemühung, jeder Gemütsregung des Ichs gegenüber wachsam zu sein und sie zu unterdrücken. Jede einzelne dieser Begriffsbestimmungen präsentiert eine spezielle Dimension der Bescheidenheit. Die letzte Definition bezieht sich allerdings eher auf diejenigen, die Gott Selbst aufrichtig gemacht und in Seine Nähe gebracht hat.

Als ein Gefährte des Propheten einmal sah, wie Kalif Umar Wasser in einem Krug auf der Schulter trug, fragte er ihn: „Was tust du da, Nachfolger des Gesandten Gottes?" Umar, der sich wie kaum ein anderer durch seine Nähe zu Gott auszeichnete, antwortete ihm: „Einige Abgesandte sind aus fremden Ländern hergekommen. Da habe ich Hochmut im Herzen verspürt und wollte ihn vertreiben." Umar pflegte auch Mehlsäcke auf seinem Rücken zu tragen.[130] Einmal klagte er sich in einer Rede von der Kanzel selbst an, niemals gab er allerdings denen nach, die ihn zu Unrecht kritisierten. Abu Hurayra folgte Umars Beispiel und schleppte während seiner Zeit als Stellvertreter des Gouverneurs von Mekka von Zeit zu Zeit Holz.[131] Als Zayd ibn Thabit Oberster Richter in Mekka war, küsste er die Hand von Ibn Abbas, der seinerseits Zayd aufs Pferd aufzusteigen half, obwohl er doch ein berühmter Koraninterpret und Gelehrter der muslimischen Gemeinde war. Hasan, ein Enkel des Propheten, setzte sich mit einigen Kindern, die nichts als ein paar Brotkrumen besaßen, an einen Tisch und aß mit ihnen gemeinsam. Als Abu Dharr Bilal Habaschi einmal beleidigt hatte, legte er anschließend, um sich zu entschuldigen, seinen Kopf auf den Boden und sagte: „Solange die gesegneten Füße Bilals nicht auf diesen sündigen Kopf treten, wird er sich nicht vom Boden erheben." All diese Beispiele und viele andere mehr künden von einem hohen Maß an Bescheidenheit.

---

130 Ibn Athir, *Usd al-Ghaba*, 4.165
131 Ibn Kathir, *Al-Bidaya*, 8.113

Gott, der Allmächtige, und Sein Gesandter legten so großen Wert auf Bescheidenheit und betonten ihren Wert so nachdrücklich, dass jemand, der sie empfindet, keinen Zweifel daran hegen wird, dass Dienerschaft und Bescheidenheit die gleiche Bedeutung tragen. Der Koranvers *Und die Diener des Erbarmers sind diejenigen, die sanftmütig auf der Erde schreiten; und, wenn die Unwissenden sie anreden, sprechen sie friedlich zu ihnen*[132] rühmt die Bescheidenheit. Gottes Aussagen *...demütig gegen die Gläubigen...*[133] und *...doch barmherzig zueinander. Du siehst sie sich (im Gebet) beugen, niederwerfen*[134] sind Lobeshymnen auf eine tief verwurzelte Bescheidenheit, die sich im Verhalten der Diener manifestiert.

Weitere Äußerungen des Propheten zum Thema Bescheidenheit lauten:

> Gott hat mir aufgetragen, dass ihr bescheiden sein und gegenüber anderen nicht prahlen sollt.[135]

> „Soll ich euch verraten, wem das Höllenfeuer nichts anhaben kann? Das Höllenfeuer wird diejenigen nicht erreichen, die Gott nahe sind, die mit den Menschen auf gutem Fuß stehen und mit denen leicht und angenehm umzugehen ist.[136]

> Gott preist den Bescheidenen; denjenigen, der sich selbst gering schätzt, aber in den Augen der Menschen wahrhaft groß ist.[137]

> O Gott, mach, dass ich mich selbst für klein halte![138]

Der Stolz der Menschheit lebte selbst ein äußerst bescheidenes Leben:

- Er verweilte an Orten, an denen sich Kinder aufhielten, begrüßte sie und spielte mit ihnen.[139]
- Wenn jemand seine Hand nahm und ihn irgendwo hin führen wollte, machte er nie irgendwelche Einwände.[140]

---

132 25:63
133 5:54
134 48:29
135 Muslim, *Dschanna*, 64; Abu Dawud, *Adab*, 40
136 Tirmidhi, *Sifat al-Qiyama*, 45
137 Abu Nu'aym, *Hilyat al-Awliya'*, 7.129
138 Muslim, *Zuhd*, 14
139 Bukhari, *Isti'dhan*, 15; Muslim, *Salam*, 15
140 Qadi Iyad, *Asch-Schifa'*, 1.131

- Er half seinen Frauen bei der Arbeit im Haushalt.[141]
- Wenn irgendwo Menschen bei der Arbeit waren, packte er mit an.[142]
- Er flickte seine Schuhe und seine Kleidung selbst, molk die Schafe und fütterte Tiere.[143]
- Er saß mit seinen Dienern an einem Tisch.[144]
- Stets hieß er die Armen willkommen und kümmerte sich um Witwen und Waisen.[145]
- Er besuchte die Kranken, folgte Begräbniszügen und beantwortete den Ruf der Sklaven in seiner Gemeinde.[146]

Alle Diener Gottes, vom Propheten Muhammad über den Kalifen Umar und den Ummayadenkalifen Umar ibn Abd al-Aziz bis hin zu den zahlreichen rechtschaffenen Menschen, den reinen und vollkommenen Gelehrten und jenen, die von Gott mit Seiner Nähe belohnt werden, haben übereinstimmend die Ansicht vertreten, dass Bescheidenheit und Mäßigung die auffälligsten Merkmale der großen Persönlichkeiten der Menschheit sind, während Arroganz und Eitelkeit den Niedrigsten der Niedrigen eigen sind. Darum verfolgen jene Großen vor allem das Ziel, den Menschen einen Weg zu weisen, zu vollkommenen Menschen zu werden.

Wahre Bescheidenheit setzt voraus, dass der Mensch weiß, was er verglichen mit der unendlichen Erhabenheit Gottes wirklich wert ist, und dass er dieses Wissen zu einem Grundcharakteristikum seiner Persönlichkeit macht. Wer in der Lage ist, dies zu verinnerlichen, ist demütig und in seinen Beziehungen zu seinen Mitmenschen ausgewogen; denn wer seine Nichtigkeit vor Gott erst einmal realisiert hat, ist sowohl im persönlichen Leben als auch gegenüber seiner Umwelt stets gelassen.

---

141 Bukhari, *Nafaqat*, 8; Tirmidhi, *Sifat al-Qiyama*, 45
142 *Musnad*, 2.383; Ibn Hischam, *Sira*, 2.141
143 Tirmidhi, *Schama'il*, 78, *Musnad*, 6.256
144 Bukhari, *At'ima*, 55; Muslim, *Ayam*, 42
145 Bukhari, *Nafaqat*, 1, *Talaq*, 25; Muslim, *Zuhd*, 41,42
146 Bukhari, *Tafsir* Sure 9,12; Muslim, *Munafiqun*, 3

Ein solcher Mensch gehorcht den religiösen Geboten, denn er hat
weder mit den enthüllten Wahrheiten, noch mit jenen Punkten der
Religion Probleme, die sich auf den menschlichen Verstand beziehen.
Er ist von der Wahrheit aller Botschaften, die der Koran und die authentische Tradition des Propheten verkünden, überzeugt. Wenn ihm
irgendetwas, was im Koran erklärt oder durch verlässliche Kanäle dem
Propheten zugeschrieben wird, mit dem menschlichen Verstand oder
den herrschenden rationalen oder wissenschaftlichen Fakten unvereinbar erscheint, meldet er keine Zweifel an, sondern versucht, die Wahrheit
hinter den Dingen zu begreifen.

Daher ist es geradezu absurd, wenn diejenigen, die nicht über
Bescheidenheit oder Mäßigung verfügen, versichern, dass im Falle eines
Widerspruchs zwischen Vernunft oder rationalen Prämissen und den
enthüllten, überlieferten Religionsprinzipien der Vernunft oder dem
Rationalen Priorität eingeräumt werden müsse. Auch die Überzeugung,
dass Urteile, die auf Vernunft und Analogieschlüssen beruhen, gegenüber den enthüllten Prinzipien zwangsläufig Priorität genießen müssen, ist
ein Irrweg. Die Wunder und die spirituellen Freuden, die auf andere Art
und Weise als auf dem Weg des Propheten gewirkt bzw. genossen werden, haben zur Konsequenz, dass Gott deren Urheber ins Verderben
führt, weil sie durch ihre ‚Erfolge' Unrecht auf sich laden.

Wer Bescheidenheit erlangt hat, ist vollkommen von der Wahrheit
all dessen, was der Prophet den Menschen verkündet hat, überzeugt.
Er bemüht sich, die Erfahrungen des Propheten im Alltag umzusetzen. Und wenn etwas anderes - z.B. ein weiser Ausspruch oder eine
großartige Leistung - ihn für sich zu gewinnen versucht, indem es vor-
gibt, schöner oder akzeptabler zu sein, macht er sich selbst Vorwürfe,
die unvergleichliche Überlegenheit der enthüllten Wahrheiten nicht
angemessen wahrnehmen zu können; er sagt:

> „Es gibt viele Menschen, die Fehler
> in Worten finden, die keine Fehler aufweisen.
> Der eigentliche Fehler liegt
> in ihrem fehlerhaften Verständnis."

Wer Bescheidenheit erlangt hat, ist davon überzeugt, dass es unmöglich ist, in der kommenden Welt glücklich zu werden, wenn man Wegen folgt, die Koran und Sunna entgegenlaufen. Die stärkste Quelle der Kraft liegt im Dienst an Gott. Jemand, der Gott wirklich verehrt, wird sich niemals dazu herablassen, irgendjemand anderen zu bewundern. Im Gegenzug kann jemand, der sich selbst durch den Dienst an anderen Menschen demütigt, niemals ein wahrer Diener Gottes sein. Bediuzzaman Said Nursi merkt hierzu an:

> „Halte niemals etwas anderes oder jemand anderen als Gott für so viel größer als dich selbst, dass er Verehrung oder Dienerschaft verdienen würde. Rühme dich aber auch niemals, selbst allen anderen überlegen zu sein. So wie alle Geschöpfe gleich weit davon entfernt sind, Anbetung zu verdienen, sind sie sich auch in dem Umstand gleichgestellt, erschaffen worden zu sein."

Wer wirklich bescheiden ist, schreibt sich die Früchte seiner Arbeit und seiner Bemühungen niemals selbst zu und betrachtet seine Erfolge und die Anstrengungen, die er auf dem Weg zu Gott unternommen hat, niemals als einen Quell der Überlegenheit. Ihm ist egal, wie andere Leute über ihn denken, und er verlangt für die Arbeit, die er auf seinem Weg zu Gott leistet, keine Vergütung. Die Anerkennung durch andere betrachtet er als einen Test für seine Aufrichtigkeit, und die Gunstbeweise, die ihm Gott gewährt, missbraucht er nicht, um vor anderen Menschen zu prahlen.

Um es noch einmal zusammenzufassen: Die Bescheidenheit ist das Tor zu gutem Verhalten. Sie zeichnet sich durch den Besitz von Qualitäten wie Großzügigkeit, Barmherzigkeit, Hilfsbereitschaft und Nachsicht aus. Daneben ist sie auch das am einfachsten zugängliche und wichtigste Mittel, dem Erschaffenen und dem Schöpfer gleichzeitig nahe zu stehen. Der Mensch wurde auf Erden erschaffen, nicht in den Himmeln. Er ist Gott dann am nächsten, wenn er Ihm gegenüber demütig ist. An den Stellen, an denen der Koran von der Himmelsreise des Propheten berichtet, bezeichnet er Muhammad als Gottes Diener, um so dessen Bescheidenheit und Anspruchslosigkeit zu betonen.

FUTUWWA (Jugend, Ritterlichkeit)

Futuwwa - Jugend, Ritterlichkeit - ist ein Begriff, der verschiedene Tugenden wie Großzügigkeit, Freigebigkeit, Anspruchslosigkeit, Keuschheit, Vertrauenswürdigkeit, Treue, Barmherzigkeit, Wissen, Bescheidenheit und Frömmigkeit in sich vereint. Die *Futuwwa* bezeichnet eine der Stufen, die der Reisende auf dem Weg zu Gott passiert, und eine Dimension der Heiligkeit.

Futuwwa steht außerdem für praktizierte Nächstenliebe, Hilfsbereitschaft und Friedfertigkeit. Sie ist eine unentbehrliche Dimension positiven Handelns und eines guten Charakters und ein bedeutender Aspekt der Menschlichkeit.

Der Begriff *Futuwwa* leitet sich von *Fata'* (junger Mann) ab und wurde mit der Zeit zu einem Symbol der Rebellion gegen alles Böse und für den Dienst an Gott. Folgende Koranverse bringen dies schön zum Ausdruck:

> *Sie waren junge Männer, die an ihren Herrn glaubten, und Wir ließen ihnen zunehmend Rechtleitung zukommen. Und Wir stärkten ihre Herzen, als sie aufstanden und sagten: „Unser Herr ist der Herr der Himmel und der Erde. Nie werden wir einen (anderen) Gott außer Ihm anrufen; sonst würden wir ja etwas Unsinniges aussprechen."*[147]

Der Vers *Sie sagten: „Wir hörten einen jungen Mann von ihnen reden; Abraham heißt er"*[148] weist uns auf den Rang und den Einfluss von jemandem hin, der in seiner Gemeinde vollkommene *Futuwwa* erlangt

---

147 18:13-14
148 21:60

hatte, von jemandem, dessen Ziel es war, die ganze Menschheit zur Wahrheit zu führen. Andere junge Männer, z.B. diejenigen, die in den beiden Koranversen *Und mit ihm kamen zwei junge Männer ins Gefängnis*[149] und *...er sagte zu seinen (jungen) Dienern: „Steckt ihre Ware in ihre Satteltaschen"*[150] erwähnt werden, waren aber gewöhnliche Männer, die sich nicht durch dieses hohe Maß an Ritterlichkeit auszeichneten.

Schon seit der Frühzeit des Islam wurde viel über Ritterlichkeit geschrieben. So existieren unterschiedlichste Ansichten über die Inhalte dieses Begriffs. *Futuwwa* kann bedeuten,

- die Armen nicht zu verachten und sich nicht vom Reichtum und von den Reichen blenden zu lassen;
- allen Menschen fair gegenüberzutreten, ohne die gleiche Fairness auch von anderen zu erwarten;
- ein Leben lang darum zu ringen, die fleischlichen Gelüste unter Kontrolle zu halten;
- ständig auf andere Rücksicht zu nehmen und für sie da zu sein;
- Götzen und alles, was vergöttert wird, zu zerstören, sich gegen jede Art von Falschheit zu wenden und sich so für Gott, den Allmächtigen, aufzuopfern;
- alles, was an Bösem geschieht, zu erdulden, aber aufzuschreien, sobald die Rechte Gottes verletzt werden;
- ein ganzes Leben lang Reue sogar noch für die kleinste Sünde zu empfinden, die Sünden anderer - wie groß sie auch sein mögen - aber geflissentlich zu übersehen;
- sich selbst als armen niedrigen Diener einzuschätzen, andere aber für heilig zu halten;
- anderen ohne Vorbehalte zu begegnen und auch zu jenen Menschen Beziehungen zu pflegen, die selbst anderen gegenüber Ressentiments haben, sowie versöhnlich auch jenen gegenüberzutreten, die andere verletzen;
- jedem anderen im Dienst an Gott und den Menschen voraus zu sein, andere aber den Lohn dafür einstreichen lassen.

---

149   12:36
150   12:62

All diese Beschreibungsansätze finden sich in den vier Tugenden wieder, die Haydar Karrar - Ali, der vierte Kalif und Cousin des Propheten - verkündete:

Futuwwa heißt demnach,

- auch dann zu vergeben, wenn es angebracht wäre zu bestrafen;
- auch dann Gnade walten zu lassen und sich freundlich und umgänglich zu geben, wenn man wütend ist;
- selbst einem schlimmen Feind Gutes zu wünschen und Gutes zu tun;
- dem Wohlergehen und Glück anderer selbst dann stets Aufmerksamkeit zu schenken, wenn man selbst bedürftig ist.

Ali, der vierte Kalif, lebte als einer der vorbildlichsten Repräsentanten der Ritterlichkeit. Nachdem er während des Morgengebets in der Moschee von Ibn Muldscham niedergestochen worden war, fragten ihn seine Kinder, die erkannten, dass ihr Vater wohl sterben würde, was sie seiner Meinung nach mit dem Attentäter machen sollten. Ali verzichtete darauf, ihnen zu befehlen, ihn aus Rache zu töten.[151] Zuvor hatte er während eines Gefechts einmal einen Feind zu Boden gerissen und wollte ihn gerade töten. Genau in dem Moment aber spuckte der Feind Ali ins Gesicht. Daraufhin ließ Ali ihn zu seiner Überraschung laufen. Durch sein Spucken hatte er Ali so wütend gemacht, dass dieser plötzlich befürchtete, sein Motiv für die Tötung des Mannes werde durch seinen Zorn beeinträchtigt und beschmutzt; so ließ er also von ihm ab.[152] Bei anderer Gelegenheit war Ali einmal aufrichtig betrübt, als er hörte, einer der Gefährten des Propheten, mit dem er sich nicht gut stand, sei getötet worden.[153] Da er immer auch dann zuerst an andere dachte, wenn er selbst bedürftig war, trug er für gewöhnlich auch im Winter Sommerkleidung und litt unter der Kälte.[154] Man sagt, es werde nie wieder einen jungen Mann mit der Ritterlichkeit Alis geben und auch sein Schwert werde für immer seinesgleichen suchen.[155]

---

151 Ibn Athir, *Usd al-Gaba*, 4.118
152 Schamsaddin Sivasi, *Manaqib Dschiharyar Guzin*, S. 258
153 Haythami, *Madschma' az-Zawa'id*, 9.150
154 Haythami, *Madschma' az-Zawa'id*, 9.122
155 Ali al-Qari, *Asrar al-Marfu'a*

Ali lebte ständig in der Gesellschaft des Propheten und wurde von ihm erzogen. Er führte ein vollkommenes, ehrenhaftes und reines Leben ohne irgendeinen Makel. Er verkörperte die Antwort Gottes auf die Frage Mose, was genau denn unter *Futuwwa* zu verstehen sei: Es bedeutet *...dass du in der Lage bist, Mir dein Selbst so rein und makellos zurückzugeben, wie du es dir von Mir erhalten hast.*

Ein Mann, der *Fata'* genannt werden darf, ist daran zu erkennen, dass sein Geist, der mit dem Potenzial erschaffen wurde, die Einheit Gottes und den Islam akzeptieren zu können, voll und ganz von der Einheit Gottes überzeugt ist und ihn dazu drängt, so zu leben, wie es diese Überzeugung verlangt. Weiterhin muss ein solcher Mann, ohne dass er sich von den körperlichen Gelüsten seines Fleisches steuern ließe, ein reines, spirituelles Leben führen und sich zum Ziel setzen, Gott in all seinen Handlungen, Gedanken und Gefühlen zu gefallen. Jemand, dem es nicht gelingt, den Versuchungen seines fleischlichen Selbst, dem Teufel, seinen Trieben, der Liebe zur Welt oder dem Festhalten am weltlichen Leben zu entrinnen, kann unmöglich den Gipfel der Ritterlichkeit erklimmen.

> „Die Futuwwa ist ein Schatz, den man hebt,
> indem man weit über ‚die höchsten Berge der Welt‘
> hinaus klettert.
> Was lässt sich also über diejenigen sagen,
> die schon auf ebener Straße dieses Schatzes
> überdrüssig werden?“

SIDQ (Wahrheitsliebe)

Der Begriff *Sidq* bedeutet, rechtmäßig denken, sprechen und handeln. Er drückt aus, dass ein Reisender auf dem Pfad zu Gott niemals die Unwahrheit spricht, sein Leben in Einklang mit der Wahrheitsliebe lebt und ein zuverlässiger Repräsentant der Treue zu Gott ist. Mit anderen Worten: Der Reisende verpflichtet sich in seinen Gedanken, Worten und Taten der Wahrheit und sucht diese, dem Befehl des Koran (*...und seid mit den Wahrhaften*[156]) entsprechend, in seinem Privat- wie auch im Gemeinschaftsleben. Er ist so darum besorgt, aufrichtig zu sein, dass er niemals ein falsches Zeugnis ablegt und noch nicht einmal im Scherz lügt. In einem Ausspruch des Propheten heißt es, dass jemand, der in so hohem Maße der Wahrheit verpflichtet ist, am Höchsten Gericht als Wahrheitsliebender registriert wird, während jemand, dessen Gedanken, Worte und Taten einander widersprechen und der andere belügt, als ein Lügner vermerkt wird.[157]

Die Wahrheitsliebe ist die am besten befestigte Straße, die zu Gott führt, und die Wahrheitsliebenden sind glückliche Reisende auf dieser Straße. Die Wahrheitsliebe ist der Geist und die Essenz des Handelns und der wahre Maßstab für die Aufrichtigkeit des Denkens. Die Wahrheitsliebe unterscheidet die Gläubigen von Heuchlern und diejenigen, die ins Paradies eingehen, von denen, die im Feuer landen werden. Die Wahrheitsliebe ist eine prophetische Tugend von Menschen, die keine Propheten sind. Die Wahrheitsliebe ermöglicht, dass ‚Sklaven‘ die Attribute von ‚Königen‘ teilen. In den Offenbarungen, die Gott, der

---

156 9:119
157 Siehe Bukhari, *Adab*, 69; Muslim, *Birr*, 103-105; Abu Dawud, *Adab*, 80.

Allmächtige, in der Frühzeit des Islam schickte, verlieh Er Muhammad, dem Er diese Offenbarungen als Erstem zukommen ließ und der sie als erster Mensch bestätigte, das Prädikat wahrheitsliebend:

> *Und der, der die Wahrheit bringt, und (der, der) sie annimmt.*[158]

Sidq besagt, dass ein Mensch selbst in schwierigen Momenten sein Möglichstes tut, um sich seine Integrität zu bewahren und Heuchelei oder Lügen zu vermeiden - z.B. in Situationen, in denen er sich durch eine Notlüge retten könnte. Dschunayd al-Baghdadi sagte:

> „Jemand, der loyal und wahrheitsliebend ist, ändert mindestens 40-mal täglich seine Standpunkte (um sich seine Integrität zu bewahren), während ein Heuchler 40 Jahre lang derselbe Mensch bleibt, ohne dabei Verdruss oder Unbehagen (auf Grund seiner Verfehlungen) zu verspüren.“[159]

Die Eingangs- und die zugleich unterste Stufe der Wahrheitsliebe ist, dass der Mensch für sich allein und in Gemeinschaft mit anderen aufrichtig ist. Auf der folgenden Stufe ist der Mensch mit all seinen Gedanken, Gefühlen, Handlungen und Absichten der Wahrheit verpflichtet. Die einfachen Wahrheitsliebenden sind tapfere Menschen, deren Gefühle, Gedanken und Handlungen einander nicht widersprechen; diejenigen aber, die bereits eine sehr hohe Stufe der Wahrheitsliebe erklommen haben, sind in Vorstellungen, Absichten, Gefühlen, Gedanken, Handlungen und Gesten absolut rechtschaffen.

Alle Talente und Fähigkeiten auf dem Weg der Wahrheitsliebe bei allen Handlungen einzusetzen, an einem würdigen Ideal oder an einer Sache, die es wert ist, festzuhalten und in diesem Bemühen Loyalität und Standfestigkeit zu beweisen, ist eine Eigenschaft, die die Prophetenschaft kennzeichnet. In dem Vers *Und erwähne in diesem Buch Abraham. Er war ein Aufrichtiger, ein Prophet*[160] geht der Koran auf diese höchste Stufe der Wahrheitsliebe ein. Die Wahrheitsliebe ist die wichtigste Eigenschaft aller

---

158 39:33
159 Quschayri, *Ar-Risala*, 211
160 19:41

Propheten und die stärkste Kraft, dem Islam und dem Koran zu allen
Zeiten zu dienen. Sie dient dem Gläubigen außerdem als wertvollstes
Guthaben und als eindrucksvolles Beweisstück in der kommenden Welt.
Diesen Umstand macht uns Gott in dem Vers *Das ist ein Tag, an dem den
Wahrhaftigen ihre Wahrhaftigkeit nützen soll*[161] bewusst.

Die Wahrheitsliebe ist für die Propheten, für die reinen und vollkommenen Gelehrten und für die Heiligen, die Gott nahe stehen, wie ein Berg
des Himmels, der sie schnell wie ein Blitz auf höchste Höhen trägt; die
Lüge dagegen zieht den Satan und seine Anhänger in die tiefsten Tiefen
hinab. Gedanken fliegen auf Flügeln der Wahrheitsliebe empor und gewinnen an Wert, während Taten auf dem Boden der Wahrheitsliebe wachsen und gedeihen; auch Bitten und Gebete erreichen, sofern sie in
Wahrheitsliebe vorgetragen werden, den Thron der Gnade und werden
dort wärmstens willkommen geheißen. Die Wahrheitsliebe ist genauso wirkungsvoll wie das ‚Elixier' des bedeutendsten Namens Gottes.
Bayazid al-Bistami antwortete, nach diesem befragt:

> „Wenn ich dir den bedeutendsten Namen Gottes verkünden soll,
> verrate du mir erst einmal Seinen unbedeutendsten. Wenn aber et-
> was dem bedeutendsten Namen in seiner Wirksamkeit (in Bezug
> auf die Akzeptanz der Gebete und Handlungen durch Gott) gleich-
> kommt, dann ist dies die Wahrheitsliebe. Jeder Name, der im Geist
> der Wahrheit rezitiert wird, verwandelt sich in den bedeutendsten
> Namen."[162]

Die Wahrheitsliebe ließ das Licht der Reue auf der Stirn des
Propheten Abraham erstrahlen, und sie war es auch, die Noah, dem

---

161 5:119
162 Abu Nu'aym, *Hilyat al-Awliya*, 10.39
    Hinweis: Alle Namen Gottes sind groß. In Hinblick auf die Manifestationen, die sie
    beinhalten, kann es sein, dass einige Seiner Namen einen höheren Wert besitzen als an-
    dere. Gott, der maßgebliche Name des Göttlichen Wesens, ist der umfassendste von
    allen und beinhaltet alle anderen Namen. Das gleiche gilt für den Namen der Gnädige,
    der als nahezu synonym mit Gott betrachtet wird. Was die Propheten und Heiligen be-
    trifft, so herrscht keine Einigkeit darüber, welcher ihrer Namen der bedeutendste ist.
    Unterschiede ergeben sich je nach Mission und Funktion eines jeden von ihnen. Der
    bedeutendste Beiname des Propheten Jesus war laut Muhyi ad-Din al-Arabi z.B. der
    Mächtige, der des Propheten Moses der Sprechende.

Propheten der Flut, als Schiff diente, als die ganze Welt von der Flut
verschluckt wurde. Die Wahrheitsliebe gab dem Propheten Abraham
Sicherheit und ließ ihn inmitten der Flammen des Feuers unbeein-
druckt bleiben. Sie fungiert als ein ‚Raumschiff‘, das den gewöhnlichen
Menschen in außergewöhnliche Höhen trägt und ihm die Tür zu den
Sphären und Realitäten jenseits der sichtbaren Existenz öffnet. Wer mit
diesem Raumschiff reist, ist auf seiner Reise nach nicht zu stoppen; und
wer die Schlüssel zu jener Tür besitzt, dem bleibt auch keine andere Tür
versperrt. Mawlana Dschalal ad-Din ar-Rumi dichtete in diesem
Zusammenhang:

> „Die Wahrheitsliebe eines Liebenden berührt
>   selbst die Toten,
> Was soll daran merkwürdig sein, dass sie
>   das Herz des Menschen erreicht?
> Moses Wahrheitsliebe berührte seine
>   Anhänger und den Berg; ja, sie berührte
>   sogar die große glänzende See.
> Muhammads Wahrheitsliebe aber berührte das
>   schöne Antlitz des Mondes und
>   auch die strahlende Sonne.“

In vielen Versen bezeichnet der Koran Integrität und Wahrheitsliebe
in Worten, Taten, Gefühlen und innersten Empfindungen als die grundlegenden Eigenschaften eines wahren Gläubigen. Ein hoher Grad an
Integrität und Wahrheitsliebe ist dem Koran zufolge die Basis für
Glückseligkeit sowohl in dieser als auch in der kommenden Welt. Die
folgenden Verse sind nur eine Auswahl von Beispielen:

*Und sprich: „Gekommen ist die Wahrheit und dahingeschwunden ist die
Falschheit; wahrlich, das Falsche verschwindet bestimmt.“*[163]

...und verleihe mir einen guten Ruf bei den künftigen Geschlechtern.[164]

*Warne die Menschen, und verkünde die frohe Botschaft denjenigen, die
da glauben, einen wirklichen Rang bei ihrem Herrn innezuhaben.*[165]

---

163 17:80
164 26:84
165 10:2

Wahrlich, die Gottesfürchtigen sind inmitten von Gärten an Bächen in einem würdigen Wohnsitz in der Gegenwart eines Mächtigen Königs.[166]

Sich ständig mit der Wahrheit zu umgeben und sie zu lieben, charakterisiert die Stationen einer langen Reise und bildet gleichzeitig den Proviant für diese Reise, die aus unserer Welt hinaus ins Jenseits führt.

Da unsere Welt im Jenseits Ertrag abwerfen wird, verfolgt der Wahrheitsliebende stets alles, was wahr ist, und hält immer an der Wahrheitsliebe fest: so z.B. dann, wenn er eine neue Aufgabe angeht oder wenn er einen Platz verlässt, um sich auf seinem Weg zu Gott einem anderen zuzuwenden. Er handelt und lebt in Übereinstimmung mit dem, was die Wahrheitsliebe erfordert, und vererbt sie den nach ihm kommenden Generationen weiter. Sein Ziel ist es, ewiges Glück in der ewigen Welt zu erlangen.

Zunächst gilt es, in Absichten und Zielen wahrheitsliebend sein. Die Absicht, der Wahrheit in Gedanken, Entscheidungen und Handlungen Genüge zu tun, ist der erste Schritt hin zur Wahrheitsliebe. Ein Mensch, der sich entschlossen hat, stets die Wahrheit zu suchen, muss an seinem Entschluss festhalten, unabhängig davon, was er für Folgen haben wird. Er muss sich von allem fern halten, was seinen Entschluss erschüttern könnte.

Auf der zweiten Stufe der Wahrheitsliebe muss sich dieser Mensch wünschen, sein weltliches Leben nur deshalb zu bewahren, um die Wahrheit zu stützen und die Anerkennung Gottes und Sein Wohlgefallen zu gewinnen. Einen Menschen, der diese Stufe erklommen hat, erkennt man daran, dass er sich ständig der Mängel und Fehler seiner Selbstsucht bewusst ist und sich nicht auf die Reize der Welt einlässt. Seinen Weg und seine Einstellung verlässt er nicht um der Welt willen.

Auf der dritten Stufe ist die Wahrheitsliebe so tief im Bewusstsein des Menschen verankert, dass sie sein ganzes Leben maßgeblich beeinflusst. Diese Stufe ist identisch mit jener Stufe, auf der man in größtmöglicher Demut alles akzeptiert, was der Islam gebietet oder verbietet. Die folgende Tradition veranschaulicht dies:

---

166 54:54/55

Jemand, der mit Gott als seinem Herrn, dem Islam als seiner Religion und Muhammad als seinem Propheten zufrieden ist, hat die Wonnen des Glaubens geschmeckt.[167]

Die höchste Form der Wahrheitsliebe und Loyalität impliziert, mit der Herrschaft Gottes zufrieden zu sein, sich an allem zu erfreuen, was Gott mit dem Menschen vorhat, den Islam als das System Gottes, was das Leben des Menschen regelt, zu akzeptieren und sich aus freiem Willen der Führerschaft und der Unterweisung des Propheten Muhammad zu unterwerfen. Der Weg zu wahrer Menschlichkeit liegt darin, diese lastende Verantwortung auf sich zu nehmen, und ist sehr schwer begehbar.

Abschließend ein schönes Verspaar zur Wahrheitsliebe:

> „Was sich für den Menschen schickt,
> ist Wahrheitsliebe, selbst dann, wenn
> er in Schwierigkeiten steckt;
> Gott, der Allmächtige, ist der Beistand
> des Wahrheitsliebenden."

---

167 Muslim, *Iman*, 56; Nasa'i, *Dschihad*, 18

HAYA' (Demut)

Im Allgemeinen trägt *Haya'* (Demut) die Bedeutungen Scham, Schüchternheit und Verzicht darauf, unschickliche, anstößige Dinge auszusprechen oder zu tun. In der sufistischen Terminologie heißt *Haya'* jedoch, sich aus Furcht oder Ehrfurcht vor Gott von den Dingen fern halten, die Ihm missfallen könnten. Wenn Demut den Gefühlen der Schüchternheit und Zurückhaltung entspringt, zwingt sie den Menschen, Gott, dem Allmächtigen, aufmerksamer, selbstbeherrschter und -kontrollierter, gesitteter und respektvoller gegenüberzutreten. Besitzt ein Mensch jene Gefühle nicht oder hat er sie unter dem Einfluss seiner Familie bzw. seiner Umwelt verloren, wird er es schwer haben, sie neu zu entwickeln.

Im Lichte dieser einleitenden Gedanken kann Demut auf zweierlei Art und Weise interpretiert werden:

- zum Einen als das angeborene oder instinktive Gefühl der Scham, das den Menschen davor bewahrt, Dinge zu tun, die als unanständig und anstößig gelten;
- zum Anderen als eine Demut, die direkt dem Glauben entspringt; diese stellt eine wichtige und tiefe Dimension des Islam dar.

Wenn das instinktive Gefühl der Scham mit der Demut, die sich aus dem Glauben herleitet, einhergeht, bildet diese Kombination einen Schutzwall gegen verabscheuenswerte und ungebührliche Handlungen. Sobald man eine der beiden Arten von Demut jedoch isoliert, verliert sie einen Teil ihres Wertes oder wird ganz und gar unwirksam. Tatsächlich kann das dem Menschen angeborene Gefühl der Scham nicht von

Bestand sein, solange es nicht durch das Wissen, das dem Glauben entstammt und im Vers *Weiß er nicht, dass Allah (ihn) sieht?*[168] zum Ausdruck kommt, und durch das Bewusstsein der ständigen Kontrolle durch Gott (*Wahrlich, Allah wacht über euch*)[169] ergänzt wird. Diese grundlegende Verknüpfung von Demut und Glauben betonte auch der Prophet Muhammad, der einem seiner Gefährten, der jemanden über das Thema Demut belehrte, entgegnete:

> *Lass ihn! Demut kommt von Glauben.*[170]

Der Prophet sagte auch:

> *Der Glaube besteht aus 70 oder mehr verschiedenen Teilen. Demut ist einer davon.*[171]

Aus diesen Worten des Propheten lässt sich ableiten, dass sich das natürliche Schamgefühl des Menschen (ebenso wie andere Tugenden, die der Mensch von Geburt an besitzt) so weit entwickelt, wie es die Dynamik, die das Wissen um Gott im Menschen entfacht, erlaubt - um dann zu einer Dimension des spirituellen Lebens zu werden und den Menschen vor exzessiven Gelüsten seines fleischlichen Selbst zu bewahren. Wenn dieses Schamgefühl allerdings nicht bestärkt und durch den Glauben an Gott und das Wissen um Ihn weiter entwickelt wird, wenn es nicht durch das Bewusstsein um die ständige Kontrolle durch Gott gefestigt und stattdessen in den Abgründen sinnlicher und fleischlicher Freuden verschwendet wird, stößt man bei den entsprechenden Individuen oder Gesellschaften unweigerlich auf Sittenlosigkeit und Perversionen, die jeden aufrichtigen Menschen beschämen. Der Prophet sagte diesbezüglich:

> *Wenn du keine Demut besitzt, tue was du willst.*[172]

---

168 96:14
169 4:1
170 Bukhari, *Iman*, 16; Muslim, *Iman*, 59; Abu Dawud, *Adab*, 6
171 Abu Dawud, *Sunna*, 14; Nasa'i, *Iman*, 16
172 Bukhari, *Anbiya'*, 54; Abu Dawud, *Adab*, 6; Ibn Madscha, *Zuhd*, 17

Die Worte *Haya'* und *Hayat* (Leben) sind miteinander verwandt. Demut lässt auf ein lebendiges Herz schließen. Die Lebendigkeit des Herzens aber beruht auf dem Glauben und dem Wissen um Gott. Ein Herz, das nicht ständig von den ‚Duschen' des Glaubens und vom Wissen um Gott verwöhnt wird, kann unmöglich lebendig bleiben und der Demut einen angemessenen Platz einräumen.

Dschunayd al-Baghdadi zufolge bedeutet *Haya'*, dass sich der Mensch der materiellen wie auch der immateriellen Geschenke Gottes an ihn bewusst ist und seine eigenen Mängel und Fehler erkennt.

Dhu l-Nun al-Misri behauptete, *Haya'* setze voraus, dass der Mensch auf Grund seiner Sünden und Vergehen ein ständiges Schamgefühl im Herzen verspürt und genau darauf achtet, was er tut.[173]

Ein anderer spiritueller Meister definierte *Haya'* als nie zu vergessen, wie Gott uns behandelt und als ein Leben im Geiste der Erkenntnis zu führen, dass Gott ständig sieht, was wir tun und denken. In seinem Buch *Ar-Risala* hielt der Mystiker Al-Quschayri folgende Aussage Gottes fest:

> *O Sohn des Adam. Solange du deine Demut und dein Schamgefühl vor Mir bewahrst, lasse ich die Menschen deine Mängel vergessen.*[174]

Gott forderte Jesus auf:

> *O Jesus, gib zunächst deiner eigenen Selbstsucht einen Rat, dann kannst du anderen raten. Denn sonst musst du dich vor Mir deiner selbst schämen.*[175]

Demut und Scham lassen sich in unterschiedliche Kategorien unterteilen:

- die Demut oder Scham, die Adam angesichts seiner Schuld verspürte, bevor ihm dann vergeben wurde;
- die Scham, die die Engel tief im Herzen für ihre Unfähigkeit, Gott die gebührende Verehrung zuteil werden zu lassen, verspüren. Diese drückt sich in ihren Worten „Ehre sei Dir! Wir

---

173 Quschayri, *Ar-Risala*, 215
174 Quschayri, *Ar-Risala*, 216
175 Quschayri, *Ar-Risala*, 216

sind nicht in der Lage, Dich so zu verehren, wie es Deine Verehrung erforderte!" aus, obwohl sie Gott doch Tag und Nacht preisen;

- die Scham, die Gnostiker oder Menschen, die sich durch Wissen um Gott auszeichnen, angesichts der Allmacht Gottes verspüren, obwohl sie doch im Wissen um Gott verwurzelt sind. Sie bringen ihr Schamgefühl so zum Ausdruck: „Wir sind nicht in der Lage, Dich so zu verehren, wie es Dein Wissen erforderte."

- Die Scham, die Menschen mit einer tiefen Spiritualität auf Grund ihrer Ehrfurcht vor Gott verspüren, obwohl sie sich doch nie ihren fleischlichen Gelüsten und Bestrebungen hingeben;

- die Scham, die jene, die sich durch die größtmögliche Überzeugung von Gottes Existenz auszeichnen, auf Grund der von ihnen angenommenen Entfernung zu Gott verspüren, obwohl sie doch gleichzeitig auch Seine grenzenlose Nähe erfahren;

- die Scham der Untreue, die diejenigen, die Gott lieben, verspüren, da sie befürchten, Gott nicht so zu lieben, wie es Seine Liebe eigentlich erforderte;

- die Scham, die der mangelnden Aufrichtigkeit eines aufrichtigen Menschen entspringt, der nicht genau weiß, wofür er zu Gott beten muss;

- die Scham, die jene wahrnehmen, die von Gott erhöht wurden; denn sie sind sich der Tatsache bewusst, dass sie als menschliche Wesen mit der schönsten Schöpfung bedacht wurden, verachten sich aber trotzdem oder gerade deshalb auf Grund der scheußlichen Dinge, die sie getan zu haben glauben und die ihrer Meinung nach einem Wesen der schönsten Schöpfung Gottes unwürdig sind.

Auf der ersten Stufe der Demut sieht ein Mensch sich selbst aus dem Blickwinkel Gottes. D.h., er versucht, sich mit Gottes Maßstäben zu kontrollieren. Diese Kontrolle lässt in ihm ein Gefühl der Scham oder Demut entstehen, das ihn zwingt, in Denken und Handeln extrem achtsam zu sein. Wer diese Stufe erreicht, darf in Hinblick auf seine Gefühle und Gedanken als lebendig betrachtet werden.

Die zweite Stufe der Demut geht mit dem Bewusstsein um die Nähe Gottes und mit dem Gefühl, immer in Seiner Gegenwart zu weilen, einher. Menschen, die die Bedeutung und Warnung des Koranverses *Er ist mit euch, wo immer ihr (auch) sein möget*[176] ständig vor Augen haben, können die folgenden Worte des Propheten, die sich auf diesen Vers beziehen, nachvollziehen:

> *Sei Gott, dem Allmächtigen, gegenüber so demütig, wie es die Demut gegenüber Ihm erfordert. Sorge dafür, dass der, der so demütig ist, wie es die Demut Ihm gegenüber erfordert, seinen Verstand mit dem, was er beinhaltet, und seinen Magen mit dem, was sich in ihm befindet, stets unter Kontrolle behält. Sorge dafür, dass er sich stets an den Tod und den anschließenden Verfall erinnert. Jemand, der sich nach einem Leben nach dem Tode sehnt, wird auf den Schmuck der Welt verzichten. Und wem dies gelingt, der kann so viel Demut gegenüber Gott aufbringen, wie die Demut Ihm gegenüber erfordert.*[177]

Die dritte Stufe der Demut kann der Mensch erklimmen, indem er die absolute Verfügungsgewalt Gottes über alle Dinge wahrnimmt und ein Leben in fest verwurzelter Spiritualität führt, um schließlich die endgültige Bestimmung zu erfahren, die im folgenden Koranvers beschrieben ist:

> *Und (es steht geschrieben,) dass es bei deinem Herrn enden wird.*[178]

Die Bemühungen auf dem Weg zu Gott, die auf dieses endgültige Ziel hin ausgerichtet sind, nehmen im irdischen Leben kein Ende.

Der Grad der Menschlichkeit eines Menschen entspricht dem Grad seiner Demut. Gelingt es dem Reisenden auf dem Weg zu Gott nicht, sein Leben zu ordnen, seine Taten entsprechend den Erfordernissen des ewigen Lebens zu disziplinieren und in äußerster Bescheidenheit und Demut zu leben, wird sein Leben für ihn selbst zu einer Schande und

---

176 57:4
177 *Musnad*, 1.387
178 53:42

für andere zu einer Last. Dies kommt im nachstehenden Vers eines ano-
nymen Dichters zum Ausdruck:

> „Bei Gott, weder gibt es im Leben Gutes
>   noch in der Welt, wenn die Demut
>   auf der Strecke bleibt."

Die Demut ist ein Attribut und ein Geheimnis Gottes. Wüssten
die Menschen, auf wen sich die Demut eigentlich bezieht, würden sie
sich achtsamer und aufmerksamer verhalten. Um dies zu verdeutlichen, erzählt man sich Folgendes:

> „Gott, der Allmächtige, fragt einen alten Mann auf dem Feld der
> Wiederauferstehung, als Er ihn für seine Taten in der Welt zur
> Rechenschaft ziehen will: *Warum hast du diese und jene Sünden be-*
> *gangen?* Der alte Mann streitet ab, die Sünden begangen zu haben.
> Daraufhin befiehlt der Barmherzige den Engeln: *Bringt ihn also ins*
> *Paradies!* Die Engel fragen, warum der Allmächtige Ihnen dies be-
> fehle, wo Er doch genau wisse, dass der alte Mann sich dieser und
> jener Sünden schuldig gemacht hat. Also antwortet Gott ihnen: *Ich*
> *weiß, aber Ich sah seinen weißen Bart, der erkennen ließ, dass er zur*
> *Gemeinschaft Muhammads gehörte; Ich schämte mich, ihm ins Gesicht*
> *zu sagen, dass er lügt."*

In der Hadith-Sammlung *Kanz al-Ummal* wird berichtet, dass sich
die Augen des Gesandten Gottes, als der Erzengel Gabriel ihm diese
Worte verkündete, mit Tränen füllten und er voller Bedauern sagte:

> *Gott, der Allmächtige, fühlt sich beschämt, diejenigen aus meiner*
> *Gemeinde zu bestrafen, deren Bart weiß geworden ist, während sich die-*
> *jenigen aus meiner Gemeinde, die einen weißen Bart tragen, nicht*
> *dafür schämen, Sünden zu begehen.*[179]

Um es auf einen Nenner zu bringen:

> Einer der Namen Gottes lautet *Hayiy*, der Demütige, also bemühe
> dich und lerne, demütig zu sein!

---

179 *Kanz al-Ummal*, Vol. 15, Hadith Nr. 42680

SCHUKR (Dankbarkeit)

W ährend der Begriff *Schukr* im normalen Sprachgebrauch für die Freude oder Dankbarkeit steht, die der Mensch bekundet, wenn ihm etwas Gutes widerfährt, bedeutet Dankbarkeit in der sufistischen Terminologie, den eigenen Körper sowie die Talente, Gefühle und Gedanken, mit denen der Mensch ausgestattet ist, so einzusetzen, dass sie dem Zweck, für den sie erschaffen wurden, gerecht werden. In diesem Zusammenhang genügt es aber nicht, wenn der Gläubige seiner Dankespflicht gegenüber dem Schöpfer durch sein Handeln und durch vorbildliches Verhalten nachkommt; zudem muss er seiner Dankbarkeit auch mit Worten und im Innersten seines Herzens Ausdruck verleihen, indem er bekräftigt, dass er Gott alles zu verdanken hat, und sich dafür dankbar zeigt.

Der Mensch kann Gott mit Worten danken, indem er sich zu der Wahrheit bekennt, dass es neben Gott niemanden gibt, der Macht und Stärke besitzt, auf die Verlass wäre oder von der er irgendeine Gunst zu erwarten hätte, und indem er anerkennt, dass alles Gute und alle Gaben auf Gott zurückgehen. Gott allein ist es, der alles Gute, alle Schönheiten und Gaben erschafft und der uns die Mittel zur Verfügung stellt, durch die wir überhaupt erst in der Lage sind, von diesen Schönheiten und Gaben zu profitieren. Er allein ist es, der uns diese Gunstbeweise dann schickt, wenn Ihm die Zeit reif erscheint. Er allein ist es, der festlegt und zuteilt, der all unsere Attribute erschafft und auf einem ‚himmlischen Gabentisch‘ vor uns ausbreitet. Er allein verdient unsere Dankbarkeit und Verbundenheit. Würden wir die Geschenke, die Er uns macht, oberflächlich unseren eigenen Mitteln oder den direkten Umständen zuschreiben, durch die wir sie erhalten, und Gott dabei völlig außer Acht lassen, wäre das so, als gäben wir einem Ober, der uns ein großartiges Essen vorsetzt, ein immenses Trinkgeld, ohne aber denjenigen zu beachten oder ihm ein Gefühl entgegenzubringen, der dieses Essen für uns bereitet und es uns geschickt hat. Solch eine Haltung würde von bloßer Ignoranz zeugen und unsere Undankbarkeit unter Beweis stellen. Der Koran geht ebenfalls auf diese Problematik ein:

> *Sie kennen nur die Außenseite des diesseitigen Lebens; das Jenseits aber beachten sie gar nicht.*[180]

Dankbarkeit, die von Herzen kommt, bekundet ein Gläubiger, wenn er sich zu der Tatsache bekennt, dass alle Gaben - materielle wie geistige - von Gott stammen. Von dieser Wahrheit muss er wirklich überzeugt sein und sein Leben an ihr ausrichten. Der Mensch kann Gott nur dann mit Worten oder Taten danken, wenn er überzeugt davon ist, dass er Gott seine ganze Existenz, sein Leben, seinen Körper, seine physischen Reize, seine Leistungen und alle Gaben, die er erhält und konsumiert, verdankt. Die folgenden beiden Koranverse weisen auf diesen Umstand hin:

> *Habt ihr denn nicht gesehen, dass Allah euch alles dienstbar gemacht hat, was in den Himmeln und was auf der Erde ist, und (dass Er) Seine Wohltaten reichlich über euch ergossen hat - in sichtbarer und unsichtbarer Weise?*[181]

> *Er gab euch alles, was ihr von Ihm begehrtet; und wenn ihr Allahs Wohltaten aufzählen wolltet, würdet ihr sie nicht vollständig erfassen können.*[182]

Unsere Körper und Organe zeigen sich dankbar, wenn wir unsere Organe, Talente und Fähigkeiten in den Dienst der Schöpfung stellen und die Pflichten erfüllen, die uns unser irdisches Dasein auferlegt.

---

180 30:7
181 31:20
182 14:34

Eine Dankbarkeit, die sich in Worten manifestiert, sollte die tägliche Rezitation einiger Teile des Koran und der Namen Gottes, Gebete und Fürbitten umfassen. Eine Dankbarkeit, die von Herzen kommt, begegnet den Prinzipien des islamischen Glaubens mit Gewissheit, Überzeugung und Standfestigkeit. Von praktischer Dankbarkeit - d.h., Dankbarkeit, die der Körper ausdrückt - darf man dann sprechen, wenn der dankbare Mensch all jene Akte vollzieht, die der Anbetung Gottes dienen. Weil die Dankbarkeit allen Aspekten und Dimensionen der Begriffe Glaube und Verehrung direkt zugeordnet werden kann, bezeichnet man sie auch als ,halber Glaube'. Wer sich also als im hier beschriebenen Sinne dankbar erweist, hat die Hälfte der Pflichten, die der Glaube dem Menschen auferlegt, bereits erfüllt. Der Begriff Dankbarkeit ist also ähnlich umfassend wie der Begriff Geduld, der von dieser Warte aus als die zweite Hälfte des religiösen Lebens betrachtet wird.

In Seinen ewig gültigen Worten verpflichtet uns Gott wiederholt zur Dankbarkeit und präsentiert uns diese - etwa in dem Ausspruch *Zeige dich dankbar, Gott wird den Dankbaren belohnen!* - sogar als Zweck der Schöpfung und Sinn der Religion. In Versen wie: *Wenn ihr dankbar seid, so will Ich euch wahrlich mehr geben; seid ihr aber undankbar, dann ist Meine Strafe wahrlich streng*[183] verspricht Gott dem Dankbaren reichliche Belohnungen und droht dem Undankbaren schreckliche Strafen an. Einer der Namen Gottes lautet ,der Dankbare'. Die Dankbarkeit markiert also einen Weg, auf dem wir die Geschenke und Gaben Gottes empfangen können. Gott belohnt unsere Dankbarkeit Ihm gegenüber mit Gunstbeweisen im Überfluss. Er lobpreist die Propheten Abraham und Noah, indem Er sagt: *Wahrlich, Abraham war ein Vorbild: (er war) gehorsam gegen Allah*[184] und *Er (Noah) war wahrlich ein dankbarer Diener.*[185] Obwohl die Dankbarkeit eine religiöse Handlung darstellt, die außerordentliche Wichtigkeit besitzt und als ein bedeutendes ,Kapital' gilt, gibt es doch nur wenige, die echte Dankbarkeit praktizieren: *Und nur wenige von Meinen Dienern sind dankbar.*[186] Sicherlich gibt es Menschen, die

---

183   14:7
184   16:121
185   17:3
186   34:13

fragen *Soll ich meinem Herrn kein dankbarer Diener sein?*[187], und in dem Bewusstsein leben, Gott dankbar sein zu müssen, Menschen, die sich bemühen, ihrer Pflicht, dankbar zu sein, auch nachzukommen und ihr Leben entsprechend arrangieren. Sie befinden sich jedoch in der Minderheit.

Dem Propheten Muhammad gebührt für sein Bemühen, die Pflichten der Dankbarkeit zu erfüllen, größter Respekt. Immerzu dankte er Gott und empfahl denen, die zu ihm kamen, es ihm in diesem Punkt gleich zu tun. Jeden Morgen und jeden Abend betete er zu Gott:

> *O Gott, hilf mir, Dich so gut wie möglich zu loben, Dir zu danken und Dich zu verehren!*[188]

Dankbarkeit bedeutet, dass sich der Empfänger von Gunstbeweisen in tiefer Dankbarkeit dem Einen, der diese verleiht, hingibt und sich Ihm in Liebe, Anerkennung und Wissen anvertraut. Dies bringt die hier angeführte Aussage des Propheten direkt zum Ausdruck.

Manche sind für Heim und Familie dankbar, die ihnen als Geschenk gewährt wurden; einige danken darüber hinaus auch für Wohlstand und Gesundheit, andere für ihren Glauben, für ihr Wissen um Gott und die spirituellen Freuden, die ihnen zuteil werden. Daneben gibt es auch Menschen, die Gott für ihr Bewusstsein danken, das es ihnen überhaupt erst ermöglicht zu erkennen, dass sie dankbar sein müssen. Wenn Menschen dieser letzten Gruppe es schaffen, ihre Hilflosigkeit und Bedürftigkeit als ein Kapital zu nutzen, und sich daran gewöhnen, Gott immerzu zu danken, werden sie zu Menschen, die wahrhaftig dankbar sind. Muhammad, der Gesandte Gottes berichtete uns, der Prophet David habe Gott gefragt: *O Gott, wie soll ich die Pflicht der Dankbarkeit erfüllen, wenn ich doch sehe, dass Dir zu danken einer der Gunstbeweise ist, die Dankbarkeit erfordern?* Der Allmächtige antworte-

---

187 Diese Frage bezieht sich auf den Propheten Muhammad, der seiner Frau Aischa auf ihre Frage „Wenn Gott dir doch alle Sünden, die du jemals begangen hast oder irgendwann begehen wirst, vergibt, warum schwächst du dich dann so sehr durch lange Nachtwachen?" entgegnete: *Soll ich meinem Herrn kein dankbarer Diener sein?* (Bukhari, *Tahadschud*, 6; Muslim, *Munafiqun*, 79-81; Tirmidhi, *Salat*, 187)

188 Nasa'i, *Sahw*, 60

te ihm: *In diesem Augenblick hast du sie erfüllt.* Meines Erachtens ist die Aussage dieses Wortwechsels mit der des folgenden Ausspruchs vergleichbar: *Wir konnten Dir nicht so danken, wie es notwendig gewesen wäre, o Du, dem aller Dank gebührt.*

Die Pflicht, dankbar zu sein, wird durch das Erkennen und die Würdigung der Gaben Gottes erfüllt. Dankbarkeit gegenüber dem zeigen zu können, der uns Seine Gaben verleiht, erfordert zunächst, diese Gaben auch zu erkennen und zu würdigen. Der Glaube und der Islam mit seinem Heiligen Buch, dem Koran, ermöglichen uns dies. Im Lichte des Glaubens und der islamischen Praxis fällt es uns leichter, uns zu vergegenwärtigen, welche Gunstbeweise wir von Gott erhalten. Und mit Hilfe dieser Gunstbeweise erkennen wir eher, welche Gnade Gott angesichts unserer Hilflosigkeit und Bedürftigkeit walten lässt, um unsere Bedürfnisse zu befriedigen. In diesem Bewusstsein preisen wir Ihn, der uns all das, was wir auf dieser Welt brauchen, bereitstellt. Wir werden uns der Bedeutung von Gottes Gebot *Und sprich überall von der Gnade deines Herrn*[189] gewahr und fühlen uns verpflichtet, unsere Dankbarkeit so zu zeigen, wie es von uns verlangt wird.

Jeder Mensch ist von Natur aus geneigt, das Gute und den, der ihm dieses Gute zukommen lässt, zu bewundern. Solange das Gefühl dafür in ihm aber nicht geweckt wird, weiß er gar nicht, dass es jemanden gibt, der ihm Gutes tun möchte. Er ist mit einem Fisch vergleichbar, der nicht ahnt, dass er im Wasser lebt, und wird alle Gunstbeweise auf seine eigenen Anstrengungen und die Umstände zurückführen. Wenn es schon als blind und taub gelten muss, die Gunstbeweise, die uns permanent zuteil werden, zu übersehen, dann ist es eine wirklich unverzeihliche Sünde, sie auf blinde, taube und gefühllose Anstrengungen und Umstände zurückzuführen. Die beiden Aussagen des Propheten *Wer für Geringes nicht dankbar ist, dankt auch nicht für Großes*[190] und *Wer den Menschen nicht dankt, dankt auch Gott nicht*[191] verurteilen die Taub- und Blindheit gegenüber Gunstbeweisen und erinnern uns daran, wie wichtig es ist, dankbar zu sein. Die beiden

---

189 93:11
190 *Musnad*, 4.278, 375
191 Abu Dawud, *Adab*, 11; Tirmidhi, *Birr*, 35

Koranverse *So gedenkt also Meiner, damit Ich euer gedenke; und seid Mir dankbar und verleugnet Mich nicht*[192] und *...dient Ihm, und seid Ihm dankbar*[193] ermahnen uns, nicht zu vergessen, dass Gott Derjenige ist, dem unser Dank gebührt. Sie erinnern uns außerdem an Seine absolute Einheit.

Drei Kategorien von Dankbarkeit lassen sich unterscheiden: Die Dankbarkeit der ersten Kategorie, nämlich die Dankbarkeit für Dinge, die man sich wünscht und dann auch erhält, empfindet jeder Mensch, egal ob Muslim oder Nichtmuslim. Die Dankbarkeit der zweiten Kategorie gilt Dingen, die auf den ersten Blick nicht gerade wünschenswert oder sogar unangenehm sein mögen. Für Menschen, deren Bewusstsein sich auch auf die Realität jenseits der Dinge erstreckt, stellen auch sie Gunstbeweise Gottes dar, für die sie Ihm Dank schulden. In die dritte Kategorie schließlich fällt die Dankbarkeit, die diejenigen fühlen, die von Gott geliebt werden. Sie sehen die Gunstbeweise aus Seiner Perspektive - aus der Sicht Dessen, der ihnen diese Geschenke gemacht hat. Solche Menschen verbringen ihr Leben in spirituellen Freuden, die darin bestehen, in Gottes Gunstbeweisen Seine Manifestationen zu suchen und Ihn mit größter Freude zu verehren. Diese Menschen sind zwar hingerissen von den spirituellen Wonnen, die ihrer Liebe zu Gott entspringen, jedoch bleiben sie in ihrer Beziehung zu Ihm vorsichtig (um nicht aus Versehen irgendetwas zu tun, was jene Wonnen versiegen lassen könnte; denn auf Grund der Nähe zu Gott erfordert der Bereich der ihnen gewährten Gunstbeweise und spirituellen Freuden größte Behutsamkeit. Die Beschenkten müssen also vorsichtig sein und strenge Selbstkontrolle üben, damit jene Freuden sie nicht zu unangemessenem Verhalten hinreißen).

Jene, die Dankbarkeit der dritten Kategorie empfinden, sind stets bemüht, sich das, was sie an Göttlicher Gnade erfahren haben, zu bewahren und dem, was ihnen entgangen ist, auf der Spur zu bleiben. Während sie sich auf ihrer Reise zu Gott unermüdlich in Glauben,

---

192   2:152
193   29:17

Liebe und Dankbarkeit vertiefen, sind die ,Netze ihrer Augen' prall gefüllt mit Gunstbeweisen und Geschenken. (Das heißt, ihre Fähigkeit
zu sehen wird dadurch befriedigt, dass sie ständig die Manifestationen
Seiner Schönheit und Gnade vor Augen haben.)

O Gott, nimm uns auf in die Schar Deiner Diener, die Du liebst,
die Du aufrichtig gemacht und zu Dir geführt hast! Schenke dem
Propheten, dem Meister jener, die geliebt werden, aufrichtig sind und
in Deine Nähe geführt wurden, Deinen Frieden und Segen!

SABR (Geduld)

D er Begriff *Sabr*, Geduld, verweist auf Standhaftigkeit und auf das Ertragen von Schmerzen, Leid und Schwierigkeiten. Er beinhaltet die Auseinandersetzung mit Schmerzen, Leid und Schwierigkeiten und den besonnenen Umgang mit ihnen. Die Geduld ist eine der wichtigsten Handlungen des Herzens; Gott zeigt uns im Koran ihre vielen verschiedenen Aspekte auf. Auf Grund ihrer Bedeutung gilt die Geduld als die eine Hälfte des religiösen Lebens (die andere ist die Dankbarkeit).

In vielen Versen fordert der Koran uns unumwunden auf, geduldig zu sein, an anderen Stellen verbietet er uns Handlungen, die im Widerspruch zur Geduld stehen. Beispiele für direkte Befehle sind die Verse *Und helft euch durch Geduld und Gebet*[194] und *Übt Geduld und wetteifert in Geduld.*[195] Indirekte Anordnungen finden sich in den Versen *So gedulde dich denn, wie es die Gesandten taten, die geduldig waren, und überhaste dich nicht ihretwegen*[196] und *So kehrt ihnen nicht den Rücken.*[197] In vielen Koranversen preist Gott die Geduldigen, erklärt, dass Er sie liebt, oder gibt Aufschluss darüber, welche Ränge er für sie bereitstellt; z.B.:

> *Die Geduldigen und die Wahrhaften und die Andachtsvollen und die Spendenden; und Allah liebt die Geduldigen; wahrlich, Allah ist mit den Geduldigen.*[198]

---

194 2:45
195 3:200
196 46:35
197 8:15
198 (In dieser Reihenfolge:) 3:17; 3:146; 2:153

Der Koran erwähnt Geduld jedoch auch aus anderen Blickwinkeln heraus und in Hinblick auf viele weitere Aspekte. Im Vers *Wollt ihr es aber geduldig ertragen, dann ist das wahrlich das Beste für die Geduldigen*[199] beispielsweise empfiehlt er Geduld als favorisierte Verfahrensweise im Umgang mit Ungläubigen, denen man die Botschaft Gottes nahe bringt. Im Vers *Diejenigen, die da glauben und gute Werke tun - ihnen wird der Erbarmer Liebe zukommen lassen*[200] tröstet er die Geduldigen mit dem Versprechen, dass ihnen im Jenseits die schönsten Belohnungen zuteil werden. Im Vers *Ja, wenn ihr geduldig und gottesfürchtig seid und sie sofort über euch kommen, wird euer Herr euch mit 5.000 Engeln in Kampfbereitschaft helfen*[201] sichert er ihnen als Belohnung für ihre Geduld den Beistand Gottes zu.

Sehr aussagekräftig ist in diesem Zusammenhang folgender Ausspruch des Propheten:

> *In welch bemerkenswerter Lage sich doch der Gläubige befindet! Denn alles geschieht immer zu seinem eigenen Nutzen, was sich über niemand anderen sagen lässt. Wenn ihm etwas Gutes widerfährt, dankt er Gott, und das gereicht ihm zur Ehre, stößt ihm aber etwas Nachteiliges zu, erträgt er es; und so profitiert er auch hiervon.*[202]

Was jene Dinge anbelangt, die Geduld erfordern, so lassen sich einige Kategorien unterscheiden:

- das Ertragen von Schwierigkeiten, denen man bei der Erfüllung der Pflichten des Dienstes an Gott begegnet; Standhaftigkeit bei der Durchführung der regelmäßigen Akte der Anbetung;
- der Widerstand gegen die Versuchungen des fleischlichen Selbst und des Teufels und die Abwehr von Sünden;
- das Erdulden von weltlichen und himmlischen Unglücken, was Zufriedenheit mit den Beschlüssen Gottes impliziert;
- die Ausdauer bei der Verfolgung des rechten Weges, ohne irgendwelche Zugeständnisse an weltliche Vergnügungen zu machen;

---

199 16:126
200 19:96
201 3:125
202 Muslim, *Zuhd*, 64

- eine schrittweise und besonnene Realisierung eigener Hoffnungen oder Pläne, die eine gewisse Zeit in Anspruch nehmen.

Auch die Intensität der Geduld lässt sich in Stufen darstellen:

1. Gott zuliebe Geduld zu bekunden;
2. Geduld zu bekunden und sie auf Gott zurückzuführen; d.h., davon überzeugt zu sein, dass Gott es ist, der uns dazu befähigt, Geduld zu zeigen;
3. ohne irgendeine Ungeduld zu bekunden, allem, was von Gott kommt - ob es Seiner Gnade oder Seinem Zorn entspringt - standzuhalten und somit davon überzeugt zu sein, dass alles, was Er tut, einen Funken Weisheit enthält;
4. immerzu zufrieden alles, was uns auf dem Weg zu Gott zustößt, zu akzeptieren - sei es guter oder schlechter Natur;
5. die Geduld aufzubringen, anderen nicht die Geheimnisse zu verraten, denen man auf einer spirituellen Stufe begegnet, und sich die Nähe Gottes zu bewahren;
6. entschlossen zu sein, trotz des unwiderstehlichen Wunsches, zu sterben und Gott zu treffen, die Pflicht, den Menschen die Botschaft Gottes zu verkünden, zu erfüllen.

Es gibt aber auch noch einige andere Definitionen für Geduld. In einer heißt es, Geduld bedeute, angesichts von Schicksalsschlägen nicht die Fassung zu verlieren und stets gelassen zu sein, ohne Anzeichen von Furcht zu zeigen. Weitere Definitionen von Geduld verbieten dem Geduldigen, sich den fleischlichen Begierden oder den Impulsen seines Temperaments hinzugeben, oder verlangen von ihm, die Gebote von Koran und Sunna als eine Art Einladung ins Paradies zu akzeptieren bzw. alles, was er besitzt - sogar die eigene Seele und die ihm nahe Stehenden - Gott zu opfern.

Die Koraninterpreten, die schon immer an den Geheimnissen und an den esoterischen Bedeutungen der Koranverse interessiert waren, haben die Aufforderung *O ihr, die ihr glaubt, übt Geduld und wetteifert in Geduld, und seid standhaft, und fürchtet Allah; vielleicht werdet ihr er-*

folgreich sein[203] so interpretiert: „Sei standhaft in der Ausübung deiner religiösen Pflichten, und ertrage alles, was dir zustoßen mag, wie unerfreulich es auch ist! Bewahre dir deine Liebe zu Gott und den Wunsch, Ihm zu begegnen!" Eine andere Interpretation lautet: „Sei Gott zuliebe und zu Seinem Wohlgefallen unbeirrbar in der Erfüllung all deiner Pflichten, und nimm die Schwierigkeiten, die dir aus der Tatsache entstehen, dass du dir der ständigen Kontrolle durch Gott stets bewusst bist und Seine Allgegenwart immerzu spürst, an!" Oder: „Lass dich niemals und durch nichts vom rechten Weg abbringen, selbst dann nicht, wenn man dich mit Geschenken Gottes überhäuft. Nimm alle Probleme und alles Elend entschlossen in Kauf. Halte deine Verbindung zu Gott aufrecht, was immer auch geschehen mag!"

Ein weiterer Ansatz zur Definition von *Sabr* besagt, Geduld bedeute, alles, was im Universum existiert und was in ihm geschieht, auf Gott, den Allmächtigen, zurückzuführen und nicht nur für die Dinge oder Ereignisse zu danken, die uns angenehm erscheinen, sondern auch jene, die uns auf den ersten Blick unerfreulich anmuten, frohen Mutes zu akzeptieren. Nebenbei erwähnt stellt es aber keineswegs eine Beschwerde über Gott oder die Vorherbestimmung Gottes dar, wenn ein Mensch angesichts von Unglücken und Not, die er nicht bewältigen kann, angesichts von Pflichten, denen er nicht nachzukommen weiß, oder angesichts tiefer Abgründe von Sünden, in die er zu fallen droht, Gott sein Herz ausschüttet, Ihn um Rat fragt und bei Ihm Zuflucht sucht. Je nach Absicht des Menschen, der zu diesem Mittel greift, sollte man hier nicht von Beschwerde, Einspruch oder Jammern sprechen, sondern darf solches Verhalten getrost als Bitte oder Gebet auffassen - als Vertrauensbeweis für die Unterwerfung unter den Willen Gottes.

Der Anruf Gottes durch den Propheten Job *Und (gedenke) Hiobs, als er zu seinem Herrn rief: „Unheil hat mich geschlagen, und Du bist der Barmherzigste aller Barmherzigen"*[204] und das Stöhnen des Propheten Jakob *Ich beklage nur meinen Kummer und meinen Gram vor Allah*[205]

---

203 3:200
204 21:83
205 12:86

waren Bitten und Gebete, die Gottes Mitleid und Barmherzigkeit wecken sollten. Gott, der Allmächtige, lobte Hiob dafür, ein guter Diener zu sein, der sich durch seine Geduld und seine Gebete auszeichne:

> *Wahrlich, wir fanden ihn geduldig. (Er war) ein vortrefflicher Diener; stets wandte er sich (Allah) zu.*[206]

Eines der hervorragendsten Charakteristika von Propheten und rechtschaffenen Menschen ist es, dass jeder von ihnen eine Verkörperung der Geduld in all ihren Aspekten und Stufen war und dass sie alle, ohne von ihrer vollkommenen Hingabe an Gott abzuweichen, ihr Möglichstes taten, um den Menschen Gottes Botschaft zu überbringen - und das, obwohl sie oft von Unglücken und Schwierigkeiten, die ihnen aus diesem Auftrag entstanden, bedroht wurden. Der Prophet Muhammad erklärte:

> *Von allen Menschen sind es die Propheten, die von den schrecklichsten Unglücken heimgesucht werden, danach folgen andere - gemäß dem Grad ihres Glaubens.*[207]

Die Geduld ist ein wichtiges Kennzeichen aller Menschen, die in Glauben, Spiritualität, Nähe zu Gott und Unterweisung anderer in der Wahrheit sehr weit fortgeschritten sind. Außerdem dient sie denen, die auf dem Weg zu diesem Punkt wandern, als Quell der Kraft. Weil die am weitesten Fortgeschrittenen verstärkt von Unglücken heimgesucht werden, ist jeder von ihnen auch gleichzeitig eine vollkommene Verkörperung aller Aspekte bzw. Arten von Geduld. Sie bezahlen den Preis für die Stufe, die ihnen gewährt wurde. Diejenigen, denen es beschieden ist, das letzte Ziel zu erreichen, nehmen die Stufen, die andere durch verschiedene häufige Akte der Anbetung überwinden, dadurch, dass sie allem standhalten, was da kommen mag. Der Prophet Muhammad sagte in diesem Zusammenhang:

> *Wenn Gott, der Allmächtige, einem Seiner Diener einen Rang oder eine Position beschieden hat, die dieser nicht durch seine religiösen Handlungen erreichen kann, lässt Er ihn an sich selbst und seiner Familie leiden und rü-*

---

206 38:44
207 Tirmidhi, *Zuhd*, 56; Ibn Madscha, *Fitan*, 23; Darimi, *Riqaq*, 67

stet ihm mit Geduld aus, damit er all seine Leiden ertragen kann. Durch
die Geduld erhöht Er ihn auf den Rang, den Er ihm zugedacht hat.[208]

Darum verbirgt sich in den Leiden, die jemand ertragen muss, in den Schwierigkeiten, denen sich der Mensch bei der Erfüllung seiner Pflichten ausgesetzt sieht, und in dem Druck der Sünden auch ein Potenzial der Gnade. Die Geduld ist der Schlüssel zu dieser Gnade. Wer von entsprechenden Problemen betroffen ist, sollte sein Herz niemand anderem als Gott ausschütten. Von dem Dichter Fuduli stammen folgende Zeilen:

> „Du sagst, du liebst, also klage nicht über Leiden,
>   die die Liebe mit sich bringt.
> Mache keinen Außenstehenden durch deine Klagen
>   auf deine Qualen aufmerksam."

Der Reisende auf dem Weg zu Gott sollte wissen, wie man aus Liebe kocht und verbrennt oder von Mühsalen aufgefressen wird, anderen aber niemals durch Klagen seine Mühsal und seine Liebe kund tut. Selbst wenn seine Probleme und seine Verantwortung wie Berge auf ihm lasten, sollte er sich anderen Menschen gegenüber bedeckt halten.

Der arabische Autor Mathnawi bemüht bei der Beschreibung dieses Grades an Geduld einen Vergleich:

> „Um dem Menschen als Nahrung dienen zu können, um ein Quell der Stärke für seine Knie zu sein, ein ‚Licht' für seine Augen und eine Substanz zur Lebenserhaltung, muss ein Weizenkorn in die Erde versenkt werden, dort keimen und wachsen, um sich dann an der Oberfläche zeigen zu können. Dort muss es sich nach einem harten Kampf mit der Erde und den Umweltbedingungen zu einer Ähre formen; dann muss es geerntet, gedroschen, in einer Mühle gemahlen, daraufhin geknetet, in einem Ofen gebacken und schließlich von den Zähnen zerkaut, in den Magen hinabgelassen und verdaut werden."

---

208   Ibn Hibban, *Sunan*, 4.248; *Kanz al-Ummal*, Vol.3, Hadith Nr. 6822

Um wahre Menschlichkeit zu erlangen, muss der Mensch ebenfalls mehrfach ‚gesiebt' und ‚destilliert' werden. Erst dann kann er sein wahres Wesen erkennen. Anderenfalls wird es ihm nicht gelingen, sein Potenzial, ein wahrer Mensch zu sein, auszuschöpfen.

> „Vom Diener Gottes wird erwartet, dass er leidet,
> vom Aloeholz dass es brennt.“

Die Geduld ist eine grundlegende, ja sogar die wichtigste Dimension des Dienstes an Gott. Gekrönt wird sie von der Zufriedenheit mit allem, was Gott uns bestimmt hat. Diese Zufriedenheit ist in den Augen Gottes der höchste spirituelle Rang.

RIDA' (Zufriedenheit)

R*ida'* (Zufriedenheit) bedeutet, bei Unglücken keinen Groll und keine Empörung zu zeigen und die Manifestationen des Schicksals klaglos, oder besser gesagt: friedfertig zu akzeptieren. Anders ausgedrückt beinhaltet *Rida'*, Dinge und Ereignisse willkommen zu heißen, die man normalerweise mit Schrecken und Entsetzen assoziieren würde. Eine weitere schöne Definition von *Rida'* lautet, der Behandlung durch Gott positive Akzeptanz entgegenzubringen, ob uns diese Behandlung nun angenehm ist oder nicht.

Auch wenn der Mensch zu Beginn seiner spirituellen Reise seinen freien Willen einsetzen muss, um sich eine Haltung der Zufriedenheit anzueignen, ist diese doch ein direktes Geschenk von Gott an die Menschen, die er liebt. Im Gegensatz zur Geduld gilt für die Zufriedenheit nicht, dass sie von Gott oder dem Propheten Muhammad befohlen wäre; beide empfehlen sie uns jedoch. Zu diesem Thema existiert eine Überlieferung, die dem Propheten zwar zugeschrieben, von den Hadithwissenschaftlern jedoch nicht als zweifelsfrei authentische Tradition akzeptiert wird:

> *Lass die, die keine Unglücke ertragen können und den Entscheidungen Gottes gegenüber keine Zufriedenheit zeigen, einen anderen Gott für sich finden!*[209]

Einige rechtschaffene Menschen betrachten die Zufriedenheit als eine Stufe, die dem Vertrauen auf und der Unterwerfung unter Gott übergeordnet ist. Andere bezeichnen die Zufriedenheit als einen der

---

Zustände des Eingeweihten, d.h., als ein Geschenk Gottes, das ihm von Zeit zu Zeit erscheint und dann wieder verschwindet. Wieder andere wie Imam Quschayri haben erläutert, die Zufriedenheit sei zu Beginn mit dem freien Willen des Dieners verbunden bzw. von diesem abhängig; gegen Ende der Reise jedoch verwandle sie sich in einen Zustand oder eine Beschaffenheit des Herzens.

Die Tradition *Jemand, der mit Gott als seinem Herrn, dem Islam als seiner Religion und Muhammad als seinem Propheten zufrieden ist, hat die Wonnen des Glaubens geschmeckt*[210] legt ebenfalls nahe, dass der Mensch zunächst von seinem freien Willen Gebrauch machen muss, obwohl die Zufriedenheit am Ende ein Geschenk Gottes ist. Mit dem Wesen Gottes zufrieden zu sein, drückt aus, Ihm Liebe entgegen zu bringen und Respekt zu zollen und sich Ihm in Verehrung und in Erwartung von Hilfe und allem anderen, was man sich wünscht, zuzuwenden. Mit Seiner Herrschaft zufrieden zu sein, heißt, dass wir uns mit allem, was Er anordnet und vorherbestimmt, einverstanden erklären und auch dann nicht gegen Unglücke, die uns zustoßen mögen, Einspruch erheben, wenn diese für uns nur schwer zu ertragen sind. Weiterhin heißt es, dass wir uns als Diener unserer von Ihm gewünschten Bestimmung und Behandlung anvertrauen und mit allem, was Er tut, einverstanden sind. Mit dem Propheten zufrieden zu sein, heißt, sich ihm vorbehaltlos zu unterwerfen, seinen Überzeugungen und Unterweisungen Priorität gegenüber der eigenen Sichtweise einzuräumen und sich nicht mit vergeblichen Versuchen aufzuhalten, ihm irgendwelche Fehler nachzuweisen und ihn anzuklagen, sondern seine Handlungen, seine Worte und die Offenbarungen, die er uns gebracht hat, zu verstehen. Was die Zufriedenheit mit dem Islam voraussetzt, gilt auch auf für die Zufriedenheit mit dem Propheten: Sie verlangt, den Islam als ein ideales Set von Maximen und Normen zu akzeptieren und dieses im Privat- wie auch im Gemeinschaftsleben zu praktizieren.

Und wer eine andere Religion als den Islam begehrt: nimmer soll sie von ihm angenommen werden, und im Jenseits wird er unter den Verlierern sein.[211]

---

210   Muslim, *Iman*, 56, *Musnad*, 1.208
211   3:85

Unter bestimmten Umständen kann ein so hohes Maß an Zufriedenheit dazu führen, dass sich der Mensch selbst in der Gesellschaft anderer Menschen einsam fühlt. Diejenigen, die es geschafft haben, Gottes Nähe zu finden und den Weg des Propheten zu beschreiten, fühlen sich jedoch nirgendwo fremd; sie empfinden ein tiefes Vertrauen zu Gott und verspüren keine Einsamkeit. Im Gegenteil, wenn sie allein sind, spüren sie die Nähe Gottes, die Liebe und das Verhältnis zu Ihm stärker als in der Gemeinschaft mit anderen. Dann beten sie: „O Gott, mach, dass ich öfter allein bin, und überlasse mich nicht der Ungerechtigkeit der Dinge, die mich weit von Dir entfernt sein lassen. Lass mich Deine immer währende Begleitung spüren!"

Wie oben bereits ausgeführt wurde, ist die Zufriedenheit tatsächlich ein Geschenk Gottes - mit der Einschränkung, dass der Mensch zu Beginn seinen freien Willen einsetzen muss, um es zu erlangen. Er kann die Station der Zufriedenheit mit Hilfe seines Glaubens, mit der Ernsthaftigkeit seiner religiösen Handlungen und dadurch erreichen, dass er sich seiner Verehrung Gottes so bewusst ist, als sähe er Ihn direkt vor sich. Um mit dem Rang der Zufriedenheit bedacht zu werden, muss man die Stufen des Vertrauens, der Unterwerfung und der inneren Zufriedenheit bereits überwunden haben. Weil es dem Menschen so schwer fällt, allein durch seinen freien Willen Zufriedenheit zu erlangen, hat Gott, der Allmächtige, sie nicht angeordnet; Er hat sie uns aber ans Herz gelegt und rühmt jene, die sie sich zu Eigen gemacht haben.

Wenn jemand zu Beginn seiner Reise versucht, zur Station der Zufriedenheit zu gelangen, muss er in seinen Beziehungen mit Gott ernsthaft sein und die Geschenke Gottes, die - ohne dass er sie erbeten hätte - als Gnade hinab gesandt werden, akzeptieren. Auch über ihren eventuellen Verlust darf er sich nicht beschweren, und selbst wenn er unter Kummer, Einsamkeit und Anspannung (*Qabd*) leidet, muss er seine religiösen Pflichten ohne jedes Gefühl von Trägheit erfüllen. In der Gegenwart Gottes muss er sich zum Gebet erheben, ganz als beabsichtige er, in das Zimmer seiner Braut zu treten. Die entscheidende Basis der Zufriedenheit ist jedoch, dass sich der Reisende der Begleitung Gottes ständig bewusst ist und Ihn im Herzen stets neu entdeckt.

Furcht und Hoffnung gehören zum irdischen Leben des Menschen
dazu. Sie bewahren ihn auf dieser Welt davor, zu verzweifeln und sich vor
der Strafe Gottes sicher zu fühlen. Im Jenseits besitzen sie jedoch nur in-
sofern Relevanz, als dass ihm für sie eine Belohnung zuteil wird. Die
Zufriedenheit mit Gott und die Liebe zu Ihm hingegen währen ewig.

Mit Gottes Urteilen einverstanden und mit Ihm Selbst zufrieden
zu sein, bringt spirituellen Frieden und Glück in beiden Welten mit
sich. Wem es gelungen ist, Zufriedenheit, das Wohlgefallen Gottes und
Seine Anerkennung zu erwerben, der entledigt sich damit nicht seiner
Sorgen, Nöte und Leiden. Viele ärgerliche und unerfreuliche Dinge
säumen auch weiterhin seinen Weg, und nur Meister der Zufriedenheit
werden diese als reine Gunstbeweise ansehen. Zufriedenheit und das
Wohlgefallen Gottes verwandeln das ‚Gift‘, das sie trinken, in einen
Heiltrank und die Schwierigkeiten, denen sie ausgesetzt sind, in einen
liebenden Umgang mit Gott.

Der Weg der Zufriedenheit ist nur unter Schwierigkeiten gangbar;
dafür führt er aber sicher und direkt zum Ziel. Gelegentlich kann er den
Reisenden bei seinem ersten und einzigen Versuch direkt auf den Gipfel
menschlicher Vollkommenheit führen. Viele Wege führen auf diesen
Gipfel, z.B. energisches Bemühen oder das Studium des Universums
als ein Buch (in dem Gott überall zu spüren und zu finden ist, obwohl
Er nicht den Beschränkungen von Raum und Zeit unterliegt) oder
Leid und Schmerzen angesichts der eigenen Unzulänglichkeiten und
Hilflosigkeit gegenüber den Schwierigkeiten, auf die man stößt, während
man für eine gute Sache kämpft. Theoretisch lässt sich der Gipfel aber
auch dann besteigen, wenn man ganz einfach auf dem Sofa sitzt und
über die eigenen Probleme nachdenkt.

Eine Frucht der Zufriedenheit ist eine immense Freude - eine ‚erfrischende Brise‘ des Wohlgefallens Gottes, die mit der Tiefe der Furcht und
Hoffnung des Menschen korrespondiert. Diese Freude entspringt nicht
der Wahrnehmung der Nähe Gottes, nicht Verehrung und Hingabe und
auch nicht dem Kampf gegen Sünden und Versuchungen des fleischlichen Ichs und den Teufel. Sie ist ein spirituelles Vergnügen, in das sich
Hoffnung und Erwartung mischen, und das durch Selbstbeherrschung

kontrolliert werden muss. Dieses Vergnügen ist ein direktes Geschenk Gottes - eine Brise Seiner Gnade, die allein das Stadium der Zufriedenheit kennzeichnet. Dennoch zwingt uns die Zufriedenheit, uns unter Kontrolle zu halten und unsere Gedanken, Erwägungen, Pläne, Hoffnungen, Erwartungen, Gefühle und Handlungen den Vorstellungen und dem Willen Gottes anzupassen. Den Rang der Zufriedenheit als bloßes Mittel zu missbrauchen, Freude und Vergnügen, die man sich von ihr verspricht, zu ernten, wäre ein Zeichen mangelnden Respekts gegenüber einem Attribut, das auf der Reinheit der Absicht und auf Aufrichtigkeit basiert. Gleiches gilt jedoch auch ganz allgemein für alle anderen Zustände oder Ränge, in die man durch Handlungen des Herzens gelangt oder die selbst Handlungen des Herzens darstellen. Der Mensch muss den Allmächtigen lieben und darf Sein Wohlgefallen nur um Seinetwillen anstreben, nicht aber um irgendwelcher anderer Ziele willen.

Vorbilder in spiritueller Lebensführung haben schon in der Frühzeit der Sufitradition ihre Ansichten über die Zufriedenheit mit Gott kundgetan. Dhu l-Nun al-Misri zufolge bedeutet Zufriedenheit, den Wünschen Gottes stets Priorität einzuräumen und die Resultate Seiner Entscheidungen mit der Einstellung ‚Alles, was Gott will und tut, ist gut‘ klaglos zu akzeptieren.[212] Diese Einstellung bringe auch dann das Erfülltsein von der Liebe Gottes zum Ausdruck, wenn man über schlimme Unglücke stöhnt.

Ali Zayn al-Abidin beschrieb die Zufriedenheit als die Eigenschaft des Eingeweihten, nicht auf etwas zu hoffen oder es gar anzustreben, was dem Willen und dem Wohlwollen Gottes widerspricht.[213] Abu Uthman zufolge bezeichnet die Zufriedenheit die Akzeptanz aller Beschlüsse Gottes ohne Wenn und Aber, und ohne einen bewussten Unterschied zwischen den einzelnen Beschlüssen zu machen, egal ob sie Seiner Gnade, Seiner Macht oder Seinem Zorn entspringen. Eine ähnliche Begriffsbestimmung traf auch der Prophet Muhammad mit seinem Ausspruch:

---

212 Quschayri, *Ar-Risala*, 195
213 Quschayri, *Ar-Risala*, 195

Ich frage Dich nach Deiner Zustimmung, nachdem Du etwas entschie-
den hast.[214]

Wer von vornherein mit allem, was Gott entscheidet, zufrieden
ist, hat für sich entschieden, zufrieden zu sein und eventuell auftreten-
den Problemen gelassen gegenüberzutreten.

Die unterschiedlichen Dimensionen oder Aspekte der Zufriedenheit
lassen sich folgendermaßen zusammenfassen:

Zufriedenheit bedeutet,

- dass der Eingeweihte keine Vorbehalte und kein Missfallen gegenüber dem, was der Herrschaft oder der Göttlichkeit Gottes
  entspringt, verspürt und alles, was auf Gott zurückzuführen
  ist, begrüßt;
- dass der Eingeweihte sein ihm zugedachtes Schicksal ohne zu
  murren akzeptiert und annimmt;
- dass sich der Eingeweihte die ‚Balance‘ seines Herzens erhält
  und sich seine Integrität und Aufrichtigkeit bewahrt, selbst
  wenn er von unangenehmsten und schockierendsten Ereignissen
  heimgesucht wird;
- dass der Eingeweihte die Vorherbestimmung Gottes, die in
  der Obersten Bewahrten Tafel aufgezeichnet ist, berücksichtigt
  und bei nichts, was ihm widerfährt, Bedauern oder Kummer
  empfindet.

Die Zufriedenheit gewöhnlicher Menschen drückt aus, dass sie
keine Einwände gegen das haben, was Gott für sie vorherbestimmt
hat. Die Zufriedenheit von Eingeweihten, die ihr Wissen um Gott ver-
tieft haben, lässt diese Menschen ihr Schicksal willkommen heißen.
Für jene aber, die ein Leben in vollkommener Spiritualität führen,
heißt Zufriedenheit, den eigenen Erwägungen keine Beachtung zu
schenken und stattdessen ständig zu überlegen, was Gott mit ihnen
vor hat und wie Gott sie sich wünscht. Die Verse *O du ruhige Seele,*
kehre zurück zu deinem Herrn wohlzufrieden und mit (Allahs) Wohlwollen.
So schließ dich dem Kreis Meiner Diener an. Und tritt ein in Mein

---

214 Nasa'i, *Sahw*, 62, *Musnad*, 5.191

Paradies![215] umfassen alle Stufen der Zufriedenheit und bieten Antworten auf die Wünsche all jener Menschen, die dem Willen Gottes und Seiner Vorherbestimmung treu ergeben sind.

Den hier erwähnten Versen lässt sich entnehmen, dass das Erlangen der ‚Zufriedenheit und Wohlgefallen Gottes' von der Rückkehr zu Gott, dem Allmächtigen, abhängt. Sich Gott zuzuwenden bedeutet, sich Ihm voller Vertrauen hinzugeben, sich Ihm zu unterwerfen und Ihm alle eigenen Angelegenheiten zu überantworten. Jemand, dem dies gelungen ist, sehnt sich danach, zu sterben und Gott zu treffen. Schon vor seinem Tod kommt sein Herz zur Ruhe, und er gehört zu den Rechtschaffenen, die ins Paradies eingehen.

Aus einer anderen Perspektive betrachtet, beinhaltet die Zufriedenheit gewöhnlicher Menschen (die erste Stufe der Zufriedenheit), das Leben nach Gottes Geboten einzurichten und sich willentlich Seiner Herrschaft (Seiner administrativen Autorität) zu unterwerfen. Dies wird in folgenden Versen deutlich:

> *Sprich: „Sollte ich einen anderen Herrn als Allah suchen, wo Er doch der Herr aller Dinge ist?"*[216]

> *Sprich: „Sollte ich einen anderen zum Beschützer nehmen als Allah, den Schöpfer der Himmel und der Erde, der Nahrung gibt und Selbst keine Nahrung nimmt?"*[217]

Dieser Grad an Zufriedenheit ist für den wahren Glauben an die Einheit und für die wahre Liebe Gottes unerlässlich. Denn jeder Gläubige muss sich sowohl im Glauben als auch in seiner Lebensführung bewusst der Führung Gottes unterwerfen, ohne Ihm Teilhaber zur Seite zu stellen. Dabei muss er Ihn allein als Herrn, Gottheit und Leitfigur lieben. Andere, die es wert sein könnten, geliebt zu werden, darf er nur in Seinem Namen und innerhalb der von Ihm gesteckten Grenzen lieben.

Auf der zweiten Stufe der Zufriedenheit stehen die Menschen, die ein gewisses Maß an Wissen um Gott erlangt haben, die die Entscheidungen

---

215 89:27-30
216 6:164
217 6:14

und Anordnungen Gottes (ohne irgendwelche Einwände zu erwägen) be-
grüßen und ihr Herz kontrollieren, ohne es auch nur einen Moment lang
auf Abwege geraten zu lassen. Diese Stufe der Zufriedenheit gilt als
Bindeglied zwischen Gott und den Herzen, in denen sich schon Wissen
um Ihn findet.

Die dritte Stufe der Zufriedenheit wird nur von geläuterten und
rechtschaffenen Gelehrten erklommen. Sie geben sich mit dem zufrieden,
was Gott gefällt. Ein Mensch, der mit diesem Maß an Zufriedenheit beschenkt wurde, verspürt, was seine eigenen Angelegenheiten betrifft, keine Wut, keine Freude und keinen Kummer. Da er aber nichts mehr für sich
bzw. für die Verwirklichung seiner Ziele empfindet, nicht mehr an sie
denkt oder auf sie hofft, erfährt er, welch Vergnügen es bereitet, in seinem
Herrn - in Dessen Willen und in Dessen Vorstellungen - aufzugehen.

Die erste Stufe zu erklimmen, ist für jeden Gläubigen Pflicht. Hier
beginnt der Aufstieg zur Nähe Gottes, denn diese Stufe ist mit dem frei-
en Willen des Menschen verknüpft und stellt eine Voraussetzung für den
Glauben an die Einheit Gottes dar. Sich auf die zweite Stufe zu begeben,
ist deshalb so wichtig, da diese eine konsequente Weiterentwicklung der
ersten darstellt und gleichzeitig die Basis der dritten Stufe ist. Sie lässt
den Menschen die Nähe Gottes spüren. Die dritte Stufe ist eher ein
Geschenk, und nicht durch individuelle Bemühungen zu erklimmen; ihr
Erreichen ist weder vorgeschrieben noch unbedingt notwendig; es wird
jedoch geraten, sie anzustreben.

Die dritte Stufe der Zufriedenheit schließt die ersten beiden mit
ein. Sich um völlige Zufriedenheit zu bemühen und zu leben, um diese zu verwirklichen, ist ein Grundprinzip des islamischen ‚Way of Life'.
Der Erwerb dieser letzten Zufriedenheit gleicht einer Frucht oder einem Geschenk, die/das Gott uns überreicht, um Seiner Wertschätzung
unserer Bemühungen Ausdruck zu verleihen. Mit anderen Worten:
Die ersten beiden Stufen der Zufriedenheit beziehen sich auf Gottes
Namen und Seine Attribute; sie lassen sich erklimmen, indem man im
Schatten dieser Namen und Attribute reist und ihrer Rechtleitung
folgt; die dritte Stufe hingegen ist mit der Belohnung, der Aufklärung
und den Strahlen verknüpft, die uns die Namen und Attribute ver-

heißen. Meiner Meinung nach trägt folgender Koranvers allen drei Stufen Rechnung:

> *Ihr Lohn bei ihrem Herrn sind die Gärten von Eden, durcheilt von Bächen; ewig und immerdar werden sie darin verweilen. Allah ist mit ihnen wohlzufrieden, und sie sind wohlzufrieden mit Ihm. Dies ist für den, der seinen Herrn fürchtet.*[218]

Die gleiche Wahrheit kommt auch in dem Wort des Propheten zum Ausdruck:

> *Jemand, der mit Gott als seinem Herrn, dem Islam als seiner Religion und Muhammad als seinem Propheten zufrieden ist, hat die Wonnen des Glaubens geschmeckt.*[219]

Ich hoffe, die folgenden Punkte können dazu beitragen, die Gefühle und Gedanken der Menschen auf das Erlangen von Zufriedenheit zu lenken und potenzielle Schwierigkeiten zumindest bis zu einem gewissen Grade zu überwinden. Mögen sie uns dabei helfen, weltlichem und fleischlichem Handeln zu widerstehen und es zu kontrollieren.

- Der Mensch ist nicht mehr als ein Schauspieler im Göttlichen Drama, das in der Welt aufgeführt wird. Er besitzt weder das Recht noch die Autorität, sich über die Qualität oder die Form der Rolle, die ihm zugedacht ist, zu ereifern.
- Alles, was dem Menschen im Laufe seines Lebens widerfährt, ist von Gott vorherbestimmt. Dabei berücksichtigt Er jedoch den freien Willen des Menschen und beherzigt, was er tun und wie er handeln wird. Kein anderer als Gott Selbst kann den Verlauf des Lebens ändern.
- Der Mensch ist Diener und Eigentum Gottes. Als solches besitzt er kein Recht, sich in die Weisungen seines Herrn einzumischen.
- Wenn ein Mensch Gott wirklich liebt, muss er alles, was von Ihm kommt, egal ob ,Rose' oder ,Dorn', willkommen heißen.

---

218 98:8
219 Muslim, *Iman*, 56; Nasa'i, *Dschihad*, 18

- Der Mensch hat große Probleme, die Weisheit und das Gute, das ihm begegnet, oder Gottes Verwendungszweck für ihn zu erfassen. Aber: Was auch immer mit ihm geschieht - stets wird sich darin etwas Gutes finden lassen. Das unterstreicht Gott, der Allmächtige, mit den Worten:

  > *Doch es mag sein, dass euch etwas widerwärtig ist, was gut für euch ist, und es mag sein, dass euch etwas lieb ist, was übel für euch ist. Und Allah weiß es, doch ihr wisst es nicht.*[220]

- Ein Muslim ist jemand, der sich dem Willen Gottes vollständig unterwirft. Daher sollte er auf keinen Fall mit den Taten Gottes und Seinem Wirken hadern.
- Ein gläubiger Mensch hat eine gute Meinung von seinen Mitmenschen. Wie aber kann jemand, der in allen Menschen das Gute sieht, Gott gegenüber misstrauisch sein?
- Wenn ein Mensch glaubt, dass alle Dinge und alle Ereignisse von Gott vorherbestimmt sind, und wenn er gleichzeitig der Überzeugung ist, dass alles, was Gott erschafft, entweder selbst gut ist oder letztendlich zu einem guten Resultat führen wird, dann wirkt das auf ihn ermutigend und gibt ihm die Gelassenheit, die gute Seite aller Dinge und Ereignisse zu sehen und immer optimistisch zu sein.
- Wenn die Pflichten und Aufgaben, die wir auf Erden zu erfüllen haben, und die Unglücke und Schwierigkeiten, denen wir ausgesetzt sind und die wir ertragen oder überwinden müssen, einen zentralen Platz in unserem ‚Trainingsprogramm' beanspruchen, das uns auf das ewige Leben voller Glück vorbereitet, dann sollten wir doch gerne bereit sein, diese auf uns zu nehmen.
- Wenn ein Mensch mit allem, was von Gott kommt, zufrieden ist, dann ist Gott auch mit ihm zufrieden.
- Vom Handeln Gottes und von Seinen Manifestationen enttäuscht zu sein, ruft Kummer, Schmerz und Ratlosigkeit her-

---

vor; ein Leben zu führen, in dem man mit den Anordnungen und Entscheidungen Gottes zufrieden ist, sorgt hingegen selbst bei großen Schwierigkeiten für Trost und Fröhlichkeit.

- Stetes Trachten nach Zufriedenheit lädt den Beistand Gottes ein.
- Der Koran verbietet das Misstrauen unter den Menschen. Misstrauen gegenüber Gott und Seinem Tun halte ich jedoch für so unangebracht und bedauerlich, dass mir dafür die Worte fehlen.
- Die Zufriedenheit mit dem Schicksal und den Manifestationen Gottes vermag uns zum Glück zu führen. Der Prophet Muhammad sagt dies ganz deutlich:

  Der Mensch sollte Zufriedenheit mit den Entscheidungen Gottes bekunden; sich gegen die Beschlüsse Gottes aufzulehnen, ist nämlich verhängnisvoll.[221]

- Die Zufriedenheit mit den Beschlüssen und dem Wirken Gottes zu spüren, erfüllt das Herz des Menschen mit dem Wind, der von der Sphäre Gottes herüber weht. Der Unwille aber lässt es launisch und argwöhnisch werden und setzt es den Versuchungen des Satans aus.
- Diejenigen, die Gottes Entscheidungen ihre Zustimmung geben, verwandeln ihr Leben in eine ‚Stickarbeit‘, hergestellt aus goldenen Fäden der Dankbarkeit. Wer jedoch Missfallen äußert, wird samt seiner Taten - und seien sie auch noch so gut gemeint - zwischen den ‚Mühlsteinen‘ der Undankbarkeit zermahlen.
- Der leichteste Weg für den Satan, die Seele eines Menschen zu erobern, führt darüber, Unzufriedenheit über die Entscheidungen Gottes und Sein Wirken zu schüren. Es gibt nicht viele Menschen, die der Satan nicht überrumpeln kann.
- Wenn du die Behandlung, die Gott dir angedeihen lässt, begrüßt, wirst du dich den Bewohnern der Himmel anschließen. Dies wird dir zur Ehre gereichen.

---

221 Tirmidhi, *Qadar*, 15, *Musnad*, 1.168

- Ein Mensch, der mit Gott zufrieden ist, folgt der richtigen Unterweisung. Jeder andere lässt sich von seinen Launen und Fantasien leiten.

- Mit den Urteilen oder Entscheidungen Gottes, die uns betreffen, zufrieden zu sein, heißt, Seine Wünsche über unsere eigenen zu stellen. Was das Gegenteil bedeutet, bedarf hier wohl keiner weiteren Erwähnung.

- Die Zufriedenheit ist wie ein Obstgarten, in dem die Bäume Früchte der Verehrung und der Hingabe tragen. Werden wir jedoch aus diesem Garten ausgesperrt, treten Sünden und Verbrechen auf den Plan.

- Die Zufriedenheit schützt den Menschen davor, in seiner inneren Welt mit seinem Herrn in Konflikt zu geraten. Die schlimme Beschaffenheit dieses Konfliktes zu beschreiben, wäre eine Verschwendung von Worten.

- Zufrieden zu sein mit dem Urteil Gottes heißt, dem Prinzip, das sich im Gebet des Propheten *Egal wie Du über mich urteilst, Du lässt wahre Gerechtigkeit walten*[222] ausdrückt, respektvoll zu begegnen.

- Die erste Sünde im Leben des Universums wurde begangen, als der Satan dem, was Gott mit ihm im Sinn hatte, nicht zustimmte und er sich mit den Plänen Gottes für ihn nicht abfinden konnte.

- Es gibt keine größere Belohnung und keine höhere Stufe, als die Zufriedenheit Gottes zu erlangen. Diese Stufe erreicht man, indem man sich Seinen Beschlüssen überlässt. Dies bringt der folgende Koranvers schön zum Ausdruck:

> *Allah hat den gläubigen Männern und den gläubigen Frauen verheißen, immerdar in Gärten zu verweilen, die von Bächen durchflossen werden, und (Er hat ihnen) herrliche Wohnstätten in den Gärten von Eden (verheißen). Allahs Wohlgefallen aber ist noch größer. Das ist der gewaltige Gewinn.*[223]

222　*Musnad*, 1.391,452
223　9:72

- Die Zufriedenheit stützt sich auf die wichtigsten Grundlagen der Religion. Sie basiert auf dem Vertrauen auf Gott. Ihre Qualität kann man erfahren, wenn man von der Existenz und der Einheit Gottes überzeugt ist. Die Zufriedenheit ist in der Liebe zu Gott verankert und lässt den Menschen die Ewigkeit erlangen. Sie wurzelt in der Loyalität zu Gott und in der Wahrheitsliebe und drückt Dankbarkeit aus.

- Die Zufriedenheit ist eine magische Kraft; wer sich diese zu Eigen macht, wird sein Ziel in beispielloser Geschwindigkeit erreichen.

- Liebe, Aufrichtigkeit, Buße und Reue sind Pflanzen, die im Klima der Zufriedenheit gedeihen. In den Herzen derer nach diesen Eigenschaften zu suchen, die noch keine Zufriedenheit erlangt haben und das Wohlgefallen Gottes erst gar nicht anstreben, ist aussichtslos.

Egal wie zahlreich die Belohnungen für Taten, die mit den äußeren Sinnen und Organen verrichtet wurden, auch ausfallen mögen, sie sind begrenzt. Die Belohnungen für die Zufriedenheit, die eine Handlung des Herzens darstellt, werden dagegen proportional zur Tiefe des Herzens verliehen und lassen sich folglich nicht ermessen.

In den Augen Gottes sind die Zufriedenheit und das Wohlgefallen Gottes die höchsten Ziele, die der Prophet Muhammad, alle anderen Propheten, alle rechtschaffenen Menschen und alle geläuterten Gelehrten zu verwirklichen suchten. Sie alle stellten sich dieser letzten Prüfung, indem sie sich zunächst Aufrichtigkeit, Gewissheit, Vertrauen, Unterwerfung und Zuversicht aneigneten. Sie räumten viele Schwierigkeiten und Hindernisse aus dem Weg und mussten fast unerträgliche Leiden und Schmerzen erdulden.

So klingen die Seufzer eines der Leidenden:

„Das Leiden, das Du entfesselst,
gefällt mir besser, als glücklich zu sein,
Deine Rache erscheint mir lieblicher als
meine eigene Seele.
Ich liebe Seine Peinigung und Seine Gunst;
wie merkwürdig, zwei so gegensätzliche Dinge.

Mein Gott, wenn ich von diesem Dorn des Kummers
        zum Garten des Vergnügens wandere,
Jammere und seufze ich auf, wie eine Nachtigall
        ständig jammert und aufseufzt.
Wie merkwürdig, dieser Gesang der Nachtigall:
Sie singt Melodien von beiden:
        vom Dorn und von der Rose."

Schön erscheinen mir auch diese Verse von Nasimi:

„Ich bin ein leidender Liebender, mein Geliebter,
        ich werde Dich nicht vernachlässigen;
Selbst dann nicht, wenn Du meine Brust
        mit einem Dolch durchbohrst.
Ich werde nicht von Dir lassen; selbst dann nicht,
        wenn man mich wie Zacharias von Kopf bis Fuß in
           zwei Teile zerlegt.
Setz deine Säge nur an meinen Kopf an,
Zimmermann, ich werde Dich nicht vernachlässigen.
Und wenn man mich verbrennt
        und meine Asche in den Wind bläst,
Wird man diese Asche noch seufzen hören:
‚O Du, der Du die Sünden verschleierst,
        ich werde nicht von Dir lassen.'"

Der Rang der Zufriedenheit bzw. der Freude an Gott und daran, Sein Wohlgefallen zu finden, vereint alle anderen Ränge in sich. Auf diesem Rang werden Worte wie „Was auch immer Du mir antust und egal wie Du mich behandelst, ist gut!" angestimmt.

O Gott, leite uns zu dem, was Du liebst und was Dir gefällt, und gewähre unserem Meister, dem Meister der Propheten, Frieden und Heil!

INBISAT (Ausdehnung)

Anwachsen in der Breite und in der Tiefe, Ausbreitung, Ausdehnung - so und ähnlich lautet die Übersetzung des Begriffs *Inbisat* (Ausdehnung) außerhalb des sufistischen Kontextes. In der Sprache des Sufismus jedoch bringt *Inbisat* zum Ausdruck, dass sich ein Mensch (innerhalb der vom islamischen Recht gesteckten Grenzen) so entspannt, dass er alle Menschen in seine Arme schließt und sie mit seinen freundlichen Worten und seinem freundlichen Verhalten erfreut und beglückt. In Bezug auf die Beziehung zu Gott signalisiert *Inbisat*, dass sich ein Mensch in einem spirituellen Zustand befindet, der mit Furcht und Hoffnung einhergeht. Wer diesen spirituellen Rang erreicht, empfindet Ehrfurcht, da er sich in der Gegenwart Gottes befindet, und fühlt sich durch die dort wehende Brise des Vergnügens und der Freude erfrischt. Während er einatmet, bekundet er Ehrfurcht, beim Ausatmen ist er von Freude erfüllt.

Inbisat lässt sich also in zwei Kategorien unterteilen: in unsere Beziehungen zum Schöpfer auf der einen und zum Erschaffenen auf der anderen Seite.

In unseren Beziehungen zum Erschaffenen beinhaltet *Inbisat*, dass wir - vorausgesetzt, dass wir in unserer Beziehung zu Gott achtsam sind - als Mensch unter Menschen leben, dass wir unseren Mitmenschen gegenüber offen sind und ihnen mit Respekt begegnen und dass wir bei jedem von ihnen berücksichtigen, wie gut oder schlecht seine Auffassungsgabe ist. Der Prophet Muhammad war in seinen Beziehungen zu den Menschen, mit denen er Umgang pflegte, ehrlich und offen und vermied Förmlichkeiten und Etikette. Er sprach seine Zuhörer so an, dass sie ihn verstehen konnten, und griff manchmal zu klugen und ausgefallenen Witzen. Auch wenn er innerlich ständig unter dem Unglauben, den Ungerechtigkeiten und Sünden seiner Mitmenschen litt und sich um den Tod und das Leben nach dem Tode jedes Einzelnen von ihnen sorgte, lächelte er stets und war freundlich. Dem Buch *Al-Minhadsch* entstammt der Vergleich, das Herz sei wie ein Spiegel: Zu großer Ernst lasse es beschlagen, und nur erfrischender Frohsinn garantiere seine Klarheit.

Wenn wir in Bezug auf unsere Beziehung zu Gott, dem Allmächtigen, von Ausdehnung sprechen, dann meinen wir damit, dass wir in unserer Seele Furcht und gleichzeitig Hoffnung empfinden. Furcht und Hoffnung sind Zustände der Seele, die zumeist denjenigen eigen sind, die auf ihrem Weg zu Gott gerade die ersten Fortschritte machen. Die Ausdehnung hingegen ist ein Zustand derer, die Wissen um Gott besitzen. Sie ist eine Dimension des lebendigen Herzens. Einen anderen Zustand, der der Ausdehnung wissender Menschen ähnelt, erreichen Menschen, die die Stufe der Ausdehnung noch nicht erklommen haben. Sie verspüren eine Heiterkeit, die ebenfalls einem gewissen Maß an Wissen um Gott entspringt, aber oft dazu verleitet, die Beziehung zu Gott zu vernachlässigen und die Selbstbeherrschung und -kontrolle zu verlieren.

Die Ausdehnung manifestiert sich auf der Stufe, auf der der Reisende auf dem Weg zu Gott sich vollkommen von seinen fleischlichen Begierden und Gelüsten befreit hat und zu einem glänzenden ‚Spiegel' wird, welcher die Namen und Eigenschaften Gottes reflektiert. Diese Stufe, egal ob wir sie nun Stufe der Verbindung (die Stufe, auf der der Reisende die Existenz und die Einheit Gottes erlebt) oder Stufe der Auflösung (die Stufe, auf der sich der Reisende in die Selbstauflösung begibt, sich in ekstatischer Liebe zu Gott verliert und die Wahrnehmung der Existenz und Einheit Gottes erfährt) nennen, ist ein geheimnisvoller Ort, an dem der Reisende sich den Eingebungen Gottes, die an ihn ergehen, hingibt und andere ‚Farben' annimmt als die uns bekannten. Wer an diesen Ort gelangt, kann seine Ausdehnung nicht verbergen; wer aber noch nicht dort angekommen ist und trotzdem von ihr spricht, sollte besser schweigen. Mawlana Dschalal ad-Din ar-Rumi fasste diesen Zustand treffend in Worte:

„Wenn sich der Höfling des Königs unangemessen benimmt, um die Aufmerksamkeit des Königs auf sich zu ziehen, darfst du dich dadurch nicht dazu verleiten lassen, es ihm gleich zu tun. Denn du besitzt keine Urkunde (die dein Tun rechtfertigen würde). O du, der du dich nicht von den Beschränkungen dieses vergänglichen Lebens befreien kannst! Woher willst du denn wissen, was Auflösung, Trunkenheit und Ausdehnung bedeuten?"

Den Dienern des Körpers bleibt es verwehrt, sich der Zustände des Geistes bewusst zu werden. Woher soll jemand, der in den Grenzen seines Körpers gefangen ist, denn auch wissen, was Spiritualität eigentlich bedeutet?

QAST und AZM
(Entschlossenheit und Bestimmtheit)

D er arabische Begriff *Qast* steht für Zuversicht und Zielstrebigkeit, dafür, sich ein Ziel zu wählen und es geradewegs in Angriff zu nehmen, maßvoll und besonnen zu denken und zu urteilen, ohne extreme Positionen zu beziehen, und ganz allgemein ein bescheidenes, ausgeglichenes Leben zu führen. Wenn Sufis von *Qast* sprechen, meinen sie damit, dass der Eingeweihte die Liebe und das Wohlgefallen Gottes sucht und alles dafür tut, sie auch zu finden.

„Das Herz ist das Haus Gottes. Reinige es
von allem, was sich außer Ihm darin befindet,
Damit der Barmherzige des Nachts in seinen
Palast hinabsteigen kann!"

In diesen zuvor bereits zitierten Versen von Ibrahim Haqqi aus Erzurum spiegelt sich die Absicht wider, die wahre Liebe zu Gott und Sein Wohlgefallen zu erlangen. Außerdem beschreiben sie, wie sich dieses Vorhaben in die Tat umsetzen lässt.

Der einzige Weg zu Ruhe und Frieden für die Seele, der nicht erfordert, Zuflucht zu Extremen nehmen zu müssen und sich spirituellem Kummer und Schmerzen auszusetzen, besteht darin, dass der Mensch die Liebe und das Wohlgefallen Gottes sucht und sein Leben dementsprechend gestaltet. Mawlana Dschalal ad-Din ar-Rumi sagte:

„Ein Herz, in dem kein fester Platz für den Freund ist und das Ihn auch nicht sucht, wird sich niemals von Kummer und Schmerzen befreien können. In einem Kopf, in dem man nicht auf die Liebe

zu dem Freund stößt, braucht man erst gar nicht nach einem Sinn
oder Wert zu forschen. Er besteht ausschließlich aus Haut und
Knochen."

Diejenigen aber, die ihre Herzen auf Gott ausrichten und sich entscheiden, Ihn zu suchen, schlagen den rechten Weg zu Ihm ein und erfüllen die Erfordernisse der Reise. Wenden sie auch nur für einen einzigen Moment ihre Augen von Ihm ab, um nur einen einzigen Blick
auf andere zu werfen, weinen und wehklagen sie ihr ganzes Leben
lang. Wenn man sich des Weges, der zu Gott führt, nicht bewusst ist,
ist das schon verhängnisvoll genug. Einen nicht wieder gut zu ma-
chenden Verlust erleidet jedoch der, der diesen Weg eingeschlagen hat,
dann aber strauchelt und nicht wieder auf die Beine kommt.

Entschlossenheit zeigt sich zunächst im Herzen und blüht dort auf;
als ein Gefühl wächst sie zu großer Stärke und wird zu einer äußerst dy-
namischen Antriebskraft, die den Menschen in die Richtung seines
Zieles treibt. In diesem Zusammenhang markiert die Entschlossenheit
eine Absicht, die wie eine auf dem Boden des Herzens ausgestreute Saat
wirkt. Besitzt ein Mensch diese Absicht bzw. die Saat in seinem Herzen
und kommt außerdem in den Genuss der Unterstützung Gottes, keimt
die Saat und entwickelt sich zu einem vollkommenen Baum, der viele
Früchte trägt. Wer diesen Weg der Entschlossenheit in voller Absicht beschreitet, wird schon nach einigen Schritte auf die Bestimmtheit stoßen.

Sie lässt sich definieren als sich zu entscheiden, etwas zu tun, und
bewusst, geduldig und gewissenhaft alle Konsequenzen zu tragen, die
aus dieser Entscheidung erwachsen.

Die Bestimmtheit ist eine tiefere Dimension oder Funktion der
Willenskraft. Schon ihr erster Schritt führt in die ‚Himmel' von Vertrauen
und Unterwerfung. Der Koran beschreibt diese Stufe und den Endpunkt,
der erreicht werden soll:

> *Und wenn du entschlossen bist, dann vertrau auf Allah.*[224]

---

224 3:159

Wenn diese Stufe über das Vertrauen auf Gott und die Unterwerfung unter Seinen Willen erst einmal genommen ist, entpuppt sich der Weg in der Folge als eben und angenehm; der Reisende kann sich dann auf ihm fortbewegen, als schwebe er in der Luft.

Entschlossenheit und Bestimmtheit sind zwei wichtige Dimensionen bzw. Funktionen der Willenskraft. Jeder Reisende zu Gott, der sich auf die lange Reise begibt, muss an der Station von Entschlossenheit und Bestimmtheit Halt machen und eine Genehmigung einholen, die ihn zur Weiterreise berechtigt. Erst nach Erhalt dieser Genehmigung kann man wirklich davon sprechen, dass seine Reise begonnen hat. Ein Mensch, der sich die Flügel von Entschlossenheit und Bestimmtheit zu Nutze macht, fühlt sich automatisch zu seinem Ziel hingezogen, ohne dass er selbst Anstalten macht, voranzukommen. Ein Freund Gottes sagte einmal:

> „Der Allmächtige Gott wird jedem, der das unstillbare Verlangen spürt, Ihn zu treffen, zu Hilfe kommen, auch wenn er die für das Erreichen dieses Zieles notwendigen Erfordernisse nicht mitbringt."

Gott Selbst kommt zu ihm und nimmt den Platz der Augen ein, mit denen er sieht. Er wird zu den Ohren, mit denen er hört, und zur Zunge, mit der er spricht. Für denjenigen, der mit den Flügeln von Entschlossenheit und Bestimmtheit fliegt, bedeutet das Treffen mit Gott, in der und durch die Auflösung in Gott existent zu werden. Für jene aber, denen Gott besonders wohl gesonnen ist und die Er zu sehen verlangt, bedeutet ein solches Treffen eine Existenz innerhalb der Existenz: Im Kreislauf der Tugenden, in dem ihnen ständig Gutes widerfährt, brauchen sie weder Kummer noch Leid zu ertragen. In diesem Kreislauf verwandeln sich alle Leiden in Freuden, und Zorn und Bestrafung manifestieren sich als Gunstbeweise. Der Glückliche, der diesen Punkt erreicht hat, verkündet voller Freude: „Was auch immer von Dir kommt, ist gut - sei es Gunstbeweis oder Bestrafung." Zufrieden kostet er von allem, was Gott für ihn bereithält, als sei es das Wasser des Paradieses.

IRADA, MURID und MURAD
(Wille; der Mensch, der will; der Mensch, der gewollt wird)

I*rada* bedeutet wörtlich übersetzt Auswählen zwischen zwei Dingen und Wünschen. Daneben bezeichnet *Irada* (deutsch: Wille) die geistige Stärke, durch die der Mensch seine Gedanken und Handlungen lenken kann. Menschen, die ein spirituelles Leben führen, definieren den Begriff als das Überwinden fleischlicher Begierden, als erfolgreichen Widerstand gegen animalische Gelüste und als Präferenz der Anliegen Gottes und seines Wohlgefallens vor unseren eigenen Bedürfnissen und Wünschen bei gleichzeitig weitest möglicher Unterwerfung unter Seinen Willen.

Der Mensch, der will (*Murid*), - ein Schüler - ist jemand, der sich niemals auf seine eigene Kraft verlässt und sich vollkommen dem Willen des Allmächtigen, der die ganze Schöpfung von den Himmelskörpern bis hin zu den Atomen im Griff beherrscht, überantwortet. Der Mensch, der gewollt wird (*Murad*), fließt über von der Liebe zu Gott. Er hat nichts anderes im Sinn und erhofft sich nichts anderes als Sein Wohlgefallen. So wird er zu einem engen Freund Gottes.

Irada ist dem Koranvers ...*im Trachten nach Seinem Wohlgefallen*[225] zufolge die erste Stufe auf dem Weg zu Gott und/oder der Hafen, von dem aus sich der Reisende zur Ewigkeit aufmacht. Fast jeder, der zum Unermesslichen segelt, gelangt zunächst zu diesem Hafen, wo ihm der nötige Schwung verliehen wird, um sein Reiseziel zu erreichen. Die

---

Reise zu diesem Ziel steht in direktem Zusammenhang mit der Reinheit der Absicht des Reisenden und der Qualität seiner Beziehung zur Welt, zu den materiellen Dingen und zur Stärke der Kraft in seiner ‚Mitte'. Abhängig von der Unterstützung durch Gott und der eigenen Willenskraft legen einige die Strecke zwischen Hafen und Reiseziel in Schrittgeschwindigkeit, andere mit der Geschwindigkeit eines Raumschiffs oder des Lichts und manche sogar mit gar nicht mehr messbarem Tempo zurück. Die Himmelfahrt des Propheten und die Reisen der Derwische sind gute Beispiele dafür, was der Wille (*Irada*), der Mensch, der will, und der Mensch, der gewollt wird, erreichen können, wenn sie von Gott, der Wahrheit, unterstützt werden.

Der Wille und der Mensch, der will (der Schüler), stehen zwar in Beziehung zueinander; diese Beziehung ist allerdings nur von sekundärem Charakter. So wie materielle oder natürliche Ursachen als Schleier zwischen oberflächlichen Ansichten und göttlicher Macht und Würde dienen, damit niemand, der nicht in der Lage ist, die Realität der Dinge und Ereignisse zu verstehen, Gott, den Allmächtigen, für bestimmte Punkte anklagt, ist die Willenskraft des Menschen nicht mehr als ein Schatten des Schattens Dessen, der ...*tut, was Er will*.[226] So wie jeder Schatten von seinem Original abhängig ist, ist auch jeder erschaffene Wille von seinem Schöpfer abhängig. Die Lebendigkeit und Anziehungskraft, die wir im Spiegel beobachten, sind ja auch nicht den Reflexionen eines Objektes, sondern dem Objekt selbst eigen. Trotz allem ist es aber nicht einfach, dies zu verinnerlichen und zwischen Schatten und Original zu unterscheiden.

Erst wenn der Mensch wahrnimmt, dass sein Wille nur ein blasser Abglanz des Absoluten Willens (Dessen, der will) ist, und er zu der Stufe gelangt, an der er zu jemandem wird, der gewollt oder gewünscht wird, der von der Gefangenschaft durch seinen Körper und seine Gedanken befreit wird und sich zu einem Menschen von vollkommener Spiritualität und mit makellosem Bewusstsein entwickelt, erst dann kann er akzeptieren, dass sein Willen eine von ihm unabhängige Existenz besitzt. Tatsächlich ist der Reisende zu Beginn seiner

---

226 85:16

Reise jemand, der will, um dann zu jemandem zu werden, der gewollt wird. Solange er sich bemüht, seinen Dienst an Gott zu seiner zweiten Natur zu machen, und nach Wegen sucht, geliebt und gewünscht zu werden, ist er jemand, der will. An dem Punkt aber, wo seine Beziehung zu Gott zu einer unverzichtbaren Dimension seines Wesen wird, an dem Punkt, an dem er den Stempel Gottes auf allem erkennt und mit dem Wissen und der Liebe zu Gott in spirituellen Freuden schwelgt, hat er sich in jemandem, der gewollt wird, verwandelt.

Auf der Strecke zwischen der Gewissheit, die dem Wissen entspringt, und dem Endpunkt der Gewissheit, die sich aus Erfahrung ableitet, liegen viele Start- und Zielpunkte. Jede Stufe zwischen diesen beiden Punkten entspricht sowohl einem Start- als auch einem Zielpunkt. Viele meinen z.B., der Vers *Mein Herr, gib mir die Bereitschaft dazu!*[227] sei ein Zielpunkt; verglichen mit dem Vers *Haben Wir nicht deine Brust geweitet?*[228] ist er aber wohl eher ein Startpunkt. Für manche ist auch der Vers *Mein Herr, zeige (Dich) mir, auf dass ich Dich schauen mag*[229] ein Zielpunkt, auch wenn er den Beginn des Weges darstellt, der zu jener Stufe führt, die in Vers *Da wankte der Blick nicht, noch schweifte er ab*[230] Erwähnung findet. Auch der Vers *Mein Herr ist mit mir; Er wird mich richtig führen*[231] bezieht sich auf das Bewusstsein um die Gesellschaft Gottes und ist somit nicht zu vergleichen mit der höheren Wahrheit oder Realität, die in dem Vers *Sei nicht traurig; denn Allah ist mit uns*[232] zum Ausdruck kommt.

Zu Anfang sind Treue, Gewissenhaftigkeit und Entschlossenheit von entscheidender Bedeutung. Später werden diese jedoch von Ernsthaftigkeit, Selbstbeherrschung und Manierlichkeit abgelöst. Wer zu Beginn seiner Reise auf Abwege gerät, kommt erst gar nicht sehr weit; wer aber am Ende in die Irre geht, wird lediglich ermahnt.

---

227 20:25
228 94:1
229 7:143
230 53:17
231 26:62
232 9:40

Sorgfalt und Sensibilität bei der Erfüllung seiner Pflichten und das stete Gebet zu Gott schenken dem Reisenden Willenskraft. Darüber hinaus hängt es von seiner Aufmerksamkeit bei den über das Pflichtmaß hinaus gehenden Taten und der Verehrung Gottes ab, ob Gott, der Allmächtige, zu Augen wird, mit denen er sieht, zu Ohren, mit denen er hört, und zu Händen, mit denen er greift.[233]

---

233 Bukhari, *Riqaq*, 38, *Musnad*, 6.256

YAQIN (Gewissheit)

Yaqin (Gewissheit) beinhaltet, nicht an der Wahrheit der Dinge zu zweifeln und sich ein exaktes Wissen aneignen, das über alle Zweifel erhaben ist. Dieser Begriff wird auch im Sinne von Überprüfung, Streben nach Überzeugung, bzw. Durchführung von Studien und energischer Bemühung, zu einer Überzeugung zu gelangen, gebraucht. *Yaqin* ist eine spirituelle Stufe, zu der der Reisende auf dem Weg zum Wissen um Gott gelangt und die er erfährt. Nur Menschen, denen die Fähigkeit zur inneren Entwicklung ihrer Persönlichkeit eigen ist, können diese Stufe erklimmen. *Yaqin* wird aber nicht zur Bezeichnung des Wissens Gottes gebraucht, denn dieses ist grenzenlos und nimmt daher auch weder ab noch zu. Gott besitzt auch keinen Namen, der ihn vorstellen würde als Jemanden, der Gewissheit besitzt oder verleiht. Die Gewissheit ist eine Stufe, die der Eingeweihte durch Studium und Überprüfung dessen, was angezweifelt werden kann, erreicht. Gott hingegen kennt weder Zweifel an den Dingen, noch braucht er Bestätigung.

Gelehrten auf der Suche nach der Wahrheit zufolge, steht *Yaqin* für die Gewissheit des Eingeweihten, dass die grundlegenden Inhalte des Glaubens wie z.B. die Existenz und die Einheit Gottes der Wahrheit entsprechen und nicht anzuzweifeln sind. Als *Yaqin* wird auch der erfolgreiche Versuch bezeichnet, durch die Beobachtung oder Erfahrung der Glaubensinhalte, die für gewöhnliche Menschen maßgeblich sind, und durch die Wahrnehmung der Sphären hinter der materiellen Welt bzw. durch das Eintreten in diese Sphären, die Wahrheit herauszufinden. *Yaqin* kann einerseits als ein Startpunkt, andererseits aber auch als

ein Endpunkt betrachtet werden, an den der Reisende gelangt, indem
er sich alle Quellen des Wissens zu Nutze macht und auf allen Wegen
der Beobachtung und der Wahrnehmung wandelt. Ein Mensch der
Wahrheit, der an diesen Punkt gelangt ist, reist häufig zu den ewigen
Dingen. Er unternimmt in seinem Herzen eine ‚Himmelsreise' und erreicht den Horizont des Verses *Da wankte der Blick nicht, noch schweifte er ab.*[234] Er reist inmitten der leuchtenden Manifestationen Gottes.
Damit er die Zeichen Gottes erkennen kann, werden ihm eine Zunge
zum Sprechen, Augen zum Sehen und Ohren zum Hören verliehen, in
denen die Wahrheit einen festen Platz hat. Der Reisende auf dem Weg
zur Ewigkeit wird also als ein Resultat seiner fortgesetzten Beobachtungen
und Studien des Buchs des Universums und der Dinge und Ereignisse,
die in ihm enthalten sind, in die Lage versetzt, die unnachahmlichen,
nur Gott eigenen Siegel eben dieser Dinge und Ereignisse wahrzunehmen. Dadurch, dass der Mensch die Hintergründe, die sich ihm
während seines Studiums in der äußeren wie auch in der inneren Welt
präsentieren, studiert und über sie reflektiert, entdeckt er auch die
Wahrheiten, die sich hinter der sichtbaren Welt verbergen. Weil er darüber hinaus im wunderbaren geheimnisvollen Klima der göttlichen
Offenbarung von Koran und Sunna lebt, fühlt er die Manifestation des
Verborgenen Schatzes in seinem Herzen. Er wird sich der Zeichen
und Hinweise bewusst, die dem Prisma seines Bewusstseins entstam-
men und macht seine Erfahrung mit ihnen; er schickt sie direkt an seine Sinne und Talente. Diese Zeichen und Hinweise reflektieren die
Strahlen der Geschenke Gottes, die der äußeren und der inneren Welt
und der göttlichen Offenbarung entspringen. In dieser Bedeutung
und auf dieser Stufe ist die Gewissheit als ein Geschenk zu betrachten,
mit dem Gott diejenigen bedenkt, die Ihm nahe stehen.

Selbst auf ihrer untersten Stufe vermag die Gewissheit das Herz
mit Licht zu erfüllen und den Verstand vom Nebel der Zweifel zu befreien. Sie lässt den Wind von Freude, Heiterkeit und Befriedigung in
der inneren Welt des Menschen wehen. Dhu l-Nun al-Misri zufolge lässt die Gewissheit das Herz des Menschen von dem Bedürfnis, die Ewigkeit

---

234 53:17

zu erreichen, überfließen. Dieses Bedürfnis wiederum lehrt den Menschen, ein bescheidenes Leben zu führen. Durch Askese gewinnt der Mensch die Fähigkeit, rational zu denken und weise zu sprechen. Ein Mensch, der die Flügel der Askese besitzt und in den Sphären der Weisheit umherfliegt, vergisst daher nie, was seine Bestimmung ist, und denkt unablässig an das Leben nach dem Tod. Er spürt unentwegt, dass Gott ihn begleitet, auch während er sich unter Menschen befindet.[235]

Schon bei den ersten Schritten auf die Gewissheit zu beginnt sich der Schleier zwischen der materiellen und der immateriellen Seite der Existenz zu lüften. Im Anschluss kann der Mensch dann die Sphäre hinter der materiellen Welt wahrnehmen und - als ein Resultat der Tatsache, dass sein Herz von den Manifestationen Gottes durchdrungen ist - Frieden und Befriedigung erlangen. Fortan ist er gänzlich von allen Arten von Zweifeln an den Wahrheiten seines Glaubens befreit. Genau wie Ali ibn Abi Talib haben auch einige andere von jenen, die diese Stufe der Gewissheit erklommen haben, erklärt:

> „Selbst wenn sich der Schleier zwischen dem Sichtbaren und dem Unsichtbaren lüften würde, würde meine Gewissheit nicht anwachsen."[236]

Einige Schritte über diesen Punkt hinaus, an dem sich dem Reisenden die Realität der Dinge enthüllt, macht er Bekanntschaft mit der Stufe, auf der er in der reinen Sphäre der Geschenke Gottes reist, die kein Auge je gesehen, kein Ohr je gehört und kein Verstand je begriffen hat.

Um Gewissheit zu erlangen, muss sich der Eingeweihte zu Beginn seiner Reise darum bemühen, die notwendigen Voraussetzungen hierfür zu schaffen. Was er aber dann später verwirklicht, entspringt einzig und allein der reinen Gnade Gottes und ist ein Geschenk, das Er uns gewährt. Ohne sich ein angemessenes Wissen um Gott erworben zu haben, kann niemand Gewissheit erlangen.

---

235 Siehe Quschayri, *Ar-Risala*, 180.
236 Ali al-Qari, *Asrar al-Marfu'a*, 286

Wissen um Gott kann man sich aneignen

- durch ein genaues Urteil über oder einen klaren Blick auf die Dinge und Ereignisse;
- durch die Fähigkeit zu genauem und ausgewogenem Denken;
- durch lautere Absicht;
- durch das Studium der Beweise für die Existenz Gottes und Seine Einheit und
- durch das Nachdenken über Seine Handlungen und die Manifestationen Seiner Namen und Attribute.

Das Wissen um Gott ist das Licht, das die innere und die äußere Welt des Eingeweihten hell erleuchtet - ein Licht, das in allen Winkeln der Existenz strahlt. Unter dem Einfluss dieser Strahlen des Lichts sieht der Eingeweihte alle Dinge so, wie sie wirklich sind. Befreit von den Beschränkungen der Vielfalt (der Dinge und Ereignisse) erkennt er die Einheit Gottes und wird von unbeschreiblichen spirituellen Freuden hingerissen.

Zu Beginn seines Weges zur Gewissheit mag der Eingeweihte zwar noch Unbehagen verspüren; dieses macht im weiteren Verlauf seiner Reise aber unvorstellbaren Freuden und innerem Frieden Platz. Diejenigen, die nicht zwischen dem, was der Reisende anfangs spürt, und dem, was er später erfährt, unterscheiden können, ziehen den falschen Schluss, die Gewissheit sei mit einem Risiko verbunden. In Wirklichkeit spenden das konstante Gefühl der Begleitung Gottes und die spirituelle Freude, die dieses Gefühl mit sich bringt, Frieden und Sicherheit vor allen spirituellen Unwägbarkeiten und eventuellen Abweichungen. Unbehagen und Unruhe verspürt der Reisende nur am Anfang seines Weges zur Gewissheit. Wenn Gewissheit riskant sein soll, dann gibt es keine Stufe, auf der sich der Mensch nicht in Gefahr begibt. Der Prophet erklärte:

> *Selbst ich könnte nicht errettet werden (vor dem Höllenfeuer oder vor Gottes Bestrafung durch meine eigenen Taten), wenn Gott mich nicht in Seiner Gnade umarmen würde.*[237]

---

237 Bukhari, *Riqaq*, 18; Muslim, *Munafiqun*, 71-78

Sicherheit vor Unruhe und Unwägbarkeiten und innerer Frieden sind wie frische Früchte, die die Gewissheit auf Gottes Geheiß hin abwirft.

Die Sufis behandeln die Gewissheit mit Verweis auf den Koran, indem sie drei Kategorien unterscheiden:

- Die Gewissheit, die dem Wissen entspringt: Sie kennzeichnet einen starken, fest verankerten Glauben an alle Grundlagen des Glaubens (vor allem an die Existenz und die Einheit Gottes), der sich aus der genauen Beobachtung und dem Studium der entsprechenden Zeichen und Merkmale ableitet. Der Eingeweihte muss von diesen Grundlagen felsenfest überzeugt sein.

- Die Gewissheit, die direkter Beobachtung oder dem Sehen mit eigenen Augen entspringt: Sie bezeichnet ein unbeschreibliches Maß an Gewissheit und Wissen um Gott, das sich der Reisende durch die Beobachtung und Entschleierung derjenigen immateriellen Wahrheiten erwirbt, die gewöhnlichen Gläubigen verborgen bleiben, aber dennoch Glaubensgrundlagen darstellen.

- Die Gewissheit, die aus direkter Erfahrung stammt: Sie bezeichnet den Zustand, von Gottes ständiger Begleitung verwöhnt zu werden, ohne dass es da noch irgendeinen Schleier gäbe. Nur jemand, der diese Gunst erfährt, kann ihre genaue Beschaffenheit charakterisieren. Einige haben sie jedoch als Selbstauflösung in Gott beschrieben bzw. als Erlangen eines Daseins in Gott.

Diese drei Kategorien der Gewissheit lassen sich an einem simplen Beispiel verdeutlichen:

Die Gewissheit die der Beobachtung und bestimmten Nachforschungen auf biologischer Ebene entspringt, ermöglicht dem Menschen, schon vor seinem Tod zu wissen, dass er sterben wird. Sich einiger metaphysischer Phänomene gewahr zu werden, z.B. den Engel zu sehen, der kommt um die Seele in Empfang zu nehmen, und so einen Eindruck von der Zwischenwelt des Grabes zu gewinnen, kann man als eine Art von Gewissheit betrachten, die direkter Beobachtung entstammt. Den Tod direkt durch das Sterben zu erfahren, bedeutet Gewissheit durch direkte Erfahrung.

Jene Gewissheit, die sich auf abstrakte Wahrheiten wie die Namen und Attribute Gottes bezieht, welche sich ihrerseits aus direkter Beobachtung und Erfahrung ableiten, ist eng mit der persönlichen Erfahrung des einzelnen Menschen verbunden; daher übersteigt es meine Kompetenz, nähere Einzelheiten dieser Form von Gewissheit zu schildern.

DHIKR (Rezitation der Namen Gottes)

Erinnerung, Gedenken und Gedächtnis - so lauten die Bedeutungen von *Dhikr* im Alltagsleben. Die Sufis hingegen bezeichnen mit diesem Begriff die im Rahmen einer ‚Rezitationssitzung' regelmäßig durchgeführte Rezitation eines oder mehrerer Namen Gottes. Manche spirituelle bzw. Sufiorden ziehen es vor, ‚Gott' - den dem Göttlichen Wesen angemessenen Namen - zu rezitieren, einige bevorzugen die Proklamation der Einheit Gottes - Es gibt keine Gottheit außer Gott -, und andere favorisieren die Rezitation eines oder mehrerer anderer Namen Gottes, je nachdem, wie es der Ordensvorsteher für richtig hält.

Der Dankbarkeit vergleichbar ist auch *Dhikr* eine Pflicht des Dieners Gottes, die verbal und aktiv vom Herzen und von anderen Kräften des Bewusstseins durchgeführt wird. Der verbale *Dhikr* reicht von der Erwähnung Gottes, des Allmächtigen, mit all Seinen wunderbaren Namen und heiligen Attributen über die Lobpreisung und die Verherrlichung Gottes, das Eingeständnis und die Verkündigung der eigenen Machtlosigkeit und Bedürftigkeit Ihm gegenüber (in Form von demütigem Bitten und Gebet) bis hin zur Rezitation Seines Buches und dessen Befolgen sowie zur mündlichen Artikulation Seiner Zeichen in der Natur und der speziellen Siegel, die Er auf allen Dingen und Ereignissen hinterlässt. Ein mit den Kräften des Bewusstseins, vor allem des Herzens, bewerkstelligter *Dhikr* beinhaltet, über die Beweise der Existenz Gottes und Seiner Einheit und über Seine Namen und Attribute, die im Buch der Schöpfung erstrahlen, zu reflektieren. Weiterhin gehört zum *Dhikr*, über die Gebote, Versprechen,

Drohungen, Belohnungen und Strafen zu meditieren, mit denen Gott unser Leben gestaltet und formt. *Dhikr* bedeutet auch, sich zu bemühen, in die Geheimnisse, die hinter dem Schleier der sichtbaren Existenz liegen, einzutauchen, indem man die Schöpfung beobachtet und gewissen spirituellen Disziplinen folgt. Er erfordert, die himmlischen Schönheiten, die sich als Resultate eines solchen Eintauchens offenbaren, zu studieren. Schließlich verlangt diese Art von *Dhikr*, davon auszugehen, dass alles, was im Universum existiert - von den Galaxien bis hin zu den Atomen - aus der himmlischen Welt herüber kommt, die Bedeutung der unsichtbaren Welt manifestiert und als ein Fenster fungiert, von dem aus sich die Wahrheit der Wahrheiten entdecken lässt. Wer in der Lage ist, ständig den Puls des Seins zu spüren, die unsichtbare Welt ausdrucksvoll kommunizieren zu hören und die Manifestationen der Gnade und Macht durch jene Fenster zu beobachten, ist von den spirituellen Freuden, die weder ein Auge je sah, noch ein Ohr je hörte, so hingerissen, dass eine Stunde, die er in dieser Atmosphäre verbringt, Hunderte von Jahren wiegt. Ein solcher Mensch schreitet, überhäuft von den Geschenken und spirituellen Freuden Gottes, auf seinem Weg zur Ewigkeit voran. An dem Punkt, an dem der Rezitierende spürt, dass die Lichter Seines verklärten Antlitzes die ganze Existenz umfassen, wird er damit belohnt, unbeschreibliche Bilder zu sehen. Er nimmt wahr, dass er gerade dabei ist, Gottes mit vielen Seiner Namen zu gedenken, während er sich gleichzeitig aller anderen Wesen, die Gottes Namen rezitieren, bewusst ist.

Gelegentlich führt die Rezitation der Namen Gottes den Rezitierenden in einen tranceartigen Zustand, in dem er sich selbst verliert. In diesem Zustand des Hingerissenseins und der ekstatischen Betrachtung sprechen einige der Reisenden Sätze wie „Außer Ihm existiert nichts", „Außer Ihm ist nichts wahrnehmbar" und „Es gibt keine Gottheit außer Gott." Andere wiederum beschränken sich darauf, „Außer Gott!" auszurufen und fahren dann fort, Gottes Einheit zu bekräftigen. Dem allumfassenden Charakter ihres Bewusstseins entsprechend kennen sie die Namen Gottes und deren Bedeutungen auswendig.

Die kurzen Augenblicke, die der Eingeweihte in der Atmosphäre
der Nähe zu Gott und in Seiner Gesellschaft, verbringt - die Sekunden
des Lichts und der Strahlung - sind in Hinblick auf das ewige Leben
glücklicher und einträglicher als Jahre, die er im Dunkeln verbringt.
Auf diese Wahrheit beziehen sich auch die folgenden Worte, die dem
Propheten zugeschrieben werden:

> *Ich verbringe eine Zeit mit meinem Gott, in der nicht einmal einer der*
> *Engel, die Ihm am nächsten stehen, oder einer der anderen Propheten,*
> *die als Gesandte geschickt wurden, mit mir konkurrieren kann.*[238]

Die aktive Rezitation, die Rezitation mit dem Körper, basiert
darauf, die Religion mit größter Umsicht auszuüben, allen Pflichten
mit Eifer nachzukommen und sich bewusst alles Verbotenen zu enthalten. Weisheit und Bewusstheit im Rahmen der verbalen Rezitation
hängen vor allem an der aktiven Rezitation, wobei diese aber auch
noch weitere Bedeutungen besitzt:

- das Klopfen an die Tür zur Göttlichkeit;
- das Suchen nach Wegen, am Hofe Gottes zugelassen zu werden;
- die Zufluchtsuche bei der Kraft und dem Reichtum Gottes und
- das Eingeständnis der eigenen Hilflosigkeit und Abhängigkeit.

Jemand, der Gottes regelmäßig und mit großem Eifer gedenkt
oder einen oder mehrere Seiner Namen rezitiert, wird von Gott unter
Seine Fittiche genommen und von Ihm unterstützt, als habe er einen
Vertrag mit Ihm geschlossen. Der Koranvers *So gedenkt also Meiner, damit Ich eurer gedenke*[239] beschreibt jene Stufe der Rezitation, auf der die
angeborene Schwäche des Menschen zur Quelle von Reichtum und
seine Machtlosigkeit zur Quelle von Kraft wird.

Dieser Vers hat folgende Bedeutung: Wenn man Gottes gedenkt
und Ihn regelmäßig anbetet, wird Er dies mit Seinen Gunstbeweisen
und Gaben vergelten. Wenn wir Ihn anflehen und zu Ihm beten, wird
Er uns mit Seinen Geschenken überhäufen. Wenn wir Ihn nicht bei
unseren irdischen Angelegenheiten und Bemühungen vergessen, wird

---

238 Adschluni, *Kaschf al-Khafa'*, 2.173
239 2:152

Er die Hindernisse, die uns in dieser und der kommenden Welt blockieren, aus dem Weg räumen. Wenn wir allein sind, werden wir Seine Gesellschaft spüren, und immer wenn wir einsam sind und Freundschaft brauchen, wird Er für uns da sein. Wenn wir stets an Ihn denken, wenn wir uns wohl fühlen und es uns gut geht, wird Er Sich unserer erbarmen, sollten wir Kummer und Leid ausgesetzt sein. Wenn wir uns bemühen, Ihm den Weg zu ebnen und Seinen Name in der ganzen Welt zu verbreiten, wird Er uns hier und im Jenseits vor Erniedrigung und Demütigung bewahren. Wenn wir in unseren Bestrebungen für Seine Sache aufrichtig sind, wird Er uns unsere Bemühungen mit Geschenken und Bewusstseinsstufen vergüten, die weder ein Auge je geschaut, noch ein Herz je gefühlt hat. Das Verlangen, Gottes zu gedenken und Seine Namen zu rezitieren, wird mit Seiner Unterstützung und Rechtleitung belohnt. Diese erlauben uns dann, auch in der Zukunft weiter mit der Verehrung Gottes fortzufahren. Die Umsetzung des bereits an anderer Stelle erwähnten Koranverses *Und seid Mir dankbar und verleugnet Mich nicht*[240] weist auf einen Kreislauf des Guten hin, in dem der Gläubige von der Rezitation direkt auf die Stufe der Dankbarkeit wechselt und von dort wieder zurück zur Rezitation.

Die Rezitation ist die Essenz aller Arten oder aller Handlungen der Verehrung Gottes, und der Quell dieser Essenz sind erstens der Heilige Koran und zweitens die glanzvollen Worte des Propheten, dem die Scharia gesandt wurde.

Mit all ihren Aspekten und in all ihren hier beschriebenen Formen stellt die Rezitation - ob hörbar oder schweigend durchgeführt - eine Handlung dar, die darauf ausgelegt ist, die Manifestationen des Lichtes des ‚Antlitzes' Gottes anzuziehen und zu verkörpern.

Rezitation bedeutet auch, aus Dankbarkeit für Seine sichtbaren und verborgenen Gunstbeweise allen Menschen und Dschinnen Gott zu verkünden und Seinen Namen auf der ganzen Welt zu verbreiten. Sollte es irgendwann einmal nahezu keinen Menschen mehr geben, der bereit ist, Seinen Namen zu verkünden, verlöre die Existenz ihren Sinn. Der Prophet Muhammad erklärte, dass die totale Zerstörung des

---

240 2:152

Universums dann unmittelbar bevorsteht, wenn es kaum noch jemanden gibt, der die Sache Gottes verkündet.[241]

Die Rezitation, wie auch immer sie verrichtet wird, ist der sicherste und solideste Weg zu Gott. Wer diesen Weg nicht einschlägt, gelangt nur unter großen Schwierigkeiten zu Ihm. Welch unerschöpfli-
che Quelle der Unterstützung und des (spirituellen) Beistands doch
darin liegt, dass der Mensch Gottes in seinem Bewusstsein gedenkt
und die Erinnerung an Ihn mit seiner Zunge und anderen Sinnen in
Worte fasst!

Die Rezitation gleicht einer Reise zu Gott. Beginnt ein Mensch,
Gottes zu gedenken oder die Namen Gottes mit seiner Zunge, mit anderen Sinnen oder mit seinem Herzen einem Chor gleich zu rezitieren,
findet er sich in einem geheimnisvollen Aufzug wieder, der ihn in
Sphären trägt, in denen die Seelen umher fliegen. Durch die einen Spalt
breit geöffneten Himmelstüren schaut er unbeschreibliche Bilder.

Für die Rezitation der Namen Gottes gibt es keine festgelegte Zeit.
Zwar sind die vorgeschriebenen fünf täglichen Pflichtgebete, die die
wichtigste Verehrungshandlung darstellen und damit wie ein
‚Schiffsmast' aus der Religion herausragen, an bestimmte Tageszeiten
gebunden. Gottes gedenken und Seine Namen rezitieren kann der
Mensch jedoch, wann immer er möchte. Wie aus dem Koranvers ...*die
Allahs gedenken im Stehen und im Sitzen und (Liegen) auf ihren Seiten*[242]
hervorgeht, ist die Rezitation der Namen Gottes weder in Zeit noch in
Ausführung irgendwelchen Einschränkungen unterworfen.

In Koran, Sunna und den Büchern der aufrichtigen Gelehrten, die
in den frühislamischen Jahrhunderten lebten, wird man kaum auf irgendetwas stoßen, das nachdrücklicher empfohlen wird als die Rezitation
der Namen Gottes. Egal ob tägliches Gebet oder *Dschihad* auf dem Weg
Gottes - die Rezitation ist die Seele aller Arten von Gottesverehrung.

Die Gründlichkeit und Tiefe der Rezitation eines Menschen entspricht der Tiefe, mit der er Gott fühlt. Sufis nennen sie Wahrnehmung
des Herzens oder Bezeugen. Manche gedenken Gottes auf geheimnis-

---

241 Muslim, *Iman*, 234
242 3:191

volle Art und Weise in ihrem Herzen und gelangen so zu Ihm. Andere erkennen Ihn mit ihrem Bewusstsein und fühlen ständig Seine Begleitung, indem sie Vertrauen beweisen und in ihren inneren Welten nach Unterstützung suchen. Da sie Ihn in ständiger Erinnerung haben und Seiner mit ihrem Herzen und ihrem Bewusstsein gedenken, da sie Ihn fortwährend in ihrem ganzen Wesen spüren und sich Seiner Allgegenwart immer bewusst sind, empfinden sie das rein verbale Gedenken Gottes als Achtlosigkeit und Unwissenheit Ihm gegenüber. Wer diese Stufe des *Dhikr* erklommen hat, kann sagen: „Gott weiß, dass ich mich nicht an Ihn erinnere, um Seiner gerade jetzt zu gedenken. Wie sollte ich mich auch erinnern und Seiner gedenken, wenn ich Ihn doch niemals vergessen habe?"

IHSAN (Vollkommene Tugend)

Ihsan besitzt im Allgemeinen zwei Bedeutungen: etwas auf vollkommene Art und Weise tun und jemandem etwas Gutes tun, eine Gunst erweisen. Taucht der Begriff *Ihsan* in Koran oder Sunna auf, ist damit meistens eine dieser beiden Bedeutungen gemeint; gelegentlich umfasst *Ihsan* aber auch beide (wie in den Reflexionen des Kapitels *Qalb 2* deutlich wurde, wo es um die Vorstellung ging, die der Prophet Joseph von *Ihsan* hatte).

Gelehrten auf der Suche nach der Wahrheit zufolge stellt die vollkommene Tugend eine Handlung des Herzens dar, die darauf abzielt,

- den Normen der Wahrheit entsprechend zu denken,
- das Vorhaben, Gutes und nützliche Dinge zu tun, ins Auge zu fassen und in die Tat umzusetzen und
- Zeremonien der Verehrung in dem Bewusstsein durchzuführen, sie dem Blick Gottes zu präsentieren.

Um vollkommene Tugend zu erlangen, muss der Eingeweihte seine Gedanken, Gefühle und Pläne auf einen festen Glauben stützen und sich in diesen vertiefen, indem er die Grundlagen des Islam praktiziert und sein Herz darauf vorbereitet, die Geschenke Gottes entgegenzunehmen und im Lichte der Manifestationen Gottes zu erstrahlen. Nur wer diese Stufe des *Ihsan* erreicht hat, kann - mit dem Ziel, Gott eine Freude zu bereiten, und ohne irgendeine Anerkennung dafür zu erwarten - anderen Menschen wirklich Gutes tun.

Vollkommene Tugend heißt, Gott zu verehren, als würde man Ihn sehen. Selbst wenn du Ihn nicht siehst, sieht Er dich ganz gewiss[243], heißt es

---

243 Bukhari, *Iman*, 37; Muslim, *Iman*, 7; Abu Dawud, *Sunna*, 16

in den Worten des Propheten. In seiner umfassendsten und exaktesten Bedeutung drückt *Ihsan* aus, dass ein Eingeweihter alles, was er unternimmt, fehlerfrei und im Bewusstsein, von Gott gesehen zu werden, tut. Auf alles, was er unternimmt, muss er sich mit seinem Willen, seinen Gefühlen, seinem Bewusstsein und seinen inneren und äußeren Sinnen konzentrieren. Ein Eingeweihter, der dieses Maß an Bewusstheit um die ständige Kontrolle durch Gott besitzt, und sich infolgedessen bemüht, dass ihm keine Fehler unterlaufen, kann nur Gutes tun. Dass er anderen etwas Gutes tut, gehört fortan zu den elementaren Attributen seines Wesens. Dieses Attribut strahlt genauso hell von ihm aus, wie die Sonnenstrahlen von ihrer Quelle ausstrahlen.

Ihsan in der Bedeutung, anderen etwas Gutes zu tun, kommt im folgenden Prinzip zum Ausdruck, das uns der Prophet verdeutlicht hat:

> *Du solltest deinem Glaubensbruder all das wünschen, was du dir selbst wünschst.*[244]

Die universelle Bedeutung des Begriffs *Ihsan* wird durch eine Prophetentradition definiert:

> *Gewiss hat Gott entschieden, dass ihr euch in dem, was ihr tut, auszeichnen müsst. Wenn ihr jemanden mit dem Tode bestraft, tut es ohne Hass; schlachtet ihr ein Tier, tut es ohne Grausamkeit. Lasst den, der schlachtet, sein Messer schärfen und das Tier nicht zu sehr leiden.*[245]

Das Bewusstsein um die Tugend ist ein geheimnisvoller Schlüssel, der die Tür zu einem Kreislauf des Guten aufschließt. Der Mensch, der diese Tür dann aufstößt und den hell erleuchteten Korridor betritt, findet sich auf einer ‚Wendeltreppe' ins geheimnisvolle Unbekannte wieder; ihm ist, als betrete er eine Rolltreppe. Er ist jetzt im Besitz der Tugend; wenn er nun auch seinen freien Willen einsetzt, um stets Gutes zu bewirken und sich von Bösem fern zu halten, bringt ihn jeder Schritt, den er tut, zwei Schritte nach vorn. Im folgenden Vers ist davon die Rede:

---

244 Bukhari, *Iman*, 7; Muslim, *Iman*, 71
245 Muslim, *Sayd*, 57; Tirmidhi, *Diyat*, 14

Kann denn der Lohn für Güte etwas anderes sein als Güte?[246]

Muhammad, der Gesandte Gottes, befragte seine Anhänger einmal zu diesem Vers: *Wisst ihr, was euer Herr mit diesem Vers sagen will?* Sie entgegneten ihm: „Gott und Sein Gesandter wissen es besser als wir." Da erklärte er ihnen:

> *Die Belohnung dessen, dem Ich den Glauben an die Heilige Einheit und die Tugend verliehen habe, ist das Paradies.*[247]

Wenn das Bewusstsein um die Tugend alle Hügel des Herzens wie Regenwolken eingehüllt hat, beginnen sich die Gunstbeweise Gottes wie Schauer abzuregnen, und der Eingeweihte - der nun die Erfahrung des Verses *Denen, die Gutes tun, soll das Beste zuteil sein und noch mehr* macht - fühlt das große Vergnügen, als menschliches Wesen erschaffen worden zu sein.

Zusätzlich zur Gnade Gottes, die als Belohnung für die tugendhaften Taten hinab kommt, existieren noch weitere Geschenke Gottes, die Seiner Barmherzigkeit und Güte entspringen. Sie werden für die ehrlichen Absichten des Herzens gewährt; allerdings können wir sie nicht wahrnehmen, geschweige denn beschreiben.

Ein lauteres Herz ist ein Herz, das den Menschen direkt und ohne Umwege zu Gott führt; und die Tugend ist die wertvollste Handlung des Herzens - die Handlung, die die größte Belohnung verspricht. Die Tugend ist der sicherste Weg, die Hügel der Aufrichtigkeit zu erklimmen, und gleichzeitig das zuverlässigste Mittel, die Gipfel der Anerkennung durch Gott zu besteigen und vor dem Ewigen Zeugen die Selbstbeherrschung zu wahren. Hunderttausende von Menschen, Gläubige mit großer Furcht und Ehrfurcht vor Gott, haben sich der Flügel ihrer guten Handlungen bedient, um sich auf den Weg zu Gott zu machen; nur wenige haben aber den Gipfel erreicht. Lassen wir diejenigen, die es noch nicht geschafft haben, ihr Bestes geben, um doch noch ans Ziel zu kommen. Jene aber, die bereits angekommen sind,

---

246 55:60
247 Tabari, *Dschami' l-Bayan* (Interpretation der Sure *ar-Rahman*)

merken erst dort, wie hässlich all das ist, was Gott nicht liebt. Sie sind den Menschen, die noch nicht am Ziel sind, sehr verbunden. Sie machen sich daran, alles zu tun, was Gott wünscht und eignen sich dieses Bemühen als ihre zweite Natur an.

BASIRA und FIRASA
(Einsicht und Urteilskraft)

Basira (Einsicht) steht im Allgemeinen für Wahrnehmung, Intelligenz, Besonnenheit, Klarheit und Bestätigung. Im sufistischen Kontext definieren wir sie als die Sorge um ein offenes Herz und eine tiefe Wahrnehmung, als weise Voraussicht oder als die Fähigkeit, schon zu Beginn einer Handlung deren Konsequenzen zu erkennen.

Die Einsicht erfordert ein außergewöhnliches, tieferes Eindringen in die menschliche Sprache der Spiritualität. Die Einsicht ist die einzige Quelle spirituellen Wissens, die sich durch tiefsinnige Gedanken und Inspiration speist. Sie stellt die erste Stufe in der Wahrnehmung der Realität der Dinge durch den Verstand dar. Die Einsicht ist eine Bewusstseinskraft, die jene Werte, die dem Geist entspringen, wahrnimmt und ihnen auch dort Geltung verschafft, wo sich die Vernunft in Farben, Formen und Qualitäten verstrickt. Die Einsicht ist aber auch eine Wahrnehmungskraft, die durch das Licht der Nähe zu Gott so geschärft ist, dass sie in Tälern, in denen andere Wahrnehmungskräfte durch Trugbilder geschwächt sind, eine große Vertrautheit mit den Mysterien, die hinter den Dingen liegen, entwickelt. Hier braucht sie keine Führung und keine klare Sicht, um zur Wahrheit der Wahrheiten zu finden, die sogar die Vernunft in die Irre führt.

Das Sehen ist eine hervorstechende Eigenschaft Gottes, und die Einsicht des Menschen ist wie im Koranvers *Wir Selbst verteilen unter ihnen ihren Lebensunterhalt im irdischen Leben*[248] beschrieben genau so groß,

---

248 43:32

wie er die Manifestationen dieser Eigenschaft zu empfangen vermag. Der größte Anteil an der Einsicht gebührt dem Propheten Muhammad, der von jener Quelle Gottes am meisten profitiert hat und seine Inspirationen an die Herzen seiner Anhänger, die hinter ihm standen, weiter gegeben hat. Er ist der strahlendste Spiegel der Manifestationen der Wahrheit, unübertroffen im Empfang dieser Manifestationen. Gottes Aussage *Sprich: „Das ist mein Weg: Ich rufe zu Allah; ich und diejenigen, die mir folgen...“*[249] bezieht sich auf die Größe des Anteils des Fürsten der Propheten und seiner Anhänger an jenem Geschenk Gottes.

Durch seine unvergleichliche Empfänglichkeit erreichte der heilige Reisende auf dem Weg seiner Himmelsreise mit der Geschwindigkeit eines Atemzugs die Sphären jenseits der körperlichen Existenz, welche Menschen ohne eine zumindest ansatzweise vergleichbare Wahrnehmung als dunkel, fremd oder gar nicht existent betrachten. Er studierte diese Sphären wie ein Buch und reiste an den ‚Hängen‘ des Unbekannten, wo die archetypischen Tafeln ausgestellt sind und ihn die Melodien der Stifte der Vorherbestimmung, die bewirken, dass die Menschen ihren Herzschlag spüren, erschauern ließen. Begleitet von himmlischen Dienern und Dienerinnen besuchte er das Paradies und *...empfing bis er eine Entfernung von zwei Bogenlängen erreicht hatte oder noch näher...*[250] an einem Punkt, wo Raum und Ort nicht definiert und undifferenziert sind, einen Willkommensgruß Gottes.

Die Freude an der Beobachtung, die die Einsicht gelegentlich verleiht, sorgt für eine neue, tiefere Dimension des Scharfblicks. Sie lässt den Menschen die immaterielle Dimension und die Bedeutungen der Dinge und Ereignisse erfahren. Sein Geist erfasst dann sogar innerhalb unserer dreidimensionalen Sphäre einige neue Dimensionen, und sein Bewusstsein wird zum Auge der Existenz, zu ihrem Puls und zu ihrem Verstand.

Zusätzlich zu ihren anderen Bedeutungen - Wahrnehmung und Verstehen - bezeichnet die Urteilskraft (*Firasa*) das Vertiefen der Einsicht, wobei die Wahrnehmung zur Quelle eines bestimmten Wissens wird.

---

249   12:108
250   53:9

Diejenigen, die mit Augen ausgestattet sind, welche Urteilskraft aufweisen und sich den Manifestationen des Lichts Gottes gegenüber öffnen, besitzen eine solche Sehschärfe, dass sie alles, was geschieht, und alle Sachverhalte in absoluter Klarheit erkennen, selbst wenn diese noch so undeutlich und vernebelt sind. Solche Menschen lassen sich auch dann nicht irritieren, wenn sie von sich ähnelnden Elementen umgeben sind, die sich kaum auseinanderhalten lassen, und sie verlieren sich nie in Details. Sehen sie Zucker, haben sie auch das Zuckerrohr vor Augen, trinken sie Wasser, sind sie sich des Sauerstoffs und des Wasserstoffs bewusst. Alle Arten von Abweichungen wie z.B. Pantheismus und Monismus liegen ihnen fern; stattdessen kennen sie die tatsächliche Form des Schöpfers und des Erschaffenen.

Für diejenigen, auf die sich der Koranvers *Wahrlich, hierin liegen Zeichen für die Einsichtigen*[251] bezieht, entspricht vom Gesicht jedes einzelnen Menschen bis hin zum Gesicht des Universums jeder Punkt, jedes Wort und jede Linie in der Existenz einer bedeutungsvollen Botschaft oder sogar einem ganzen Buch. Diejenigen aber, die eine Statur besitzen, welche ihnen erlaubt, von dem Punkt auf die Existenz zu schauen, der in der Prophetentradition *Fürchte die Urteilskraft eines Gläubigen, denn er sieht mit dem Licht Gottes!*[252] genannt wird, treten in Kontakt zur Realität der Dinge und werden mit der unsichtbaren Seite der Existenz vertraut gemacht. Ihnen enthüllt sich das wahre Gesicht der Dinge, und so beleuchten sie die Ereignisse aus dieser Warte. Während einige Menschen ihr Leben in ‚Schwarzen Löchern' verbringen, sind sie mit wachsender Begeisterung von den paradiesähnlichen ‚Hängen' entzückt.

Aus der Warte eines Menschen mit Urteilskraft betrachtet entspricht die Existenz einem unendlich viele Seiten umfassenden Buch, in dem alle Dinge, ob leblos oder lebendig, Worte darstellen, die in Tausenden von Bedeutungen erstrahlen. Für einen solchen Menschen sind das Antlitz der Existenz und jeder einzelne Mensch unterschiedliche Ausdrücke vieler versteckter Realitäten. Wahrhaft spirituelle Menschen

---

251 15:75
252 Tirmidhi, *Tafsir al-Qur'an*, 15.6

sehen in den ‚Versen' jenes Buches und in den klaren Ausdrücken jener Verse Dinge und Botschaften, die selbst die fähigsten Menschen nicht begreifen können. Die Überraschungen, die die Gläubigen in der anderen Welt (ihrer Stufe angemessen) erwarten, wurden von Augen nie geschaut, von Ohren nie gehört und von keinem Verstand je wahrgenommen. Ihnen aber werden sie zusammen mit den spirituellen Freuden, die sie spenden, einst enthüllt werden.

SAKINA und *ITMI'NAN*
(Gelassenheit und Friedfertigkeit)

Außerhalb des sufistischen Kontexts steht der Begriff *Sakina* für Ruhe, Stille, Beständigkeit, Festlichkeit, Vertrautheit und für das Abflauen von Wellen. Damit bildet er ein Gegengewicht zu Begriffen wie Leichtfertigkeit, Leichtsinn, Rastlosigkeit, Schwanken oder Unschlüssigkeit. In der Sprache des Sufismus drückt *Sakina* aus, dass das Herz durch die Geschenke, die ihm aus dem Unsichtbaren zufliegen, zur Ruhe kommt. Ein zur Ruhe gekommenes Herz kann, solange es in höchster Aufmerksamkeit und Selbstkontrolle verharrt, stets auf eine Brise aus den uns fremden Sphären hoffen und reist im *Itmi'nan* (in der Friedfertigkeit) umher. Diese Stufe bildet zugleich den Ausgangspunkt der Stufe der Gewissheit (*Yaqin*), die der direkten Beobachtung entspringt. Die Geschenke, die dem Wissen entspringen, wurden oftmals mit denen verwechselt, die man sich durch Einsicht ,erwirbt', was zur Folge hatte, dass sich der Horizont der Beobachtung geheimer Wahrheiten verdunkelt hat. Diese Verwechslung zog auch gewisse falsche Schlussfolgerungen bezüglich der Realität der Dinge nach sich.

Manchmal tritt die Gelassenheit in der Form wahrnehmbarer oder nicht wahrnehmbarer Zeichen zu Tage; dann wiederum erscheint sie so klar, dass sie sogar von gewöhnlichen Menschen identifiziert werden kann. Bisweilen ähneln die Gelassenheit und ihre Zeichen einem spirituellen Hauch oder einem von Gott entfachten Windstoß, der nur mit größter Wachsamkeit zu spüren ist. Vereinzelt aber präsentieren sie sich auch wie durch ein Wunder so klar bzw. in solch manifester Form, dass jeder sie sehen kann, ganz so wie sie sich damals den Kindern

Israels darstellten. Sie verbleiben dann eine gewisse Zeit bei denen, die es verdienen, mit ihnen belohnt zu werden. Während diese Menschen den Koran lesen, um ihre Willenskraft zu festigen und zu stärken, nehmen die Gelassenheit und ihre Zeichen die Gestalt von jenem Nebel oder Dunst an, der einst auch Usayd ibn Khudayr einhüllte.[253] In jedem Fall aber dient *Sakina* als Bekräftigung Gottes und als Ausdruck Seiner Dankbarkeit und Freude all denjenigen Gläubigen gegenüber, die sich ihrer Machtlosigkeit und Bedürftigkeit vor Ihm bewusst sind. So steht es auch im Koran geschrieben:

> *Er ist es, der die Ruhe in die Herzen der Gläubigen niedersandte, damit sie ihrem Glauben Glauben hinzufügen.*[254]

Ein Gläubiger, der durch Gelassenheit gestärkt ist, lässt sich durch weltliche Ängste, Kummer und Sorgen nicht erschüttern und findet Frieden, Integrität und Harmonie zwischen seiner inneren und äußeren Welt. Er besitzt Würde, ist ausgeglichen, zuversichtlich, sicher und ernst in seinem Auftreten sowie beherrscht und aufmerksam in seiner Beziehung zu Gott. Egoismus, Eitelkeit und Hochmut sind ihm fremd. Jedes spirituelle Geschenk und jede Unterstützung, die er erhält, schreibt er Gott zu. Er ist bescheiden und diszipliniert genug, Ihm dafür zu danken; Unzufriedenheit und Unbehagen, unter denen er leidet, schreibt er sich dagegen selbst zu. Außerdem übt er Selbstkritik.

Itmi'nan heißt, sich in einem Zustand vollkommener Ruhe zu befinden und vollkommen zufrieden gestellt zu sein, ohne sich irgendeinen Fehltritt zu erlauben. Die Friedfertigkeit ist ein Zustand, der noch über die Gelassenheit hinaus geht. Wenn man Gelassenheit als den Startpunkt der Befreiung von theoretischem Wissen und der Suche nach der Wahrheit definiert, ist die Friedfertigkeit der Endpunkt bzw. die letzte Station.

Die Stufen *radiya* (von Gott in Zufriedenheit erfreut sein) und *mardiyya* (von Gott anerkannt werden) sind zwei Dimensionen der

---

253 Usayd ibn Khudayr, einer der Gefährten des Propheten, fühlte sich, während er den Koran las, von einem Dunst wie von einer Masse umgeben und war darüber sehr erfreut.

254 48:4

Friedfertigkeit, die zu den guten und rechtschaffenen Aspekten wie auch zum tiefen Sinn der Zufriedenheit gehören. Die Stufen *mulhama* (von Gott inspiriert sein) und *zakiyya* (von Gott gereinigt sein) stellen zwei weitere Stufen der Friedfertigkeit dar, die jenen vorbehalten sind, die Gott nahe sind. Diese beiden Stufen sind schwer definierbar, und die Geschenke, die ihnen entspringen, sind rein und großzügig bemessen.

Auch bei Menschen, die Gelassenheit demonstrieren, können sich gelegentlich Gedanken und Neigungen einschleichen, die Gott missfallen. Bei Menschen, die friedfertig sind und sich im Zustand der Ruhe befinden, herrscht jedoch nur noch vollkommene Stille. Friedfertige Herzen bemühen sich immerfort, die Bestätigung durch Gott und Sein Wohlgefallen zu erlangen; die ‚Kompassnadel‘ ihres Bewusstseins bricht nie aus. Die Friedfertigkeit ist eine Stufe noch gesteigerter Gewissheit; der Reisende, der ihre einzelnen Stufen nimmt, wird hier immer wieder Zeuge der Wahrheit des Koranverses *Doch! Aber (ich frage,) um mein Herz zu beruhigen*[255] und wird mit unterschiedlichen Geschenken belohnt. Wo er sich auch befindet, jederzeit fühlt er den Wind des Verses *...und sie werden weder Angst haben, noch werden sie traurig sein*[256] und hört die guten Neuigkeiten der Worte Gottes *Fürchtet euch nicht und seid nicht traurig, und erfreut euch des Paradieses, das euch verheißen wurde.*[257] Er schmeckt das süße lebensspendende ‚Wasser‘ des Verses *Es sind jene, die glauben und deren Herzen Trost finden im Gedenken an Allah*[258] und triumphiert über seine Körperlichkeit.

Friedfertigkeit bedeutet, materielle Interessen zu überwinden. Hier endet die vernunftbestimmte Reise, und der Geist ist von allem Kummer befreit. Gefühle finden an diesem Punkt was immer sie auch suchen und werden so tief, weit und friedvoll wie ein stiller Ozean.

Ein Mensch, der diese Stufe erreicht hat, findet allein dadurch, dass er die Begleitung Gottes spürt, seinen Frieden. Er wird sich der Schönheit und Gnade Gottes in seinem Herzen bewusst und fühlt sich durch sein Treffen mit Gott zu Ihm hingezogen. Er ist sich auch der Tatsache bewusst, dass die ganze Schöpfung durch Sein Dasein exi-

---

255 2:260
256 2:62,112,262
257 41:30
258 13:28

stiert. Er weiß, dass er selbst nur deshalb sprechen kann, weil auch Gott spricht. Einem Menschen auf dieser Stufe steht ein weites ‚Fenster' offen. Dieses Fenster erlaubt ihm, trotz seiner Unzulänglichkeit unendlich weit zu sehen und zu hören, und schenkt ihm eine unendlich große Auffassungsgabe. Dem Strudel selbst der außergewöhnlichsten Vorkommnisse, die jeden anderen verwirren und bestürzen, entkommt er mit Leichtigkeit und setzt seine Reise unbeirrt fort.

Ein Mensch mit einem Herzen, das sich im Ruhezustand befindet, ist nicht nur aller weltlichen Sorgen ledig, sondern heißt auch den Tod und alles, was danach kommt, mit einem Lächeln willkommen und lauscht den Komplimenten und Glückwünschen Gottes:

> *Kehre zurück zu deinem Herrn wohlzufrieden und mit (Allahs) Wohlwollen. So schließ' dich dem Kreis Meiner Diener an. Und tritt ein in Mein Paradies.*[259]

Für ihn stellt der Tod das erstrebenswerteste Resultat des Lebens dar. Ist sein Leben zu Ende, vernimmt er auf jeder Stufe, die er nach seinem Tod erklimmt, die gleichen Glückwünsche, die einst auch am Grab von ibn Abbas zu vernehmen waren:

> *Kehre zu deinem Gott zurück, erfreut und erfreuend! Reihe dich unter Meine Diener ein, betritt Meinen Garten.*

Er verbringt sein Leben im Grab an den Gestaden des Paradieses, nimmt voller Verwunderung und Bewunderung an der Großen Versammlung teil, erlebt mit Erstaunen und Ehrfurcht das ‚Abwiegen' der menschlichen Taten, überquert die Brücke, die auch jeder andere Mensch überqueren muss, und erreicht schließlich das Paradies, den letzten Wohnort jener, deren Herzen sich im Ruhezustand befinden und die ihren Frieden und ihre Stille gefunden haben.

Einem solchen Menschen erscheint die Welt wie der Berg *Arafat* (der Berg, an dem muslimische Pilger am Vorabend des Heiligen Opferfestes eine Zeit lang verweilen), den er auf dem Weg zur ewigen Vergebung der Gläubigen vorfindet: Das weltliche Leben entspricht dem Vorabend des Festes, das kommende Leben aber ist der Festtag selbst.

---

259 89:28-30

QURB und *BU'D* (Nähe und Distanz)

Der Begriff *Qurb* (Nähe) drückt aus, dass ein Mensch seine Körperlichkeit überwindet, um vollkommene Spiritualität und größtmögliche Nähe zu Gott zu erlangen. Wenn einige *Qurb* als Nähe Gottes zu Seinen Dienern beschreiben, so entspricht dies nicht der Wahrheit. Zwar ist Gott ihnen nahe; Quantität oder Qualität dieser Nähe sind jedoch nicht messbar. Nähe bezieht sich in der sufistischen Terminologie auf ‚sterbliche Wesen‘, auf Geschöpfe, die irgendwann erschaffen wurden und unterschiedliche Formen und Existenzstufen annehmen. Gottes Nähe zu seinen Geschöpfen wird in der Aussage Gottes *Und Er ist mit euch, wo immer ihr (auch) sein möget*[260] charakterisiert. Mit der Nähe, die dieser Vers beschreibt, ist nicht die Nähe gemeint, die sich der Mensch durch seinen Glauben und seine gute Taten erwirbt. Vielmehr ist hier von Gottes Nähe zu seinen Geschöpfen die Rede, von einer Nähe, die Ihn den Geschöpfen näher bringt, als ihr eigenes Ich es ist. Die Nähe Gottes umfasst jedes erschaffene Ding oder Wesen, ob es lebt oder nicht, gläubig oder ungläubig ist, gut oder schlecht.

Während die allgemeine Nähe - die Nähe Gottes zu seinen Geschöpfen - jedes Ding und jedes Wesen einschließt, ist die spezielle Nähe vom Glauben abhängig und kann dadurch erlangt werden, dass man tut und akzeptiert, was Gott als gut und gerecht befiehlt. Dies ist die spezielle Nähe derjenigen Menschen zu Gott, dem Allmächtigen, die den Weg der Nähe entdeckt und den Korridor zur Ewigkeit beschritten haben und so jeden Morgen und jeden Abend eine neue tie-

fe Dimension des Glaubens erfahren. Sie finden im Koranvers *Wahrlich,*
Allah ist mit denen, die gottesfürchtig sind und Gutes tun[261] Erwähnung.
Wer diese Stufe erreicht hat, rezitiert beim Einatmen *Mein Herr ist mit*
mir; Er wird mich richtig führen[262] und beim Ausatmen *Denn Allah ist*
mit uns.[263]

Für die spezielle Nähe besitzen die Bewusstheit im Glauben und
die vollkommene Tugend den gleichen Wert und die gleiche
Bedeutung, wie das Licht für das Sehen und die Seele für den Körper.
Die obligatorischen religiösen Pflichten und die über das unerlässliche
Maß hinausgehenden freiwilligen Akte mit dieser Bewusstheit zu erfüllen, lässt dem Eingeweihten Flügel des Lichts wachsen, mit denen
er sich zu den ‚Himmeln' der Unendlichkeit empor schwingen kann.
Der sicherste und zugleich anerkannteste Weg zur Nähe Gottes führt
über die Erfüllung der obligatorischen religiösen Pflichten. Wahre
Nähe und den Rang eines von Gott Geliebten findet man durch über
das Mindestmaß hinausgehende religiöse Akte, denen keine Grenzen
gesetzt sind und die die Ergebenheit und Verehrung eines Dieners für
Gott anzeigen. Der Reisende findet sich auf seinem Weg zu Gott ständig auf neuen Korridoren wieder, die er mit Hilfe der Flügel seiner zu-
sätzlichen religiösen Akte durchquert; immerfort wird er mit neuen
Geschenken überhäuft. Aus diesem Grunde legt er noch mehr Wert
darauf, die obligatorischen religiösen Pflichten zu erfüllen, und begei-
stert sich zunehmend dafür, Gott zusätzliche Verehrung entgegenzubringen. Jeder Suchende, der sich diese Wahrheit zu Eigen gemacht
hat, ist sich der Tatsache bewusst, dass Gottes Liebe für ihn seiner
Liebe zu Gott entspricht. Wie aus folgendem *Hadith qudsi* hervorgeht,
wird er in seinem Handeln vom Willen Gottes geleitet:

> *Mein Diener kann mir nicht durch irgendetwas anderes, was mir mehr*
> *gefallen würde, näher sein als durch die Erfüllung seiner religiösen*
> *Pflichten. Trotzdem kommt er Mir durch über das Mindestmaß hinaus-*
> *gehende Pflichten noch näher; und während er sich Mir nähert, werde*

---

261   16:128
262   26:62
263   9:40

Ich zu seinen Augen, mit denen er sieht, zu den Ohren, mit denen er hört, zu den Händen, mit denen er greift, und zu den Beinen, mit denen er geht.

Mit anderen Worten: Die Nähe, die man sich durch die Erfüllung der religiösen Pflichten erwirbt, ist ein weiterer Ehrentitel der Stufe, von Gott geliebt zu werden und sich unter diejenigen einreihen zu dürfen, die Gott liebt. Die Stufe der über das Mindestmaß hinausgehenden Pflichten entspricht der Stufe, alle eigenen Taten Gott, der Wahrheit, zuzuschreiben. Sie ist eine besondere Gabe und Ehre, die auch der Koranvers *Nicht ihr habt sie erschlagen, sondern Allah erschlug sie. Und nicht du hast geschossen, sondern Allah gab den Schuss ab*[264] verdeutlicht.

Die Nähe, die ein spezielles Geschenk Gottes darstellt, ohne Berücksichtigung ihres Ursprungs bei Gott menschlichen Taten zuzuschreiben, wäre der falsche Ansatz. Die Nähe Gottes entspringt - als ein spezielles Geschenk - Seiner Größe und Gnade, und die Distanz ist eine der Schwächen und ‚dunklen Gruben' unseres Charakters bzw. unserer Natur. In den folgenden Reimen bringt der Autor des Werkes *Bustan u Gülistan* (Der Garten und der Rosengarten) unmissverständlich zum Ausdruck, wer der Ursprung von Nähe und Distanz ist:

> „Der Freund steht mir näher als ich selbst;
> wie seltsam, dass ich Ihm so fern bin.
> Was soll ich sagen, was soll ich tun,
> während Er bei mir ist, bin ich Ihm doch so fern."

Distanz bedeutet, Gott fern sein und zu Grunde gehen. Sufis verstehen darunter, dass zuerst die Geschenke Gottes ausbleiben und dass sich der Mensch dann von Gott entfernt, bis er schließlich, wenn ihm keine Unterstützung Gottes mehr zuteil wird, vollkommen verloren ist und zu Grunde geht.

Genauso wie die Nähe Abstufungen in Hinblick auf normale Gläubige, Heilige, gute und rechtschaffene Menschen und jene kennt, die sich ganz in der Nähe Gottes befinden, sieht auch die Distanz

---

264   8:17

Abstufungen in absteigender Linie bis hinunter zum Satan vor, der den Tiefpunkt allen Verderbens repräsentiert.

Die Nähe zu Gott ist eine Begünstigung durch Gott, die Distanz hingegen der Entzug aller göttlichen Gunst. Trotz allem kann kein Mensch ständig seine Nähe bzw. Distanz zu Gott wahrnehmen. Das größte Geschenk Gottes an den Menschen liegt darin, dass Er ihm nicht gestattet, Seine (speziellen) Gunstbeweise zu spüren. (Z.B. nimmt ein Heiliger nicht wahr, dass er ein Heiliger ist, und jemand, der Gott nahe steht, spürt nicht, dass dies so ist, denn sonst wäre er nur stolz und würde seine Zuwendungen verlieren.) Diejenigen, die Gott am nächsten stehen, wissen normalerweise nichts von dieser Tatsache. Andererseits ist die Unbewusstheit jener, die Gott fern sind, so etwas wie eine Vergeltungsmaßnahme Gottes. Nichtsdestotrotz gibt es aber auch Menschen, die von der Liebe zu Gott berauscht sind und nicht zwischen Nähe und Distanz unterscheiden, die weder den Wunsch nach Nähe verspüren, noch sich um Distanz Gedanken machen.

Das folgende Verspaar beschreibt die Gedanken solcher berauschter Menschen:

> „Dschami, mach dir nicht über
> > Nähe oder Distanz Gedanken,
> > Es gibt weder Nähe noch Distanz,
> > > weder Einheit noch Trennung!"

Es steht außer Frage, dass Distanz Schrecken verbreitet und ein Zeichen für Verlust ist. Es gibt jedoch auch Menschen, die angesichts des Windes der Ehrfurcht, der aus der Richtung der Nähe weht, erschauern. Sie fühlen sich wie im Haltegriff des Zorns und der Zerstörung Gottes. Um ihre Gemütslage zu beschreiben, möchte ich mich der Redewendung „Die Nähe zum König ist ein brennendes Feuer" bedienen. Und trotzdem: Wenn sich die Nähe mit den Hängen des Paradieses vergleichen lässt, auf denen Vertrauen und Freundschaft wehen, darf man die Distanz wohl als eine Grube aus Entzug und Verlust bezeichnen.

MA'RIFA (Spirituelles Wissen um Gott)

G eschicklichkeit, Talent, eine spezielle Fähigkeit, die nur bestimmten Menschen eigen ist, Werkzeug und Verstehen durch das Werkzeug - all dies sind gebräuchliche Übersetzungen des Begriffes *Ma'rifa*. Reisenden auf dem Weg zu Gott zufolge entspricht *Ma'rifa* der Stufe, auf der sich das Wissen mit dem, der weiß, vereinigt und auf der das Wissen zur zweiten Natur des Wissenden wird. Auf dieser Stufe verkünden alle seine Zustände, was bzw. wer erkannt wird. *Ma'rifa* wird auch als das Erscheinen und die Entwicklung des Wissens um Gott im Bewusstsein des Menschen beschrieben oder als Wissen um Gott, das dem Bewusstsein entspringt, klassifiziert (was die Selbstverwirklichung des Menschen oder seinen Aufstieg zu einem Punkt, an dem er seine Menschlichkeit mit all ihren inneren Werten und Dimensionen realisiert, beinhaltet). Auf diese Bedeutung spielt wohl auch der Ausspruch *Wer sich selbst kennt, kennt seinen Herrn*[265] an.

Die erste Stufe des spirituellen Wissens um Gott besteht in der Wahrnehmung der Manifestationen der Namen Gottes, die uns von allen Seiten umgeben, und im Erkunden der unbeschreiblichen Atmosphäre der Attribute Gottes hinter dem Tor zum Mysterium, das sich durch diese Manifestationen einen Spalt breit geöffnet hat. Auf dieser Reise fließt beständig Licht von den Augen und Ohren des Reisenden auf dem Pfad der Wahrheit hin zu seiner Zunge. Seine Handlungen verkünden und bestätigen die Wahrheit, so wie es normalerweise die Zunge tut, und sein Herz beginnt, diese Handlungen zu lenken. Seine Zunge wird sozusagen zu einer ‚Diskette der guten Wörter‘, und ver-

---

265 Adschluni, *Kaschf al-Khafa'*, 2.262

schiedene Leuchtquellen der Licht spendenden Wahrheit des Koranverses *Zu Ihm steigt das gute Wort empor, und rechtschaffenes Werk wird es hoch-treiben lassen*[266] reflektieren auf dem Bildschirm seines Bewusstseins. Ein Eingeweihter, der einen so hohen Grad an *Ma'rifa* erlangt hat, verschließt sich allen Arten von Übeln und wird umhüllt vom Wind, der aus den Sphären des Jenseits herüber weht. Lichtkorridore öffnen sich von seinem Geist hin zu Gott, den sein Herz erkennt. Er ist so hingerissen vom Glücksgefühl dieses Anblicks, dass er gar nicht daran denkt, in sein normales Leben zurückzukehren. Ibrahim Haqqi stellte fest: „Gott sagte: *Weder Himmel noch Erde sind groß genug, um mich zu fassen.* Das Herz erkennt Gott als einen verborgenen Schatz im Herzen."

Dieser Punkt, an dem sich der Reisende zur Wahrheit vollkom-men gegenüber allem anderen als Gott verschließt, sich von allen Arten von körperlichen Begierden und Trieben lossagt und sich vom Strom des Friedens tragen lässt, zeichnet die *Ma'rifa*, das spirituelle Wissen um Gott aus. Wer um diesen Punkt kreist, wird Reisender zur *Ma'rifa* genannt. Wer diesen Punkt aber bereits erreicht hat, ist ein *Arif* (ein Gnostiker, jemand, der spirituelles Wissen um Gott besitzt).

Wenn es zum Thema *Ma'rifa* ganz unterschiedliche Kommentare gibt, liegt das zum einen an den unterschiedlichen Charakteren von Menschen und Gedankenschulen und zum anderen daran, dass die Gnostiker auf ganz unterschiedlichen Stufen stehen. Manche haben versucht, spirituelles Wissen um Gott in den Wissenden selbst zu fin-den, und deren Gefühl von Ehrfurcht als eine Manifestation des spiri-tuellen Wissens um Gott identifiziert. Andere haben sich ganz auf das Verhältnis von *Ma'rifa* und Gelassenheit konzentriert und die Tiefe der *Ma'rifa* nach dem Grad der Gelassenheit beurteilt. Wieder andere haben das spirituelle Wissen um Gott auch als das Verschließen des Herzens gegenüber allem außer Gott beschrieben oder als die Ver- und Bewunderung, die das Herz inmitten des Stroms der Manifestationen Gottes empfindet. Die Herzen der Wissenden schlagen voller Verwunderung und Erstaunen, ihre Augen öffnen und schließen sich

---

266 35:10

voller Verblüffung, und ihre Zungen verkünden voller Anerkennung und Hochachtung:

Ich bekenne, dass ich unfähig bin, Dich so zu preisen, wie du Dich selbst preist.[267]

Das Leben in der Sphäre der *Ma'rifa* ist so ruhig und friedvoll wie das Leben in den Gärten des Paradieses: Der Geist erhebt sich zur Ewigkeit. Das Herz ist von den Freuden, die das Finden von Ruhe oder das Friedvollsein mit sich bringen, entzückt, dabei jedoch stets selbstbeherrscht und achtsam. Seite an Seite in friedlichem Einvernehmen mit den Engeln fühlen sich diejenigen, die *Ma'rifa* erlangt haben, von dem Koranvers ...*worüber strenge, gewaltige Engel gesetzt sind, die Allah nicht ungehorsam sind in dem, was Er ihnen befiehlt, und die alles vollbringen, was ihnen befohlen wird*[268] angesprochen. Seelen, die vor *Ma'rifa* strotzen, erfahren in dem Vergnügen, mit Gott vertraut zu sein, immer neue Dimensionen der *Ma'rifa*. Sie öffnen sich wie Knospen, die das Tageslicht herbeisehnen, um endlich aufblühen zu können. So lange sie ihre Augen fest auf das Tor der Wahrheit richten, berauschen sie sich daran, täglich einige Male, eventuell sogar stündlich mit Ihm zusammen zu kommen. Und unentwegt begeistern sie sich an neuen Manifestationen.

Während diejenigen, die sich selbst für Gelehrte halten, nur im Schneckentempo vorankommen und Philosophen nicht aufhören zu philosophieren und trotz der ihnen zur Verfügung stehenden Informationen nur sehr schleppende Fortschritte machen, findet ein *Arif* immerzu Frieden und spricht, in ein Prisma aus Licht gehüllt, über diesen Frieden. Zwar mag er vor Furcht und Ehrfurcht vor dem Allmächtigen erbeben, aber dennoch verspürt er ein unendliches Vergnügen. Während seine Augen Tränen vergießen, lacht sein Herz.

Die Gnostiker unterscheiden sich in puncto Handeln und Denken voneinander, was auf unterschiedliche Charaktere und spirituelle Schulen zurückzuführen ist. Während einige von ihnen ‚tief und ruhig'

---

267 Muslim, *Salat*, 222; Abu Dawud, *Salat*, 148
268 66:6

wie Strudel erscheinen und es auf Grund ihrer einfachen, unauffälligen Erscheinungsform schwierig ist, sie unter den Menschen ausfindig zu machen, ‚tosen' andere wie Wasserfälle. Neben denen, die - aus Furcht, Sünden zu begehen - ohne Unterlass weinen und nicht in der Lage sind, auch nur eine einzige gute Tat zu tun (wobei sie allerdings nicht müde werden, Gott zu preisen), gibt es auch solche, die ständig in der Sphäre von Ehrfurcht, Demut und Vertrautheit umherreisen und gar nicht daran denken, diesen ‚Ozean' wieder zu verlassen. Andere wiederum sind wie der Erdboden, auf den alle mit Füßen treten. Ihnen bringt niemand Respekt entgegen, und niemand erkennt sie als Gnostiker an. Wieder andere sind wie Wolken, die allen, die unter ihnen wandeln, von ihrem ‚Wasser' spenden. Manche ähneln auch dem Wind: Sie berühren unsere Gefühle und hauchen uns Gutes und Gnade ein.

Woran erkennt man einen Gnostiker? Ein Gnostiker erwartet von niemandem außer Gott irgendwelche Gunstbeweise und wird mit niemandem außer Gott vertraut. Niemand anderem als Ihm öffnet er seine Augenlider und die Türen seines Herzens. Sich zu jemand anderem als Gott in Liebe hingezogen zu fühlen und diesen zu begehren, bedeutet für einen wahren Gnostiker größtes Leid. Wer nicht in der Lage ist, sich wahres Wissen um Gott anzueignen, kann auch nicht zwischen Gott und anderen unterscheiden. Wer kein persönliches Vertrauensverhältnis zu Gott pflegt, kennt weder die Folter noch die Schmerzen der Trennung.

MAHABBA (Liebe)

Mahabba (Liebe) beinhaltet Zärtlichkeit, warmherzige Gefühle und Zuneigung. Wenn die Liebe alle Gefühle des Menschen berührt und durchdringt, spricht man von Leidenschaft, und wenn sie so tief geht und so unwiderstehlich ist, dass das Verlangen nach Vereinigung brennt, von Inbrunst und Schwärmerei. Von den Sufis wurde die Liebe als die Beziehung des Herzens mit dem Wahren, als unwiderstehliches Verlangen nach Gott, als Versuch, Seinen Wünschen in allen eigenen Handlungen und Gedanken zu entsprechen, oder als bis zur Zeit der Vereinigung mit Gott maßlos entzückt und berauscht zu sein definiert. Alle diese Definitionen lassen sich unter den Obergriffen Aufenthalt in der Gegenwart Gottes und Befreiung von allen vergänglichen Beziehungen zusammenfassen.

Wahre Liebe bedeutet, dass der Liebende ganz in seinem Geliebten aufgeht, dass er im Innern stets bei Ihm ist, dass er Ihn immerzu spürt und von allen anderen Begierden und Wünschen frei ist. Das Herz eines Menschen, der eine so hohe Stufe der Liebe erreicht hat, schlägt in jedem Moment mit einem neuen Gedanken an den Geliebten. Seine Vorstellungskraft reist unablässig in Gottes mysteriöser Sphäre umher, seine Gefühle empfangen ständig neue Botschaften von Ihm, sein Wille fliegt mit diesen Botschaften davon, und er brennt geradezu auf ein Treffen mit Ihm.

Wenn ein Liebender, der sein Ich mit den Flügeln der Liebe transzendiert und seinen Herrn an den Punkten Leidenschaft und Inbrunst trifft, seine Verantwortung gegenüber dem König seines Herzens erfüllt, geht sein Herz im Anblick Gottes auf. Sein Wesen wird von den Lichtern der Pracht Gottes ‚verbrannt' und verliert sich in Bewunderung und Erstaunen. Den Kelch der Liebe an den Lippen sieht er mit an, wie sich die Schleier des niemals Geschauten der Reihe nach vor seinen Augen heben. Er ist berauscht vom Studium der Bedeutungen, die in Strahlenform hinter dem Schleier sichtbar werden, und hingerissen von dem Vergnügen, zu beobachten, was sich dort verbirgt. Er geht und steht auf Geheiß Gottes. Wenn er spricht, dann inspiriert durch Ihn; schweigt er, dann in Seinem Namen. Manchmal befindet er sich auf einer Reise zu Ihm, gelegentlich wird er auch von Ihm begleitet; dann wieder ist er damit beschäftigt, Seine Botschaft auch anderen nahe zu bringen.

Im Kontext der Liebe Gottes zu seinen auserwählten Dienern haben einige die Liebe als das Gewähren von Gunst und wohlwollendem Handeln bezeichnet. Im umgekehrten Fall der Liebe der Diener zu ihrem Gott sprechen sie von Gehorsam, Anbetung und Unterwerfung. Die folgenden Zeilen von Rabi'a al-Adawiya bringen dies schön zum Ausdruck:

> „Du sprichst davon, Gott zu lieben, während
> du Ihm den Gehorsam verweigerst;
> Bei meinem Leben schwöre ich, das ist seltsam.
> Wärest du in deiner Liebe aufrichtig, würdest
> du Ihm gehorchen,
> Denn ein Liebender gehorcht dem, den er liebt."

Die *Mahabba* basiert auf zwei Grundpfeilern:

- Der erste manifestiert sich in den Handlungen des Liebenden. Der Liebende bemüht sich stets, den Wünschen seines Geliebten nachzukommen.

- Der zweite bezieht sich auf die innere Welt des Liebenden, der sich innerlich von allem, was keine Beziehung zu Gott hat, abkapseln sollte. Wahre Freunde Gottes meinen genau das, wenn sie von Liebe sprechen. Ihnen zufolge kann die emotionale Sorge um oder die Liebe zu irgendeine(r) Art von Vergnügen nicht als Liebe im eigentlichen Sinne betrachtet werden. Dasselbe gelte auch für die spirituellen Freuden. Eine solche Liebe, eine solch emotionale Sorge bzw. solche spirituellen Freuden könnten nur als gegenständliche Liebe betrachtet werden.

Nicht alle Liebenden lieben mit der gleichen Intensität. Die Liebe variiert je nach spiritueller und emotionaler Tiefe des Liebenden, je nach Grad seiner Bewusstheit um den Geliebten und je nach Vertrauen, das er Ihm entgegenbringt:

- Die Liebe derer, die sich am Anfang ihres Weges befinden, ist noch nicht fest verwurzelt und daher auch nicht konstant. Sie träumen davon, dass es ihnen gelingt, die Stufe vollkommener Tugend zu erklimmen und können beizeiten einige Zeichen des Wissens um Gott empfangen. Es gibt Momente, in denen sie von den ‚Lichtblitzen‘ an ihrem Horizont wie elektrisiert sind und ein undeutliches Gefühl von Erstaunen und Verwunderung verspüren.

- Diejenigen, die bereits einen weiten Weg zurückgelegt haben, fliegen im Himmel der Liebe zum höchsten Punkt. Sie leben in der freundlichen Atmosphäre des Koran als Verkörperungen und Beispiele der guten Moral des Propheten Muhammad. Und während sie sich bemühen, die gute Moral des Propheten zu repräsentieren, erwarten sie weder materielle oder spirituelle Belohnungen noch irgendwelche Gunstbeweise. Selbst auf dem Gipfel ihrer heiligen Repräsentation senken sie wie Obst tragende Bäume, deren Äste sich unter dem Gewicht ihrer Früchte biegen, die Flügel ihrer Demut und gedenken immerzu ihres Geliebten. Werden sie durch einen Fehler oder einen Irrtum aufgerüttelt, gehen sie hart mit sich ins Gericht.

- Diejenigen, die in der Liebe zu Gott am weitesten fortgeschritten sind, sind wie Regenwolken im ‚Himmel‘ des Islam. Sie spüren die Existenz durch Gott, sie leben mit Ihm, und sehen und atmen durch Ihn. In einem endlosen Kreislauf sind sie von den Schmerzen der Trennung (von Ihm) und von dem Wunsch, Ihn zu treffen, erfüllt. Werden sie aber von diesen entlastet, besteigen sie ein Licht und gleiten auf ihm zur Erde hinab, um die ganze Existenz, lebend oder leblos, zu umarmen.

In welchem Stadium der Liebe man sich auch befinden mag - jedem, der sich Gott mit Gefühlen, die von Herzen kommen, und mit aufrichtiger Begeisterung zuwendet, wird eine Belohnung entsprechend der Tiefe seiner Gefühle zu Ihm und der Beschäftigung mit Ihm zuteil. Angehörige der ersten Gruppe von Liebenden erfahren eine eigene Begünstigung und Gnade, während jene der zweiten Gruppe befreit von ihren charakterlichen Fehlern den Horizont der Wahrnehmung der Attribute Gnade und Herrlichkeit erreichen. Diejenigen, die der dritten Gruppe angehören, werden vom Licht Seines Wesens erleuchtet und sich der Realität der Dinge bewusst, indem sie die Dimension der Existenz hinter dem Schleier kennen lernen. Das heißt: Der Allmächtige manifestiert die Lichter Seiner Herrlichkeit, um die der Körperlichkeit entspringenden Eigenschaften derer, die Er liebt, zu verbrennen. Er möchte diese Menschen in die Sphäre Seiner Namen ‚der Sehende‘ und ‚der Hörende‘ erheben. Er lässt sie sich ganz der Tatsache bewusst werden, dass sie - ganz auf sich allein gestellt - vor Ihm mittel- und hilflos sind, und füllt ihre Herzen mit den Lichtern der Existenz Seines Göttlichen Wesens.

Ein Liebender dieser Stufe der Liebe, der mit dieser großen Gnade Gottes belohnt wird, erringt ein ewiges Leben, das weder als Existenz noch als Nichtexistenz beschrieben werden kann. Aber: Eine Eisenstange, die ins Feuer geworfen wird, wird manchmal wie eine Feuerstange wahrgenommen. So kann es ihm passieren, dass er das Wesen Gottes und Seine Manifestationen auf falsche Art und Weise wahrnimmt und seine Gefühle und Erfahrungen in falsche Begriffe wie Inkarnation und Einheit (mit Gott) fasst. Sollte dies der Fall sein, müssen die festbegründeten Kriterien der Scharia zu Rate gezogen werden. Die Worte mit denen jene Eingeweihten, die mit einem beträchtlichem Maß an Spiritualität ausgestattet sind, die Liebe zu Gott beschreiben, dürfen nicht zum Maßstab genommen werden; denn auch sie verlieren sich schnell in der Liebe zu Gott und sind von Ihm berauscht. Andererseits dürfen wir aber auch keine Feindseligkeit gegenüber den Freunden Gottes aufkommen lassen, die der Prophetentradition *Der Mensch ist mit dem, den er liebt*[269] zufolge mit der ständigen ‚Begleitung' Gottes belohnt werden. Dem *Hadith qudsi Wer sich Meine Freunde zum Feind macht, hat auch Mir den Krieg erklärt*[270] nach zu urteilen, würden wir sonst Gott, dem Allmächtigen, den Krieg erklären.

---

269 Tirmidhi, *Zuhd*, 50
270 Bukhari, *Riqaq*, 38

ASCHQ
(Leidenschaftliche, ekstatische Liebe)

Aschq steht für leidenschaftliche Liebe und Zuneigung, die der Mensch gegenüber Vollkommenheit, Schönheit und physischen Reizen empfindet. Diese Art von Liebe wird von den Sufis normalerweise gegenständliche oder metaphorische Liebe oder Liebe zum anderen Geschlecht genannt. Die wahre leidenschaftliche Liebe aber ist die Liebe zum Ewigen Herrscher, die Liebe Seiner Gnade und Schönheit, die sich in Seiner Erhabenheit manifestiert, und die Liebe Seiner Erhabenheit, die sich in Seiner Gnade und Schönheit manifestiert.

Die wahre leidenschaftliche Liebe zu Gott ähnelt Flügeln aus Licht, die uns von Ihm geschenkt wurden, damit wir zu Ihm gelangen können. Diese Liebe zeichnet sich dadurch aus, dass man sich vorstellt, von der Essenz des Seins so stark angezogen zu werden wie ein Nachtfalter vom Licht.

Die leidenschaftliche Liebe ist der geheimnisvolle und zugleich entscheidende Grund für die Schöpfung des Universums. Gott erschuf das Universum, weil Er erkannt und geliebt zu werden wünschte und weil die zur Wahrheit gewandten Menschen ein tiefes Interesse an Seiner Essenz, Seinen Eigenschaften und Namen verspüren würden. Die leidenschaftliche Liebe, die der Geist des Menschen ohne sein Dazutun fühlt, entzieht sich der Kontrolle des Menschen. Ihre eigentliche Quelle ist Gott Selbst, der Sich in einer Weise liebt, die Seiner Heiligen Essenz eigen ist und der grundlegenden Unabhängigkeit von allem Erschaffenen entspricht. Diese Seine Liebe ist jedoch grundverschieden von der Liebe, die ein erschaffenes Wesen zum Erschaffenen

oder zum Schöpfer fühlt. Aus Seiner heiligen bedingungslosen Liebe
zu Sich selbst, Seinen Eigenschaften und Namen heraus hat Gott das
Universum erschaffen. Seine Liebe stellt auch den Grund für die
Schöpfung des Menschen dar. Sie manifestiert sich im Menschen als
Liebe zu Gott, als unentbehrliches Zentrum seiner Beziehung zu Gott.

Die leidenschaftliche Liebe bildet die letzte der Stufen, die zu
Gott führen. Ein Liebender, der diese Stufe erklommen hat, wird keine weiteren Stufen mehr vorfinden. Gott manifestierte Sich zuallererst
in der heiligen bedingungslosen Liebe, die Sein ‚Gott-Sein‘ erfordert.
Diese Liebe darf allerdings keinesfalls mit der Liebe verwechselt werden, die der Mensch gegenüber dem Erschaffenen oder dem Schöpfer
Selbst empfindet. Ich benutze den Begriff Liebe hier nur, weil es kein
angemesseneres Wort gibt. Manche Menschen tendieren dazu, diese
erste Manifestation Gottes, die als Abstieg Gottes zur Erde (mit dem
Ziel, erkannt werden zu können) betrachtet wird, als Wissen zu bezeichnen. Dieser Abstieg wird Wissen genannt, weil Gott in ihm Sein
Wissen manifestiert; Heilige Liebe wird er genannt, weil er Gottes
Liebe, zu schauen und geschaut zu werden, offenbart; Tafel wird er genannt, weil er die ganze Existenz umfasst und beinhaltet, und den
Namen Stift trägt er, weil er alles, was in der Schöpfung existiert, in
allen Details behandelt. *Dschabarut* (höchste immaterielle Macht) und
Wahrheit Ahmads (Ahmad ist der Name des Propheten Muhammad,
der im Original der Evangelien und in den Himmeln verwendet wird)
sind weitere Namen dieses Abstiegs bzw. der ersten Manifestation
Gottes. Die Heilige Liebe ist ein Mysterium, das dem Wesen Gottes
eigen ist. Andere Eigenschaften Gottes hängen dieser Liebe an oder
sind von ihr abhängig. Daher gelangen diejenigen, die mit den Flügeln
der leidenschaftlichen Liebe fliegen, direkt zum Wesen Gottes und erreichen damit zur Stufe des Staunens. Andere müssen zunächst die
Sphären der Welten der Dinge und Namen durchqueren.

* * *

Unzählige Wege führen zu Gott. Der *Tasawwuf* und die
Wissenschaften der Wahrheit sind der Proviant, den der Reisende un-
terwegs braucht. Sie zeigen ihm, welche Richtung er einschlagen soll.
Die spirituellen Orden (*Tariqat*, sing.: *Tariqa*) sind die Häfen, von de-

nen er aufbricht, und die Schulen, an denen die Grundlagen des Reisens vermittelt werden.

Alle Wege zur Wahrheit lassen sich grob in zwei Wegen zusammenfassen: Da ist zum Einen der Weg, auf dem dem Reisenden Prinzipien wie weniger zu essen, zu trinken und zu schlafen oder eine verstärkte innere Einkehr und ein Verzicht auf unnötige gesellschaftliche Aktivitäten angetragen und gelehrt werden. Auf diesem Weg gründen fast alle Sufiorden. Die Anhänger dieser Orden rufen Gott am häufigsten mit der Rezitation Seiner sieben Namen an, die lauten: Es gibt keine Gottheit außer Gott, *Allah* (Gott), *Huwa* (Er), *Haqq* (die Wahrheit), *Hayy* (der Lebende), *Qayyum* (der aus Sich Selbst heraus Existierende) und *Qahhar* (der alles Überwältigende). Diese Art von Rezitation zielt darauf ab, folgende sieben Stufen der fleischlichen Seele zu durchwandern: die Böses befehlende Seele, die sich selbst verachtende Seele, die erleuchtete Seele, die ruhende Seele, die (egal wie Gott sie behandelt) zufriedene Seele, die Gott erfreuende Seele und die gereinigte bzw. unschuldige Seele. Manche fügen den oben erwähnten sieben Namen noch weitere Hoheitsnamen hinzu, z.B. *Qadir* (der Mächtige), *Qawiy* (der Starke), *Dschabbar* (der Bezwinger), *Malik* (der Meister) und *Wadud* (der Liebende) oder Namen der Gnade wie *Fard* (der Einzigartige), *Wahid* (der Eine), *Ahad* (der Unvergleichliche Einzige) und *Samad* (der Ewige, von allen Angeflehte).

Der zweite Weg stützt sich auf die strikte Befolgung von Koran und Sunna und auf bestimmte andere Rezitationen. Wer diesen Weg einschlägt, versucht, sich bei allem, was er tut, so gut wie möglich an die Sunna zu halten. Statt bestimmte Namen Gottes zu rezitieren, eifert er eher dem Propheten in seiner Verehrung, seinem Bittgebet und seinem Gebet zu Gott nach. Er folgt der Meditation des Propheten über die Taten und die Geschöpfe Gottes und gedenkt Seiner mit all Seinen Namen. Er befolgt die Gebote der Scharia mit akribischer Genauigkeit. Er ist seinen Führern bzw. Lehrern eng verbunden und überlässt sich den Strömungen des *Aschq* und der (spirituellen) Anziehungskraft Gottes. Hat er *Aschq* und Anziehungskraft erst einmal erlangt, beginnt die äußere Dimension des Seins aus seinem Blickfeld zu verschwinden. Sein Ich löst sich auf, und er beginnt, die absolute Einheit Gottes zu fühlen und zu schauen. An diesem Punkt gelangt er direkt zu seinen Sinnen, ohne dabei in Verwirrung zu geraten, und schließlich zu den Extremen in der Beziehung zwischen Schöpfer und Erschaffenem. So vollendet er seine Reise.

Die Hauptprinzipien dieses zweiten Weges sind regelmäßige Anbetung, Liebe, spirituelle Neigung zu Gott, regelmäßige Rezitation und die Begleitung durch einen Führer bzw. Lehrer. Unter dem Begriff Rezitation ist hier neben dem Gedenken Gottes samt all Seiner Namen auch das Studium und die Erforschung von allem, was auf dem Weg zu Gott behilflich ist, zu verstehen. Dies meinte der Prophet Muhammad, als er die Gruppe derer beschrieb, an denen Gott Gefallen findet:

Sie studieren gemeinsam.[271]

Gelegentlich findet sich der Liebende auch im Strom von freudiger Begeisterung und Sehnsucht wieder, die als eine andere Dimension der leidenschaftlichen Liebe bezeichnet werden können.

---

271 Muslim, *Dhikr*, 11

SCHAWQ und ISCHTIYAQ
(Freudige Begeisterung und Sehnsucht)

Im Kontext des Alltags steht *Schawq* für große Leidenschaft, grenzenlose Begierde und eine Freude, die Wissen, Vergnügen und Verlangen entspringt. In der Sprache des Sufismus bezeichnet der Begriff *Schawq* (freudige Begeisterung) das Überfließen des Herzens von dem Verlangen, den Geliebten, der ein Mysterium ist und immer wieder verschwindet, nachdem Er ‚geschaut‘ wurde, zu treffen. Manche beschreiben *Schawq* auch als freudiges Verlangen, Erregung und Sehnsucht, die das Herz des Liebenden überwältigen, wenn er versucht, einen Blick auf das Gesicht des Geliebten zu erhaschen. Andere betrachten *Schawq* als ein Feuer, das alle Begierden Wünsche, Sehnsüchte und Neigungen, die sich nicht auf das Treffen mit dem Geliebten Einen beziehen, zu Asche verbrennt.

Die freudige Begeisterung hat ihren Ursprung in der Liebe. Das Heilmittel für ein Herz, das vor Verlangen, Gott zu treffen, brennt, ist, Ihn wirklich zu treffen. Die freudige Begeisterung gleicht Flügeln aus Licht, die uns bei diesem Unterfangen helfen. Findet der Liebende seinen Geliebten, schwindet seine Begeisterung. Ihren Platz nimmt dann die Sehnsucht nach Gott (*Ischtiyaq*) ein, die fortan immer größer wird. Wer sich einmal nach Gott gesehnt hat, wird diese Sehnsucht nie mehr verlieren. Mit jeder Manifestation der Essenz Gottes, die ihm gewährt wird, nimmt seine Sehnsucht weiter zu. Aus diesem Grunde betete der Prophet Muhammad, der sekündlich mit einem neuen ‚Strahl‘ des Wissens, der Liebe zu Gott und des spirituellen Vergnügens bedacht wurde und unablässig neue Gipfel der Liebe, der freudigen Begeisterung und der Sehnsucht bestieg, zu Gott:

O Gott, ich bitte Dich um die Begeisterung, die ich brauche, um Dein vollkommenes schönes Gesicht zu schauen und Dich zu treffen.[272]

Eine andere Definition von Gelehrten, die den Koranvers *...wer an Allah aber glaubt, der hat gewiss den sichersten Halt ergriffen*[273] kommentierten, lautet: „Freudige Begeisterung empfindet man für Dinge die zum Teil wahrnehmbar und zum Teil unbegreiflich sind, aber nicht für vollkommen wahrnehmbare oder vollkommen unbegreifliche Dinge. Niemals verspürt der Mensch Begeisterung für Dinge, die er nie gesehen hat oder von denen er nichts weiß. An Dingen, die er vollständig begreift oder wahrnimmt, verliert er schnell das Interesse."

Freudige Begeisterung und Sehnsucht lassen sich in zwei Kategorien einteilen:

- Die erste Kategorie steht für die Begeisterung, die die Trennung vom Geliebten hervorruft, nachdem man Ihn getroffen hat und Seiner ansichtig geworden ist. Die Klagen, die die Flöte Mawlana Dschalal ad-Din ar-Rumis hervorbrachte, und die schleppenden schmerzvollen Klänge, die Yunus Emre vom rotierenden Wasserrad vernahm, sind Unmutslaute, die auf die Trennung vom Geliebten zurückzuführen sind, mit dem man in der Vergangenheit vereint war. Diese Laute wird man bis zur endgültigen Vereinigung oder bis zum Treffen mit Gott auch weiterhin vernehmen.[274]

---

272 Nasa'i, *Sahw*, 62, *Musnad*, 5.191
273 2:256
274 Mawlana war der Auffassung, dass die Klänge einer Flöte Unmutslaute sind, die die Flöte von sich gibt, da sie von ihrem Herstellungsort, von ihrer Heimat, getrennt ist. Yunus Emre, einem populärem türkischen Dichter des 13. Jahrhunderts, zufolge sind die schleppenden, wehleidigen Geräusche, die ein rotierendes Wasserrad von sich gibt, Klagelaute, die es auf Grund seiner Trennung vom Wald, aus dem es ursprünglich stammt, von sich gibt. Beide Beispiele erinnern den Menschen in einer bildlichen Sprache an seine eigene Trennung vom göttlichen Geliebten, mit dem er in der Vergangenheit ebenfalls stets vereint war.
Der Eingangsvers von Mawlanas Buch *Mathnawi* lautet:
„Hör der Flöte zu, denn sie erzählt (was ihr zugestoßen ist);
         Sie beschwert sich über die Trennung.
Ich suche eine Brust, die durch die Trennung ‚zerrissen' ist,
         Damit ich auf ihr meine Begeisterung für
         die Wiedervereinigung abladen kann."

- Die zweite Kategorie von freudiger Begeisterung und Sehnsucht
  erlaubt dem Liebenden, Seinen Geliebten hinter einem Schleier
  zu entdecken, ohne dass er Ihn vollkommen erfassen kann. Er
  fühlt Seine Anwesenheit, kann Ihn aber nicht richtig sehen.
  Er tunkt seinen Finger in den Honig der Liebe, ohne dass es
  ihm aber gestattet wäre, einen Schritt weiter zu gehen. Da er
  sich vor Durst verzehrt, schreit er „Ich sterbe vor Durst, gib
  mir Wasser!", ohne jedoch eine Antwort zu erhalten.

In der Ewigkeit der Vergangenheit durften die Geister der Menschen
Gott in einer Zusammenkunft schauen. Dort ließ Er alle Menschen
Zeugnis ablegen und fragte sie: *Bin ich nicht euer Gott?*, worauf sie ant-
worteten: „Ja, gewiss, das bezeugen wir!"[275] Nach dieser Versammlung
wurden die Menschen - sei es, weil es ihr Menschsein erforderte, oder
weil sie getestet werden und glauben sollten, ohne Gott zu sehen - den
Qualen einer vorübergehenden Trennung ausgesetzt. Darum träumen
sie auch mit bewusster oder unbewusster Sehnsucht von Gott und
brennen vor Verlangen nach einer Wiedervereinigung mit Ihm. Wichtiger
noch ist aber die Sehnsucht, die das Heiligste aller Wesen nach reinen,
unversehrten und unverfälschten Menschen verspürt. Seine Sehnsucht
ist so beschaffen, wie es Seiner Unabhängigkeit von allem, was existiert,
angemessen ist. Möglicherweise ist diese Sehnsucht Gottes auch die
Quelle der Sehnsucht der Menschen.

Die freudige Begeisterung wendet sich mit allen nach innen und
nach außen gerichteten Gefühlen dem Geliebten zu und verschließt
sich allen anderen Wünschen, als dem, Ihn zu treffen. Sehnsucht aber
bedeutet, von Begierden und Wünschen, die sich auf Gott beziehen,
überzufließen. Begeisterung und Sehnsucht sind zwei der Quellen, aus
denen sich der Geist ernährt. Beide sind schmerzhaft, aber erfrischend,
beunruhigend, aber verheißungsvoll.

---

275 Diese Worte beziehen sich auf folgenden Koranvers:
   *Und als dein Herr aus den Kindern Adams - aus ihren Lenden - ihre
   Nachkommenschaft hervorbrachte und sie zu Zeugen gegen Sich Selbst mach-
   te (indem Er sprach): „Bin Ich nicht euer Herr?", sagten sie: „Doch, wir
   bezeugen es." (Dies ist so,) damit ihr nicht am Tage der Auferstehung sprecht:
   „Siehe, wir wussten nichts davon." (7:172)*

Kein anderer Mensch leidet so große Qualen wie jemand, der vor Liebe brennt und vor freudiger Begeisterung stöhnt, und ist dabei glücklicher als er. Wenn er von dem Gedanken und der Hoffnung, Gott zu treffen, hingerissen ist, beginnt er, einem Engel zu ähneln. Wenn ihm der Eintritt ins Paradies angeboten würde, würde er ihn ablehnen. Innerlich brennt er auf Grund der Trennungsschmerzen so stark, dass nicht einmal die Wasser des Paradieses das Feuer seines Herzens löschen könnten, ehe er mit seinem Freund zusammengetroffen ist. Paradoxerweise denkt er überhaupt nicht daran, dem Feuer zu entkommen. Selbst wenn die Paläste des Paradieses ihn davor bewahren könnten, vor Begeisterung für das Treffen mit seinem Freund zu brennen, selbst dann würde er Schreie ausstoßen, die den Schreien derjenigen ähneln, die in der Hölle schmoren und vom Höllenfeuer erlöst werden wollen.

Weltlich orientierte Menschen können die Bedeutung der freudigen Begeisterung und den Rang derjenigen, die sich in ihr verzehren, gar nicht ermessen. Menschen, denen diese Art von Begeisterung eigen ist, wundern sich wiederum darüber, wie sehr weltlich orientierte Menschen weltlichen Angelegenheiten und Vergnügungen verhaftet sind. Ihre Verwunderung ist verständlich, denn Gott hat zum Propheten David gesagt:

> *O David, wenn diejenigen, die die Welt lieben und sich zu ihr hingezogen fühlen, wüssten, wie sehr sie Mir am Herzen liegen, wie sehr Ich mir wünsche, dass sie den Sünden widerstehen mögen, und wie sehr Ich mich darauf freue, Menschen zu treffen, würden sie vor Begeisterung, Mich zu treffen, sterben.*[276]

Wenn sich die Begeisterung, Gott zu treffen, des Wesens des Liebenden bemächtigt hat, fließt er vor Schmerz und Freude über und ruft:

> „Begeisterung hat mich verwirrt; Begeisterung
> hat mich verbrannt.
> Begeisterung hat sich zwischen den Schlaf und
> meine Augen geschlichen.

---

276 Quschayri, *Ar-Risala*, 332

> Begeisterung hat mich durchdrungen; Begeisterung
> hat mich ganz in Anspruch genommen.
> Begeisterung hat mich übermannt; Begeisterung
> hat mir Respekt eingeflößt."

Diese Stufe der Begeisterung verleitet den Liebenden gelegentlich dazu, zu tanzen oder sich im Kreis zu drehen. Man sollte ihm solche Bewegungen nachsehen, denn wie könnte er dem spirituellen Zustand, in dem er sich befindet, widerstehen:

> „Sag dem, der einen Menschen in Ekstase daran
> hindern will, sich der Ekstase hinzugeben:
> ,Nie hast du mit uns den Wein der Liebe
> geschmeckt, lass uns also in Frieden!'
> Wenn Seelen vor Begeisterung, den Geliebten
> zu treffen, überfließen,
> Wisse, du, dem Spiritualität fremd ist,
> dass die Körper zu tanzen beginnen.
> O Du unser Lenker, der Du die Liebenden
> inspirierst, erhebe Dich und bewege uns
> Im Namen des Geliebten, und hauche uns Leben ein!"

Heutzutage bedeutet Begeisterung, dass man zuversichtlich ist und den Dienst an Gott und dem Koran voller Hingabe fortsetzt, ohne Mut und Energie zu verlieren. Dabei sollte man sich die eigene Machtlosigkeit und Schwäche angesichts des Reichtums und der Macht Gottes eingestehen und Dankbarkeit bekunden. Weiterhin bedeutet es, fest davon auszugehen, dass es selbst unter den beunruhigendsten und widrigsten Bedingungen noch einen Funken der Gnade Gottes gibt und dass man sich ganz auf die Unterstützung Gottes verlassen kann.

DSCHADHB und INDSCHIDHAB
(Anziehung und das Gefühl, von Gott
angezogen zu werden)

In der Sprache des Sufismus bedeutet *Dschadhb* (auch *Dschadhba* - Anziehung) das Hingezogenwerden des Dieners zu Gott durch Gott Selbst. Diese spirituelle Erhöhung reinigt den Diener von allen menschlichen Unzulänglichkeiten und stattet ihn aus mit den Attributen Gottes und den gehobenen moralischen Grundsätzen, die der Koran vertritt. *Dschadhb* drückt auch aus, die Manifestationen der Macht und Einheit Gottes spüren und beobachten zu können. Ein gereinigter Mensch, der in der Lage ist, diese Manifestationen zu empfangen, überlässt sich dem Strom, der dem Jenseits entspringt, und schwimmt wie ein guter Schwimmer ohne Furcht und Sorge in tiefer Hingabe zu Gott.

Während der Begriff *Dschadhb* benutzt wird, um anzudeuten, dass ein Mensch von einer heiligen Kraft, die mit seinem inneren Wesen verbunden ist, in Richtung des Zweckes seiner Schöpfung und zu dem Punkt, der von seiner wahren angeborenen Natur angezeigt wird, hingezogen wird, bezeichnet *Indschidhab* die bereitwillige Akzeptanz der dem Geist dieses Menschen gesandten Einladung.

Die Anziehung ist eine große Gnade Gottes, die durch gewöhnliche Anstrengungen nicht erlangt werden kann. Gott Selbst gewährt einem Diener, der ein reines Herz besitzt, Anziehung und die Fähigkeit, diese auch empfangen zu können.

Er gewährt sie, wem Er will. Und Allah verfügt über die große Huld.[277]

---

277 57:21

Er gewährt sie, wem Er will und schließt in einen kurzen, flüchtigen Augenblick viele Zeiteinheiten ein, die mit Ereignissen gefüllt sind. Er verleiht einem kleinen Schritt auf Ihn zu das Potenzial, die Paradiesgärten zu erreichen, und schenkt einem kurzen Flackern die Fähigkeit, Kohle in Diamanten zu verwandeln.

Entfernungen, die mit dem Willen und der Kraft des Menschen unüberbrückbar erscheinen, überwindet die Anziehung Gottes in einem einzigen Augenblick; und selbst höchste Gipfel lassen sich mühelos erklimmen, wenn man auf Gottes Unterstützung beim Aufstieg zählen darf. Darauf weist dieser gesegnete Ausspruch hin:

> *Ein einziger Moment der Anziehung Gottes kommt der Nähe zu Gott gleich, die sich Menschen und Dschinn durch gute Taten erwerben.*[278]

Menschen, deren Geist die Mysterien des Glaubens wahrnimmt und die den Islam, vollkommene Frömmigkeit und Demut durch die Anziehung Gottes praktizieren, nennt man Anhänger des Weges Uways'. Denn sie sind Menschen, die wie Uways al-Qarani (der größte muslimische Heilige, der im ersten islamischen Jahrhundert lebte) direkt von Gott oder dem Propheten unterwiesen werden, ohne dass sie einen anderen Lehrer oder Führer brauchen. Da sie sich permanent zu Gott hingezogen fühlen, leben sie in unablässiger Ekstase und Erstaunen angesichts dessen, was sie an Wahrheiten und Manifestationen Gottes beobachten.

Gelegentlich kommt es vor, dass ein Kreislauf der Tugenden zwischen Anziehung, regelmäßiger Verehrung und Genügsamkeit in Gang gesetzt wird. Der Reisende auf dem Weg der Wahrheit wird dann dem Grad seiner Verehrung und Genügsamkeit entsprechend mit Anziehung bedacht und widmet sich der Verehrung und Genügsamkeit in dem Maße, wie er sich zu Gott hingezogen fühlt. Dieser Kreislauf der Tugenden bleibt solange bestehen, wie sich der Reisende an die Prinzipien der Scharia hält. Lässt er von ihnen ab, wird er vom Licht Muhammads getrennt. Er beginnt dann, sich in seiner Beziehung zu Gott leichtfertig und nach eigenem Gutdünken zu verhalten, und schenkt seinen religiösen Pflichten nicht länger die gebotene Aufmerksamkeit.

---

278 Adschluni, *Kaschf al-Khafa'*, 1.332

Die Anziehung ist zu allererst eine Fähigkeit und ein Geschenk Gottes, die bzw. das als Vorschuss gewährt wird. Ohne dieses Geschenk könnte der Reisende weder Anziehung erlangen, noch sich zu Genügsamkeit, Verehrung und Selbstreinigung hingezogen fühlen. Auch könnte er die Wellen der Anziehung nicht wahrnehmen oder vom sich auf der Oberfläche des Universums abzeichnenden Licht, das Gottes Namen ‚der Liebende' entspringt, angezogen werden. Man dürfte mit Fug und Recht sagen, dass seine Spiritualität keiner weiteren Beachtung wert wäre.

> „Warum sollte sich mein spiritueller Führer mit mir befassen,
> wenn ich nicht die Anziehung der Liebe besäße?
> Warum sollte er sich für mich interessieren, wenn
> ich keine Inspiration durch Gott erführe?"

Gelegentlich passiert es, dass jemand, der von Gott angezogen und von Seinen großzügigen Geschenken überhäuft wird, alles, was nichts mit Gott zu tun hat, aus seinem Blickfeld verbannt. Er macht sich dann weder über die Welt noch über das Jenseits Gedanken. So ein Mensch sieht sich selbst und andere Dinge in einer Art und Weise, die der folgende Verse verdeutlicht. Er ist berauscht von der Anziehungskraft des Heiligen, Anziehenden Wesens:

> „Von Natur aus werde ich so stark von der tosenden
> Flut des Meeres angezogen,
> Dass ich meine, von den großzügigen Geschenken
> Gottes ver schlungen zu werden."

„Alles ist trunken vom Wein der Liebe zu Gott und von der Anziehungskraft Seiner Liebe. Die Himmelskörper sind genauso trunken wie die Engel. Die Himmel sind ebenso trunken wie die Erde. Die Elemente sind trunken, und auch die Pflanzen, die Tiere, und die menschlichen und andere Wesen sind trunken."[279]

Es gibt zwei Arten von Anziehung. Die eine Art ist innerlicher Natur; wer sie fühlt, redet nicht über sie. Er lobt Gott, empfindet ei-

---

279 Said Nursi, *The Words 2*, Izmir 1997, S. 346

ne große Zufriedenheit mit Seinen Geboten und freut sich, ihnen entsprechen zu dürfen. Unablässig fühlt er sich zur Quelle tieferer Freude hingezogen.

Die andere Art von Anziehung ist die, die nach außen hin sichtbar ist. Jemand, der sie verspürt, kann gar nicht anders, als sie in der Form der Ekstase zu manifestieren. Während er sich immer stärker von Gott angezogen fühlt, erlebt er eine ekstatische, überbordende Freude und großes Glück. Diejenigen, die solche Stufen spiritueller Erhebung nicht kennen, mögen meinen, er sei verrückt. Seine Stufe der Ekstase lässt sich sehr schön mit den Versen Abd al-Aziz Madschdi Efendis illustrieren:

> „Es existiert eine Art von Wahnsinn,
>   Anziehung genannt, die ein wahrer Triumph ist.
> Mit ihr schwingt sich der Wahnsinn
>   zu Mysterien auf, erhaben und groß."

Offenbar kann die Anziehung in gewisser Hinsicht wie Wahnsinn erscheinen - allerdings nur bei oberflächlicher Betrachtung. Gelegentlich kann es vorkommen, dass ein Verzückter, der in den Wellen der Anziehung hin und her geschleudert wird, einen Teil seiner Wahrnehmungskraft verliert und Anzeichen von Wahnsinn an den Tag legt. Er beginnt, sich in einer Art und Weise zu benehmen, die mit dem gesunden Menschenverstand und den Prinzipien der Scharia unvereinbar ist. In den meisten Fällen jedoch übertrifft der Verzückte in seinen Sinnen und Wahrnehmungskräften die normalen menschlichen Standards; denn im Lichte der Sunna bereist er Sphären, zu denen weder Verstand oder andere Gaben noch die Sinne normaler Menschen jemals Zutritt erhalten. Diejenigen, die ihn sehen, denken daher, er sei verrückt.

Mit Hilfe der Wahrnehmungskräfte und anderer Sinne sowie mit der Unterstützung Gottes in spirituellen Sphären, die jenseits des Horizonts und der gewöhnlichen Normen von Intellekt und Vernunft liegen, zu reisen, unterscheidet sich vollständig von jener Form des Wahnsinns, welche eine Geisteskrankheit darstellt und die normalen Standards von Intellekt und Vernunft verfehlt.

DAHSCHAH und HAYRA
(Schrecken und Erstaunen)

Jeder Reisende, der in den Tälern der Liebe und der freudigen Begeisterung unterwegs ist, brennt zuweilen vom Feuer der Liebe, dann wieder fließt er über vor Freude. Dieses Phänomen ist auf den Wein der Unsterblichkeit zurückzuführen, den der Geliebte ihm anbietet. Während er brennt, seufzt er: „Mundschenk, ich verbrenne, gib mir etwas Wasser!" Hilfe suchend schaut er durch die angelehnt stehende Tür des Geliebten und fleht: „Ich habe meinen Finger in den Honig der Liebe getaucht. Reiche mir etwas Wasser!"

Solange sich der Reisende nicht von weltlichen Ängsten und Distanz schaffenden Erwägungen befreit, oder - mit anderen Worten - bevor er nicht über die Sphären der Manifestationen der Namen und Attribute, die mit den Manifestationen der Essenz Gottes beschenkt werden, hinausgeht, pendelt er weiterhin zwischen den Extremen zu brennen, zu flehen und seinen Anteil an dem reinen Trank, den Gott ihm offeriert,[280] zu erhalten. Er bemüht sich, mehr und mehr über Gott zu erfahren. Jedes neue Geschenk Gottes stärkt sein Verlangen, und dadurch, dass sein Verlangen immer stärker wird, wird er wiederum mit immer neuen Geschenken überhäuft. Er schmückt sein Wissen um Gott mit Gedanken und Gefühlen, die zwischen seinem Herzen und den Dingen hin und her wandern. Wie eine Honigbiene, die von Blume zu Blume fliegt und dabei die Blumen erst zu Honig-Quellen macht, sammelt er den Nektar des Wissens um Gott aus den Manifestationen der Namen und Attribute Gottes, welche sich wie Blumen im Garten des

---

280 Siehe 76:21.

Universums öffnen. Er destilliert den Nektar, den er gesammelt hat, mit dem Kolben seines empfänglichen und dankbaren Bewusstseins und fühlt sich, als habe sein Blick die Strahlen der Attribute gestreift. Dann träumt er davon, das göttliche Wesen selbst zu schauen und wird von Schrecken heimgesucht.

Der Autor des Werkes *Bustan u Gülistan* (Der Garten und der Rosengarten) beschreibt die Gefühle des Schreckens und Erstaunens, denen der Reisende ausgesetzt ist, während er brennt bzw. trinkt:

> „Manchmal zeigst Du Dein Schönes Gesicht, aber
>   es ist verhüllt und kann nie ganz geschaut werden,
> So spornst Du uns an, unser Bestes zu geben,
>   um Dich erkennen zu können und
>   das Feuer noch anzufachen.
> Wenn ich den Geliebten, in den ich mich
>   verliebt habe, unverhüllt sehe,
> Geschieht etwas mit mir, und ich komme von
>   meinem Weg ab.
> Der Geliebte entzündet in meiner Brust ein Feuer,
>   dass Er dann mit einem Sprühregen löscht.
> Darum findest du mich gleichzeitig ausgebrannt und
>   in einem Ozean ertrinkend."

Ismail Haqqi Bursawi spricht von Reisenden, die fast unablässig berauscht sind:

> „Alle Heiligen sind von dem reinen Wasser, das ihr
>   Herr ihnen anbietet, berauscht;
> Sieben, fünf und vier aber sind von Seinem
>   Schönen Gesicht bezaubert."[281]

Wenn es dem Reisenden nicht gelingt, sein Herz den Erfordernissen seiner Reise und den Geboten der Scharia entsprechend zu präparieren, d.h., wenn er es versäumt, im Lichte der Prophetenschaft zu denken und zu urteilen, während seine Gefühle in der unendlich weiten Sphäre seines spirituellen Zustands umherfliegen, wird er unweigerlich abstürzen:

---

281 Ismail Haqqi Bursawi, *Tafsir ar-Ruh al-Bayan*, 10.276

Verwirrung und Bestürzung werden ihn dann überwältigen, und er wird gegen den Geist der Scharia sprechen und handeln.

Mulla Dschami schildert Schrecken und Erstaunen mit den ihm eigenen lebendigen Worten:

> „Die ägyptischen Frauen waren erstaunt und schnitten sich die Hände ab, als sie der Schönheit Josefs gewahr wurden. O Herr! Hätten sie Deine Schönheit geschaut, hätten sie sich die Dolche in ihren Händen in ihre Brüste gerammt. Von der Schönheit Josefs zu sprechen, wo Deine Schönheit gemeint ist, heißt nichts anderes, als Märchen zu erzählen."

Wenn schon eine vergängliche weltliche Schönheit und Vollkommenheit, die nichts weiter als eine durch viele Schleier abgeschwächte Reflexion des unendlich Vollkommenen und Schönen Gottes ist, einen Menschen verführen kann, dann wird uns der verwirrende Schrecken und das Erstaunen, das der Anblick der Schönheit Gottes auslösen wird, unerträglich sein.

Diejenigen, die es vorziehen, in diesem Leben dem Glauben und dem Koran zu dienen, sollten nicht sämtlichen spirituellen oder körperlichen Freuden hinterherlaufen, sondern stattdessen mit Seiner Unterstützung ihren Dienst an Gott verrichten. Dabei sollten sie sich ihre Ehrfurcht davor und ihr Erstaunen darüber, dass Gott ihnen hilft und ihnen Erfolg schenkt, bewahren. Sie sollten niemals einen anderen Wunsch hegen, als dem Islam zu dienen. Dies ist ein ganz besonderes Geschenk des Erstaunens, das der Armee des Lichts aus Gottes persönlicher Schatzkammer des folgenden Verses zuteil wird:

> *Wir Selbst verteilen unter ihnen ihren Lebensunterhalt im irdischen Leben.* [282]

---

282 43:32

QABD und BAST
(Anspannung und Entspannung)

Qabd (Anspannung) und *Bast* (Entspannung), die jeder Mensch gelegentlich verspürt, sind vor allem für diejenigen von Bedeutung, die ihr Leben bewusst führen.

Wörtlich heißt *Qabd* (Anspannung) gefangen sein, sich in einer Notlage oder Stresssituation befinden. In der Sprache des Sufismus findet dieses Wort Verwendung, wenn die Verbindung zwischen dem Menschen und der Quelle seiner spirituellen Geschenke für eine Weile unterbrochen und er infolgedessen bedrückt ist und unter spiritueller Blockade und 'Verstopfung' leidet. *Bast* (Entspannung) hingegen kann als Entlastung, Ausdehnung, Entwicklung und Befreiung von jener Verstopfung beschrieben werden. Durch *Bast* entwickelt sich der Suchende innerlich und spirituell so stark weiter, dass er zu einem Werkzeug der Gnade in der Sphäre des Seins wird und alle Dinge und Wesen umarmt.

Furcht, Hoffnung und Erwartung sind bewusste Haltungen und erste Stationen des Reisenden auf dem Weg zur Wahrheit. Anspannung und Entspannung hingegen sind geheimnisvolle 'Geschäfte', zu denen der Wille oder auch die Absicht des Reisenden keinen Zutritt haben. Erstere blockiert seinen Weg, Letztere lässt ihm auf seinem Weg zu den Gipfeln Flügel wachsen.

Während Furcht und Hoffnung Ängste vor der Zukunft und vor geliebten und ungeliebten Dingen bzw. Vorfreuden auf diese darstellen, können Anspannung und Entspannung mit dem Sich-Zusammenziehen eines Herzens voller Schwermut und Trübsinn bzw. mit dem freudigen Schlagen eines Herzens verglichen werden.

Anspannung und Entspannung haben für Menschen, die an den Hängen des Wissens reisen, die gleiche Bedeutung, die Furcht, Hoffnung und Erwartung für Menschen besitzen, die sich gerade erst auf den Weg gemacht haben.

Anspannung und Entspannung liegen in der Hand Gottes, auch wenn einige Bereiche des freien Willens ebenfalls einen gewissen sehr begrenzten Anteil an ihnen besitzen:

> *Und Allah schmälert und mehrt.*[283]

Da sich die ganze Existenz in Seiner Hand befindet und Seiner freien Verfügung unterliegt, ist Er es, der alle Dinge von der Erde bis hin zum menschlichen Herzen dirigiert. Der Ausspruch des Propheten *Das Herz befindet sich zwischen den beiden Fingern des Gnädigen. Er führt es von einem Zustand zum anderen und gibt ihm die Form, die Er sich wünscht*[284] erinnert uns an diese Tatsache.

Wenn Gott will, lässt er das Herz extrem zusammenschrumpfen und leiden, indem Er es Dinge begehren lässt, die nur Er gewähren kann. Bei anderer Gelegenheit weitet er es und erfreut es so sehr, dass es wunschlos glücklich ist.

Die Macht Gottes erzeugt Anspannung, die Gnade Gottes Entspannung. In der Anspannung spiegeln sich die Pracht und Herrlichkeit der Manifestationen aller Namen Gottes in der ganzen Existenz wider, während sich in der Entspannung die Gnade und das Wesen eines Wohltäters manifestieren. Der Anspannung wohnt das Furcht erregende, Ehrfurcht gebietende und majestätische Wesen jener Kraft, die die Existenz dirigiert, inne; die Entspannung spendet den Menschen, die vor Ehrfurcht vor dieser unendlich großen überwältigenden Macht und Herrlichkeit erstarren, eine gütige Brise.

Nicht alle Menschen können die Manifestationen der Macht und der Gnade mit der gleichen Intensität empfangen. Das Ausmaß von

---

283 2:245
284 *Musnad*, 2.173; Tabari, *Tafsir*, 3.126

Anspannung und Entspannung entspricht den emotionalen und spirituellen Fähigkeiten des Menschen. Selbstverständlich ist das, was ein normaler Mensch an Anspannung und Entspannung oder Freuden verspürt, nicht mit den spirituellen Freuden und Ängsten derer vergleichbar, die die spirituellen Wahrheiten erfahren haben, die immerzu darauf bedacht sind zu sehen, was durch die halb geöffnete Tür der jenseitigen Sphären auf sie zukommt, und die sich der Tatsache bewusst sind, dass sie stets von Gott kontrolliert werden.

Wie alles andere und jedes Ereignis in der Existenz liegen Anspannung und Entspannung in der Hand des Schöpfers. Sie unterliegen dem gleichen Wechsel wie Tag und Nacht. Es mag zwar Handlungen des Menschen geben, die seinem freien Willen entspringen und zum Wechsel von Anspannung und Entspannung beitragen. Der Wille Gottes aber ist es, der die Zeitspannen der beiden Zustände verlängert oder verkürzt. Er unterwirft den Menschen Spannungen oder lässt ihn vor Freude schier überfließen. Es gibt Zeiten, in denen der Mensch wie ein Vogel fliegt und sich über einen langen Zeitraum hinweg nicht in der Anspannung verfängt. Dann wieder wird er so häufig und ausgiebig von ihr heimgesucht, dass er sich fühlt, als rolle er von einem Abgrund in den nächsten, und als sei er großem Leid ausgesetzt.

So wie die Anspannung dadurch hervorgerufen wird, dass wir nicht das erfüllen, was Gott Sich eigentlich von uns verspricht, bringen auch Sünden in der Regel Anspannung mit sich. Der Gläubige muss also, während er unter Anspannung leidet, ständig auf der Hut sein, keine neuen Sünden zu begehen. Er muss dafür Sorge tragen, dass ihm keine Unachtsamkeit unterläuft, und sich darum bemühen, dass ihm seine Sünden durch aufrichtige Reue und gute Taten verziehen werden. Er muss bereit sein und abwarten, was aus der jenseitigen Sphäre auf ihn zukommt.

Anspannung wird von Furcht, Verwirrung und Gefühlen spiritueller Leere begleitet; Entspannung manifestiert sich in Freude, Verzückung und einigen Gefühlen oder Ausdrücken von Stolz. Daher kann die Entspannung in Verbindung mit Heiterkeit für spirituell nicht sehr weit fortgeschrittene Menschen, die sich noch nicht dem Reisen in den ‚himmlischen‘ Sphären anpassen konnten, riskant sein. Auch die Anspannung birgt gewisse Risiken in sich, die allerdings nicht so gefährlich und zahl-reich sind wie jene der Entspannung. Denn jemand, der sich in einem an-gespannten Zustand befindet, spürt normalerweise, dass er auf den Allmächtigen angewiesen ist. Er wendet sich Ihm zu und gesteht seine vollkommene Bedürftigkeit ein. Er fleht Gott an, ihn zu halten, damit er nicht falle. Ihm wird, während er der spirituellen Wüste entkommt, die Unterstützung des Allmächtigen zuteil, und er erklimmt Gipfel, die er in Phasen der Entspannung und Heiterkeit nicht erreichen kann. Manche Menschen laufen in Phasen der Entspannung Gefahr, verwirrt zu werden und spirituelle Energie zu verlieren. Die Anspannung wiederum hilft je-doch fast allen Menschen, sich in einen Zustand der Wachsamkeit hinein-zuversetzen. Außerdem stellt eine Anspannung, die einer Sünde oder Nachlässigkeit unsererseits entspringt, oft den Beginn einer neuen Entspannungswelle dar. Im Gegenzug kann eine Entspannung, die Stolz weckt und zum Verlust spiritueller Energie führt, auch neuen Anspannungen den Weg ebnen.

Ein wahrer Gläubiger ist ein Mensch, der jeden Zustand, in dem er sich gerade befindet, in all seinen Aspekten beurteilen und von je-dem Zustand profitieren kann.

> Anspannung und Entspannung sind
> Manifestationen Gottes für die Wissenden;
> Entspannt Er den Diener,
> sollte dieser dankbar sein,
> Spannt Er ihn an,
> wird er aufmerksamer.

FAQR und GHINA
(Armut und Reichtum)

A rmut im sufistischen Sinne beinhaltet, dass der Eingeweihte keinen Besitz anstrebt und sich von allen Neigungen gegenüber weltlichen Dingen lossagt, dass seine Beziehung zu Gott auf Dienerschaft beruht und dass Gott das einzige Objekt seiner Anbetung ist. Die Armut im sufistischen Sinne ist nicht mit der Armut, wie sie normalerweise von den Menschen verstanden wird, gleichzusetzen. Auch bezeichnet sie nicht das Betteln bei anderen Menschen, indem man seine Not zur Schau stellt.

Faqr besteht darin, dass man seine Beziehungen zu allem anderen als dem Ewigen Gott, dem alles zu Füßen liegt, abbricht und sich bei allen eigenen Bedürfnissen auf Ihn verlässt. Je mehr man sich also von allem Weltlichen und Vergänglichen lossagt und sich in der Abhängigkeit von den Attributen und der Essenz Gottes ‚auflöst', desto mehr Armut erlangt man und desto eher erwirbt man sich das Recht, den Ausspruch des Propheten *Armut ist mein Stolz*[285] zitieren zu dürfen.

Ein Mensch, bei dem die Armut zu einer Dimension des Glaubens und der Unterwerfung wird, ist nicht länger von anderen Wesen als Gott abhängig. Auch diese Aussage wird durch einen heiligen Ausspruch des Propheten untermauert. Selbst wenn dieser Mensch so viel Reichtum besäße, dass er damit die ganze Welt überhäufen könnte, würde er - da dieser Reichtum dem Verfall und der Auflösung unterworfen ist - niemals darüber nachdenken, sich auf ihn zu verlassen. Da er sich seiner

---

285 Adschluni, *Kaschf al-Khafa'*, 2.87

Armut und Hilflosigkeit bewusst ist, würde er sich vielmehr mit all seiner Macht und all seinen Gefühlen Gott zuwenden. An dieser Stelle möchte ich einen wunderschönen Vers eines osmanischen Dichters des 17. Jahrhunderts namens Nabi zitieren:

> „Verschmähe nicht die Armut, Nabi!
> Die Armut ist der Spiegel, der die Unabhängigkeit
>   von anderen reflektiert."

Eine weitere schöne Beobachtung zum Thema Armut stammt von Mawlana Dschalal ad-Din ar-Rumi:

> „Armut ist die Essenz, alles andere ist Form;
> Armut ist eine Arznei, alles andere ist Krankheit.
> Die ganze Welt besteht aus Eitelkeit und Dünkel;
> Die Armut aber ist der wahre Kern und die
>   Bedeutung der Existenz."

Selbst wenn der Mensch seine elementare Schwäche und Armut mit dem Licht seines Glaubens nicht wahrnehmen kann, entspricht es doch der Realität, dass er schwach, arm und bedürftig ist. Gott, der Allmächtige, erklärt:

> *O ihr Menschen, ihr seid arm und auf Allah angewiesen, Allah aber ist auf keinen angewiesen und des Lobes würdig. Wenn Er will, kann Er euch hinwegnehmen und eine neue Schöpfung hervorbringen.*[286]

Da die Existenz des Menschen - im Unterschied zur Existenz Gottes - weder absolut noch absolut notwendig ist, und die Wahrscheinlichkeit, dass der Mensch zum Leben erweckt wird, genauso groß ist wie das Gegenteil, ist er vollkommen auf Gottes Wahl, Seinen Willen und Seine Entscheidung, ihm eine Existenz zu verleihen, angewiesen. Um zu überleben, bedarf er der aus sich selbst heraus existierenden und alles erhaltenden Existenz Gottes zu jeder Sekunde.

Armut und Bedürftigkeit vor dem Allmächtigen sind niemals Ausdruck von Demütigung. Im Gegenteil, je mehr sich ein Mensch sei-

---

286 35:15,16

ner Armut bewusst ist, desto würdevoller ist er; denn sich der eigenen Armut und Bedürftigkeit gegenüber dem Vollkommenen Wohlhabenden Einen bewusst zu sein, ist an sich schon ein Reichtum. Wer sich klar gemacht hat, dass er einzig und allein von Gott abhängig ist, entwickelt ein so großes Bewusstsein von Unabhängigkeit, dass er spürt, dass Gott die einzige Quelle der Kraft und des Wohlstands ist, auf die er sich verlassen kann. Er fragt nur Ihn um Hilfe und wendet sich dementsprechend nur Ihm zu. Auch wenn ein solcher Mensch arm an materiellen Dingen ist, verlangt es ihn doch nach nichts und niemandem. Er ist davon überzeugt, dass alles, was die Existenz ausmacht, einschließlich ihm selbst, dem Allmächtigen gehört und ein Schatten des Schattens Seiner vollkommen unabhängigen Existenz ist. Diese Stufe der Überzeugung von der Einheit Gottes wird Auflösung in Gott genannt. Zwei Stufen über dieser steht die Existenz mit Gott. Hayali bezieht sich auf sie, wenn er sagt:

> „Hayali, bedecke deinen nackten Körper mit dem
>   Schal der Armut;
> Dies ist ihr Stolz,
>   sie kennen weder Satin noch Seide."

Die Armut ist das Ziel der Heiligen, der (natürliche) Zustand der geläuterten Gelehrten und das deutlichste Zeichen der Liebe Gottes. Der Allmächtige hat die Armut in die Herzen Seiner Freunde gepflanzt, damit sie aufblühen.

Die Armut ist ein Schlüssel des Lichts, der das Auge des Herzens den unerschöpflichen Schatzkammern öffnet. Wer diesen Schlüssel besitzt, ist der reichste Mensch der Welt.

Die Armut ist die Tür zum Reichtum. Wer durch diese Tür tritt, dessen Bewusstsein empfängt die unendlich großen Schätze des Besitzers allen Reichtums. Es wird sie finden und erkennen, dass Armut und Reichtum identisch sind. Aus diesem Grunde können wir mit Dschunayd al-Baghdadi übereinstimmen, der behauptete:

---

287 Quschayri, *Ar-Risala*, 273

„Der Reichtum ist nichts anderes als die letzte, vollkommene Stufe
der Armut."[287]

Wenn sich jemand seiner grundsätzlichen Armut vor Gott und
seiner vollkommenen Abhängigkeit von Ihm ganz und gar bewusst ist,
ist er uneingeschränkt reich. Dann gibt es nichts, was er noch benötigte. Dies ist wohl auch der tiefere Sinn des Sprichworts: „Der wahre
Reichtum ist der Reichtum des Herzens."

Hat ein Mensch diese Stufe des Reichtums erklommen, kann man
ihn getrost mit jemandem vergleichen, der eine Kreditkarte geschenkt
bekommen hat, die überall uneingeschränkt Gültigkeit besitzt. Wer
über ein so geheimnisvolles Kapital verfügt, darf weder als arm noch
als kraftlos betrachtet werden. Dies verdeutlichen die folgenden Verse:

> „Sein ist die Kraft, durch auch uns kraftvoll macht.
> Sein Name und Sein Ruhm
> 　　　　　　　　　　　　machen auch uns bekannt.
> Wir bezwingen die Gipfel und schreiten voran,
> 　　　　　　kein Hindernis stellt uns vor Probleme.
>
> Wir besitzen nichts Weltliches,
> 　　　　　　　　　　sind aber unermesslich reich;
> Seine Würde schenkt uns Würde und Ansehen.
> Wir folgen dem Weg der inneren Einkehr,
> Daher ist alles, was existiert, für uns ein Quell,
> 　　　　　　　der uns den Allmächtigen erkennen lässt."